우리문화의
수수께끼

우리 문화의 수수께끼

도깨비 없이 태어난 세대를 위하여

초판 1쇄 발행 2018년 5월 1일 ＼**초판 2쇄 발행** 2019년 6월 20일
지은이 주강현 ＼**펴낸이** 이영선 ＼**책임편집** 강영선

편집 강영선 김선정 김문정 김종훈 이민재 이현정 ＼**디자인** 김회량 정경아
독자본부 김일신 김진규 김연수 정혜영 박정래 손미경 김동욱

펴낸곳 서해문집 ＼**출판등록** 1989년 3월 16일(제406-2005-000047호)
주소 경기도 파주시 광인사길 217(파주출판도시) ＼**전화** (031)955-7470 ＼**팩스** (031)955-7469
홈페이지 www.booksea.co.kr ＼**이메일** shmj21@hanmail.net

ⓒ **주강현, 2018**
ISBN **978-89-7483-920-8 03910**

이 도서의 국립중앙도서관 출판시도서목록(CIP)은 e-CIP 홈페이지(http://www.nl.go.kr/ecip)에서
이용하실 수 있습니다.(CIP제어번호: CIP2018005328)

우리 문화의 수수께끼

도깨비 없이 태어난 세대를 위하여

주강현 지음

서해문집

다시 '금줄 없이,
도깨비 없이 태어난 세대를
위하여'

20여 년하고도 수년 전인 1995년, 〈한겨레〉 신문에 광복 50주년 기념으로 '우리 문화의 수수께끼'가 연재되었고 이듬해에 책으로 출간됐다. 중간에 개정판이 나오기는 했으나, 20년이 훌쩍 넘은 지금 1, 2권을 하나로 매어 합본 결정판을 내기에 이르렀다. 1970, 80년대 현지조사를 바탕으로 1990년대 초반에 집필한 것을 고려한다면, 이 책은 실로 수십 년을 거쳐 오늘의 합본으로 귀결되었다.

　과분할 정도로 많은 사랑을 받았다. 60여 만 권이 팔린 베스트셀러이자 스테디셀러로, 어린이용 독본도 펴냈다. 우리 문화에 대한 갈증이 고조된 시점에서 마침 맞춤한 책이 없었기 때문에 이 책의 출현은 당시로서는 정말 깜짝 놀랄 만했다. 나는 70년대 후반, 80년대 민족문화운동의 토대에서 올라온 첫 민속학자이므로, 이 책의 바탕에는 당대 민족문화운동의 실천력이 어떤 형식으로든 반영되어 있을 것이다

　그러나 세월이 흘렀다. 당연히 시대에 맞지 않는 부분도 생겼다. 일부

를 잘라내고, 사진도 대폭 교체했다. 요즘은 쉽게 정보를 얻고, 지식을 공유하는 시대. 웬만한 정보는 검색이 가능하지만 디지털이 주지 못하는 이책의 가치는 지금도 여전하다. 인터넷에 떠도는 우리 문화 관련 많은 정보의 원전에 가까운 책이기 때문이다. 오랜 세월 동안, 비슷한 책이 많이쏟아져 나왔으나 '우리 문화 교과서'로서의 의연함을 잃지 않고 있다고나는 믿는다. 또한 많은 분이 이 책을 사랑해준 이유가 시대를 뛰어넘는진실성과 전문성 때문이라고 믿는다.

학자란 한평생 다양한 학문적 개척의 길로 나가야 하는 법. 오랜 세월해양문화를 개척해왔고, 현재 해양문명사 연구라는 외길을 걷고 있다. 하지만 학문 출발의 초발심인 민속학, 인류학, 민족학, 역사학, 고고학, 신화학, 종교학 등 인문학 토대가 있었기에 이 책도 가능했고, 지금의 융복합적 해양문명사 연구도 가능하다고 믿는다. 해외 해양문명사 탐사를 다니는 와중에도 지난해에《황철산 민속학》을 펴내 여전히 우리 문화에 대한애정을 놓지 않았다.

이 책은 나의 일관된 철학이기도 한 '옛것을 늘 새롭게 바라보는' 법고창신(法古創新) 원칙에 따른다. 책 곳곳에는 성 풍속과 그릇된 가부장 문화에 대한 비판이 담겨 있다. 과거의 사회적, 성적 억압과 왜곡이 21세기 한국 사회의 성적 왜곡에도 여전히 영향을 미친다. 뒤틀린 내숭주의는 우리성문화가 가진 그릇된 한계이고, 지금까지 온갖 병폐를 야기하는 중이다.에두아르트 푹스의 말을 빌릴 것도 없이, 성 풍속은 어제의 역사가 아니라 오늘의 문제이기도 하다.

초판본 서문에 "쓰인 문화와 쓰이지 아니한 문화의 간격을 모르고서야 어찌 제대로 된 문화가 보이겠는가"라고 썼다. 구술문화와 문자문화, 구비문학과 기록문학, 구술과 문헌 가운데 어디에 우선권을 주어야하는지를 물었다. 당시만 해도 기록문헌과 유형문화만이 인정되는 '외눈박이' 학문 풍토였다. 이 책은 무시되어온 '쓰이지 아니한 문화', '구술문화', '무형문화'에 헌정하는 책임을 분명히 한다.

어떤 문화든 장기지속과 단기지속의 변증법적 결합에 따른 결과다. 또 어떤 문화도 순차적으로만 나아가지 않고 문화 파동을 거쳐 요동치기 마련이다. 선사시대 동북아에는 시베리아 샤머니즘이 요동 쳤다. 조선 후기에 고추가 도입되면서 식생활 파동을 일으켰고, 고추장과 김치라는 결과물을 선사했다.

19세기 이래로 한반도에 미친 강력한 문화 파동은 역시 서풍이었다. 동학의 동풍은 맞바람을 불러일으켰으나 좌절했다. 하지만 21세기, 새로운 동풍이 불기 시작했다. 그 진원지는 바로 '민족 생활사의 저변'이다. 우리의 옷·집·음식을 사랑하는 젊은이와 외국인을 보면서, 중심을 잘 잡아 나가는 철학이 필요하다는 생각이다. 이 책이 그러한 실천의 희망의 근거가 되길 희망하며, 다문화 사람에게도 삶의 무기로 쓰이길 희망한다.

'마당은 비뚤어졌어도 장구는 바로 치라'고 했다. 언제부터인가 '민족은 없다'는 담론이 지식인 층 일부에 유행했다. 과연 그럴까? 단일민족 신화의 과잉 자의식은 비판되어야 하지만, '민족은 없다' 식의 황당무지한 해체주의를 나는 받아들일 수 없다. 전통과 현대, 민족과 세계, 이 모두를 아우름이 쉽지는 않다. 그러나 우리 문화의 길에는 이 모두를 아우르는 이론과 실천이 요구된다. '우리 문화'는 복고주의적 '옛것'만을, 또한 '우리'라는 틀이 고립주의적 민족 자의식만을 뜻하지도 않을 것이다.

지난 수십여 년 간 많은 나라를 돌아다녔다. 동아시아는 물론이고 시베리아 툰드라에서 캄차카와 베링해협, 중앙아시아와 인도, 동남아시아와 태평양, 아프리카와 유럽을 누비는 기회가 있었다. 우리 문화를 거론할 때 한반도를 벗어나 글로벌 비교연구를 늘 염두에 두었고, 평생 개척해온 북한 민속학 연구를 통해 남북을 아우르는 시각을 견지했다.

초판 서문 제목이 '금줄 없이 태어난 세대, 도깨비 없이 태어난 세대를 위하여'였다. 글은 가능한 쉽게 대중적으로 쓰였으나, 학술적 근거에 바탕을 두었다. 따라서 전문가부터 일반인까지, 노년에서 청소년에 이르기까지 전 계층이 읽을 만하다고 굳게 믿는다. 이 책을 펴내고 난 뒤 이어진 강연에서 중학생 청중도 의외로 많았음을 생각해볼 때, 그야말로 금줄과 도깨비 없이 태어난 세대를 위한 책이라고 생각한다.

지금까지 읽어주신 60여만 독자들, 그리고 다시 책이 나오기까지 헌신적으로 고생한 여러분에게 오직 "고맙습니다"라는 한마디로 인사를 대신한다.

2018년 봄, 일산 정발학연과 제주 산귤재를 오가며

주강현

들어가는 글 · 4

광대들은

다

어디로

갔을까

꼭두각시극의 홍동지

치마만 들어도 돈 나온다?

방년 21세, 꽃다운 나이. 안성고을의 이름난 여사당 바우덕이가 젊디젊은 나이에 죽었다. 미색이 아름다워 양귀비를 능가한다는 소문이 자자하던 그녀였지만 죽음의 신만은 뿌리칠 수 없었다. 미인박명이라 했던가. 불교 식으로 화장하여 안성 청룡사 개울에 뿌려졌다.

못 남자치고 바우덕이 한 번 만나는 게 소원 아닌 자가 없었다. 바우덕 이는 소고에 특히 능했다. 남사당패는 개다리패, 오명선패, 심선옥패, 안 성 복만이패, 안성 원육덕패, 이원보패 같은 패거리 이름만 전해질 뿐인 데, 그중에서 뛰어난 기량을 보여주던 청룡사 사당 하면 늘 떠오르는 인 물이 바우덕이다.

그녀의 남편 역시 남사당이었다. 바우덕이가 죽을 당시 그녀의 남편은 나이 마흔두 살의 장년. 바우덕이는 그가 떠꺼머리 숫총각으로 20년 세월을 보내다가 느지막이 얻은 부인이었다. 어린 아내가 죽자 그는 날마다 바우덕이와 놀던 바위에 올랐다. 사람들은 아내 때문에 실성했다면서 끌끌 혀를 찼다. 그는 바위에 올라가서 나팔을 불고 장구를 치거나, 때로는 노래를 불렀고, 울기도 했다. 몇 년을 그렇게 하다가 어느 날 그 역시 홀연히 사라졌다.

사람들은 그가 올라섰던 바위를 나팔을 불었던 바위라는 뜻으로 나팔바위(혹자는 울바위, 떵뚱바위라고도 한다)라 불렀다. 바우덕이는 120여 년 전에 이 세상을 떠났으나 사람들이 그녀를 빗대어 지은 노래만큼은 지금도 안성 땅에 전해진다.

안성 청룡 바우덕이
소고만 들어도 돈 나온다
안성 청룡 바우덕이
치마만 들어도 돈 나온다
안성 청룡 바우덕이
줄 위에 오르니 돈 쏟아진다
안성 청룡 바우덕이
바람을 날리며 떠나를 가네

오늘날에는 한갓 작은 암자에 불과한 청룡사를 찾았다. 절에서 받은 신

사당패 놀이, 경국사 감로탱화, 1887

옛 청룡사 요사채, 남사당패가 기거했음직한 곳이다

表信標를 들고 수많은 '바우덕이'가 봄부터 가을까지 안성장터는 물론이
고 전국을 떠돌면서 연희를 팔아 생계를 유지했던 본산. 한겨울에는 그들
이 돌아와 시끌벅적했을 그곳 청룡사.

　정처 없이 오늘은 여기, 내일은 저기로 동가식서가숙하며 떠돌던 사당
패는 겨울이면 되돌아와 청룡사에서 아기도 낳고 연희도 가르치고 휴식
도 취하면서 이듬해 봄이 오기만을 기다렸다. 그래서 청룡사는 온갖 세상
돌아가는 이야기를 가장 빨리 들을 수 있는 '정보통신의 메카'이기도 했
고, 광대의 고달픈 사연이 맴돌다 쉬는 '성지'이기도 했다.

　청룡사 마당에 서면 그 옛날 살판, 어름판을 놓고 버나(접시돌리기) 하던

장소가 여긴가 하여 늘 감회가 새롭다. 나는 여러 번 사람들을 이끌고 청룡사를 방문했다. 그때마다 사람들은 쇠락한 절 풍경에 실망하는 표정인데, 정작 이곳이 한국 불교사의 거목 나옹 화상의 주석처였음을 모르는 탓이다. 나는 청룡사를 찾는 이들에게 서슴없이 그곳을 '광대의 메카'로 불러야 한다고 주장한다. 내로라하는 연예인이라면 반드시 한 번쯤은 찾아가야 할 순례지로 권하고 싶다.

코메디아 델라르테와 브레히트

조선 후기 장터와 마을을 떠돌면서 춤과 노래, 곡예를 무기 삼아 살아가던 무리. 이름하여 유랑 예인 집단. 상세한 자료가 변변찮을뿐더러 일제 강점기가 시작되면서 급격히 단절되어 그들의 실체 규명이 어렵다. 사당패, 솟대쟁이패, 대광대패, 초라니패, 걸립패乞粒牌, 중매구패, 광대패, 굿중패, 각설이패, 얘기장사, 남사당패 등 그 이름은 여러 가지이나 유랑 예인 집단의 구체적인 실체는 제대로 드러나질 않는다. 천민 집단인 이들에 대해서 문자 쓰는 양반이 기록을 남겨둘 리 없었다. 그러나 예인 집단이야말로 어느 시대에서나 서민과 함께 애환을 나눠온 당대의 대중 스타가 아니겠는가. 오늘날 주목받는 스타의 선조 격이다.

사실 장르 구분과 연예인 범주가 세분화된 현대와 예술·놀이·연예 자체가 미분화된 전통시대의 예인 개념을 그대로 일치시키기는 쉽지 않다. 전통사회에서는 예인 집단이 세습적인 천민 집단으로 존재했다면, 오늘날에는 전 계층에서 연예인이 될 뿐더러 선망의 대상이기도 하다. 시대가 다르다 해도 민중 속에서 함께 살아온 예인의 세계관만은 예나 지금이나 같은 법. 더욱이 예능 훈련, 레퍼토리, 사회적 기능 따위 등을 비교하면 유랑 예인 집단은 오히려 오늘의 스타보다도 더 전문적이고 대중적이었다.

나는 유랑 예인을 생각하면 늘 코메디아 델라르테commedia dell'arte(16세기 이탈리아에서 시작되어 유행한 가면희극)와 베르톨트 브레히트가 떠오른다. 브레히트의 서사극 이론이 완성되기까지는 코메디아 델라르테가 그 나름의 역할을 한 것 같다. 브레히트는 그의 대표적인 서사연극론 〈반反아리스토텔레스 극에 대하여〉에서 서사극의 기본 모델로 '가두 장면'을 제시한다. 자연스럽고 초보적인 서사극의 대표적 예로서 어느 거리 모퉁이에서나 흔히 목격할 수 있는 한 사건을 채택한다는 것이다.

코메디아 델라르테도 가두극이다. 16세기 이탈리아에서 시작되어 17~18세기에 이르기까지 유럽 각국의 연극사에 영향을 준 코메디아 델라르테는 어원 그대로 '희극'과 '기술'의 결합이다. 이 집단에 속하는 사람은 배타적 집단을 형성해 자기들끼리만 결혼했고, 거기서 출생한 아이는 저절로 부모 품에서부터 연기술을 배웠다.

유럽의 길거리와 광장을 떠돌던 코메디아 델라르테의 예술이야말로 어쩌면 현대 연극이 상실한 가장 매력적인 개방 요소를 두루 지닌 우수한 연극 전통일 것이다. 브레히트가 이런 가두극 전통에서 가장 대중적이고 창의적인 서사극 전통을 재발견했음은 당연한 귀결이다. 배우의 풍부한 상상력, 발랄한 기지, 즉흥적인 재능, 말과 동작의 세련된 구사와 발표력은 바로 극의 생명이었다. 이들의 기발한 극술과 가면, 의상은 후세의 오

코메디아 델라르테,
자끄 칼로의 판화집 BALLI DI SFESSANIA, 1924

페라·발레·묵극·인형극, 심지어 그림자놀이나 서커스에까지 많은 영향
을 끼쳤다.

　우리나라의 유랑 예인도 집단 내 결혼을 많이 했으며, 어려서부터 무
동놀이를 하면서 자라난 아이가 커서 기예를 이었다. 그들은 당대 최고
의 기량을 갖춘 전문 예술인이었다. 그러나 우리는 아직까지도 브레히트
같은 혜안을 가진 '큰 광대'를 못 만난 탓일까. 전통 예술에서 현대 예술로
넘어오면서 그만 족적이 끊기고 말았다.

　나는 만나는 무대예술인에게 늘 이야기한다. '조선 후기의 풍부한 유랑

남사당 무동놀이, 일제강점기
꼭두극, 크리스 마커(프랑스 다큐멘터리 작가) 촬영, 평양, 1950년대 후반

예인 전통이 고스란히 현대로 이어졌더라면 우리 예술의 심도가 얼마나 더 깊고 풍부해졌을까!' 하고. 민족연극사, 민족음악사, 민족무용사, 심지어 코미디언의 역사, 서커스의 역사, 매매춘이나 남색男色의 역사에서도 유랑 예인 집단은 결코 빠져서는 안 되는 존재다. 19세기 초 이들이 사라지자 그 빈 공간을 일본에서 들어온 대중오락물이 차지한다. 민중은 남사당패의 꼭두각시극에서 즐거움을 택하기보다 축음기에서 들려오는 엔카 소리에 열광했다. 아니, 일제 당국이 의도적으로 그렇게 만들었는지도 모른다.

현대판 유랑 집단인 곡마단의 애환을 잘 그린 한수산의 소설 《부초》가 떠오른다. 어렸을 적 개천가에 천막을 치고 사람을 불러 모으던 곡마단의 나팔 소리에 흥분해 친구들과 함께 몰려가던 추억이 새롭다. 그러나 곡마단은 어디까지나 일제로부터 유입된 곡예다. 곡마단이 식민지 민중의 애환이 서린 집단이기는 해도 서커스를 연출하던 솟대쟁이패 전통과는 무관하다. 일제강점기를 풍미한 곡마단, 신파극단, 광복 이후 전국을 누비던 여성 가극단……. 이들은 유랑 예인 집단이 사라진 틈새를 비집고 새롭게 등장한 집단이었다. 일제가 들어오면서 전통적인 예인 집단은 그 힘을 잃고, 신식 악기와 신식 노래에 그 자리를 내주었다.

그런 점에서 오늘날 북한이 교예를 발전시켜 유랑 예술의 일맥이나마 이어가고 있음은 뜻깊은 일이다. 교예는 북한 사회에만 있는 독특한 예술 형식이자 군중 오락물이다. 세계적으로 서구식 서커스가 퍼져 있으나 유독 북한 사회는 교예라는 명칭으로 글자 그대로 '교巧'와 '예藝'를 결합한 예술 형식을 강조한다. 훗날 통일시대의 남북 문화 통합 과정에서 되살렸음 직한 예술이다.

거사에서 사당으로

조선 후기 유랑 예인만이 연예인의 조상 격은 아니다. 《삼국사기》 〈악지樂志〉에 전하는 오기(금환·월전·대면·속독·산예의 다섯 재주), 고구려 수산리 고분 벽화에 등장하는 재주꾼, 후대로 내려와 고려시대의 괴뢰패(꼭두패), 또 어느 시대에나 있었던 춤꾼, 악공 등이 바로 그 원조다. 조선시대에 들어오면서 창우倡優, 기생, 무당, 판소리꾼, 심지어 마을의 '아마추어'적인 탈춤꾼, 풍물꾼까지 포함된다. 특히 '소학지희笑謔之戱'라는 말을 낳게 한 창우가 중요하다.

그러나 조선 후기에 봇물 터지듯 생겨난 유랑 예인 집단처럼 조직적 결집력과 전문성을 아우르면서 서민 대중을 직접 상대하던 민중적 연예인 집단은 없었다. 왜 조선 후기에야 이런 유랑 예인 집단이 급증했으며, 그 이전에는 그 같은 집단이 없었을까? 아무래도 사당패가 가장 오래된 집단이니 사당패를 추적해보면 그 해답이 나올 성싶다.

사당패의 원래 명칭은 거사패였다. 언제, 어떤 이유로 명칭이 바뀌었을까? 불교에서 출가하지 않고 집에서 불도를 닦는 재가在家의 비승비속非僧非俗 무리를 거사居士라고 한다. 반면에 속가에서 불교를 믿는 여자는 사당社堂이라고 했다. 조선 전기의 거사패 출현은 억불정책에서 비롯됐다. 승려와 절이 줄어들어 재가에 떠도는 무리가 급속히 늘었다.

거사는 생업을 버리고 세금도 내지 않으면서 사주·관상·손금 보기, 떠돌이 장사치 노릇을 했다. 그래서 심지어 남녀가 한곳에 뒤섞여 징과 북을 울리며 안 하는 짓이 없다는 비난까지 받았다. 지금은 고인이 된 민요·

곡예 장면, 수산리 고분벽화, 고구려

구비문학자 전신재는《조선왕조실록》을 분석하고 그 결과를 토대로 아주
일목요연하게 거사를 이렇게 정리한 바 있다.

· 중도 아니고 속인도 아닌 비승비속 집단이다.
· 승려를 비롯해서 관리·군인·노비 등이 이 집단을 형성했다. 이들은
  모두 조직에서 이탈한 사람이다.

시주, 단원풍속도첩, 김홍도, 국립중앙박물관

- 서울과 지방에 존재했다.
- 생업을 버리고 부역도 회피했다.
- 남녀가 함께 거처하여 남녀관계가 문란했다.
- 사찰과 관련이 있다는 연화緣化를 사칭하여 백성의 재물을 탈취했다.
- 도성 안에 절도 아니고 집도 아닌 '사社'를 짓고 불사를 거행했다.
- 사기로 시장의 이익을 독점했다.
- 사람을 모아놓고 징과 북을 치며 가무를 했다.

임진·병자 양란이 끝나자 조선 사회는 극도로 어수선해진다. 먹고살기 힘들어 유랑민이 갑자기 급증한다. 그리고 이들은 대거 예인 집단으로 편입된다. 더욱이 기근이 들거나 가렴주구를 일삼던 통치자의 압제를 피해서 유랑민은 날로 불어났다. 아이를 굶겨 죽이기보다는 차라리 광대 뒤를 쫓아가게 해서 밥이라도 굶지 않게 하려는 게 당대의 세태였다.

이제까지는 그런 대로 종교성을 지녔던 거사패는 사당 무리와 함께 다니면서 본격적인 예인의 길로 나선다. 이때 명칭마저 사당패로 바꾸게 된 것으로 추측된다. 전신재는 이들 종교 세계의 인물이 당대의 특수한 사회 사정 때문에 성聖의 세계에서 속俗의 무리로 전락했다고 본다.

이제 우리 논의는 사당으로 넘어갈 필요가 있다. 수많은 유랑 예인 패거리 중에서 아무래도 가장 오래된 집단은 사당일 것이다. 유독 사당이라는 말이 조선 전기부터 등장할뿐더러, 다른 집단이 보유한 레퍼토리에 사당패 연희로부터 분화된 것이 많기 때문이다. 사당패는 연예를 파는 사당(여자)과 일종의 '기둥서방' 역할을 하던 거사(남자)로 이루어졌다.

사당과 거사는 참으로 재미 있는 관계였다. 마을을 돌아다 닐 때 거사는 사당을 등에 업 고 다닐 정도로 대단히 소중히 다루며 세수마저도 시켜주었 다. 손님이 없을 때는 사당과 거사가 동침하지만, 객이 있으 면 사당을 내놓고 거사가 하인 역할을 맡았다. 매춘부가 매매 춘을 하는 동안 기둥서방이 망 을 보는 꼴이다.

사당패는 사당벅구춤, 산타 령 같은 민요창, 줄타기(재담 줄) 등을 중요 레퍼토리로 삼

거사 사당 업고가기, 조선풍속도, 김준근, 스왈른 수집본, 숭실대한국기독교박물관

았다. 청룡사의 바우덕이가 가장 잘 놀던 춤도 법고를 들고 추는 사당벅 구춤이었다. 그들은 춤과 노래와 재담이 어우러진 예능을 선보였다.

사당패는 고스란히 그대로 이어지지만은 않았다. 대표적인 분화가 남 사당패다. 남사당패는 조선 후기에 느지막이 형성된 것으로 추측된다. 거 사패는 사당패로, 사당패는 남사당패로 전승·분화되면서 그 맥을 이었다. 오늘날 21세기에는 문화재 보존 정책에 힘입어 '무형문화재 남사당패'로 명맥만 잇는 중이다.

다양한 레퍼토리, 또 하나의 '르네상스'

우리는 조선 후기가 민간 예술의 전성기였다고 들어왔다. 그 구체적인 증거품으로 판소리, 탈춤, 민화 따위를 꼽는다. 그러나 무엇보다도 유랑 예인 집단의 다양한 레퍼토리를 보면 가히 연예 예술의 '르네상스'였음을 알 수 있다.

〈흥부전〉의 놀부가 박 타는 대목에는 사당, 거사, 각설이패, 초라니 따위가 쏟아져 나온다. 〈변강쇠전〉에서는 장승을 베어다 불을 때 장승 동티가 나자 옹녀가 초라니패 따위를 불러 시신을 떼어내려 한다. 이같이 조선 후기를 풍미한 판소리에서 유랑 예인 집단이 결정적인 순간에 등장하는 것은 그만큼 이들 예인이 시대적 총아였다는 증거라 할 수 있다.

유랑 예인 집단의 레퍼토리에는 삼국시대부터 내려오던 방울던지기 따위의 요술에서부터 고려시대의 꼭두각시극까지 전승되는 모든 '기예'가 종합됐다. 대략 풍물, 법고춤, 줄타기, 땅재주(공중회전), 얼른(요술), 죽방울치기, 비나리(고사반), 삼현육각, 판소리, 민요창, 버나 따위를 망라했다. 물론 집단마다 특성에 따라 주력으로 삼는 레퍼토리가 달랐다. 오늘날로 치면 사물놀이, 서커스, 요술, 비나리, 노래, 춤, 악기 연주 등에서 특정한 한두 가지 '주 종목'이 있었다. 오늘날 텀블링을 하면서 재주넘기와 노래·춤·악기 연주를 곁들이는 '만능 가수'를 보면 영락없이 조선시대의 유랑 예인을 보는 듯하다.

예인 집단 몇 개만 추려서 그들의 중심 레퍼토리를 살펴보자. 조선 말의 풍속화가 김준근의 《기산풍속도첩箕山風俗圖帖》에 나오는 그림으로 보아 솟대쟁이패는 서커스꾼으로 보인다. 솟대쟁이패는 높은 장대를 중심에 세우고 줄을 늘어뜨려 곡예를 선보였다. 땅재주, 얼른, 병신굿, 솟대타기(물구나무서기, 두 손 걷기, 한 손 걷기, 고물 묻히기 등)를 보여주었다. 문인이자 서예가인 최영년은 《해동죽지海東竹枝》(1921)에서 장대에서 춤을 춘다고 하여 무간장舞竿場이라 하면서 "한들한들 추는 춤, 사지와 허리가 나긋나긋 열 길 되는 긴 장대 흔들리지도 않는다"라며 뛰어난 재주를 노래했다.

걸립패는 민간의 풍물굿패가 동네에서 걸립을 다닌 데서 비롯했다. 애초에는 대동걸립으로 출발했는데, 기량이 뛰어난 걸립패가 나오면서 차츰 이웃 동네로 걸립을 나갔고, 종내는 전문 걸립패로 완성을 보게 됐다. 유랑 걸립패는 무엇보다 비나리를 잘했다.

걸립패와 관계 깊은 패로 중매구패가 있다. 글자 그대로 중이 매구를 치는 패거리다. 실학자 이덕무의 《청장관전서青莊館全書》 권1 을 보면 〈승희僧戲를 구경함〉이라는 시가 있다. "중의 무리 십수 명이 깃발을 들고 북을 둥둥 울리며, 때때로 마을 안에 들어와 입으로 염불을 외며 발 구르고 춤추면서 속인의 이목을 현혹해 미곡을 요구하니, 족히 한 번의 웃음거리가 된다. 시 한 수를 지었으니 대개 실상을 기록한 것이다"라고 했다.

왜 사찰에서 속가로 굿패를 내려보냈을까? 아니면 직접 내려가지 않더라도 절의 신표를 주어 사당패와 공존을 꾀한 이유는 무엇일까? 그 답은 당시의 어려웠던 사찰 재정에서 찾을 수 있다. 탁발을 다니던 전통이 있는 터에, 아예 전문 광대를 고용하는 방식을 써서 사찰 운영은 물론이고 불사에 필요한 자금을 구한 셈이다. 예인 집단은 그들 나름대로 절의 '신용장'을 들고 다닐 수 있어 걸립에 도움을 받았고, 비수기에는 편안하게

솟대장이, 기산풍속도첩, 김준근, 독일함부르크인류학박물관

묵을 수 있는 터전을 마련할 수 있었다.

예인 집단에 각설이패를 포함할 수 있는지의 문제는 논란의 여지가 있다. 정확히 말해 거지를 예인 집단에 넣을 수는 없지 않느냐는 주장이다. 그러나 그들 '거지 집단'은 단순한 거지가 아니었다. 각설이의 구성진 〈장타령〉은 그 자체로 일품이었고, 조직적 대오를 갖추어 민가와 장터를 나다녔다. 각설이의 〈장타령〉은 당대의 시대 분위기를 그대로 반영했고, 구성진 목소리로 신명을 돋우었다. 최근까지 전해지는 "작년에 왔던 각설이, 죽지도 않고 또 왔네" 하는 식의 노랫말은 누구나 알고 있으리라.

예인 집단에는 얘기장사도 있었다. 1인의 이야기꾼과 1~3인의 잽이가

줄타기와 악사들, 수락산 흥국사 감로탱화, 1868

당대의 인기 소설을 읽어주는 집단이다. 중국에서는 일찍이 이야기를 해주는 전문 직업 강담사가 존재했고, 우리나라에는 이들 이야기꾼이 있었는데 판소리의 서사 구조를 짜는 데 영향을 주었다고 보기도 한다.

이런저런 예인 집단의 구체적 실상은 그다지 알려지지 않았지만 남사당패만큼은 비교적 많은 정보가 전해진다. 가장 늦게 시작된 패거리인데다가 최근까지도 명맥을 이어왔기 때문이다. 탈춤의 본디 우리말인 덧뵈기, 줄다리기를 뜻하는 어름판, 곤두박질을 하는 살판, 접시를 돌리는 버나 따위가 기본 종목이었다. 말할 것도 없이 풍물굿은 기본이었다.

어느 시대에나 예인의 생명은 높은 기량이다. 낯익은 각설이패의 '장타령'조차 고도의 반복 훈련에 따른 것이다. 오늘날로 치면 공연단장 격인 꼭두쇠, 기획자인 곰뱅이쇠, 전문 연희자인 뜬쇠, 초입자인 삐리로 이루어진 남사당패 조직을 보면 바로 고난도의 예능 훈련을 했음을 알 수 있다. 기량 연마와 레퍼토리 개발을 추구한 전문 연예인이었다. 오늘날의 연예인은 말 그대로 이들의 '직계 자손'인 셈이다.

꽃값과 호모섹슈얼의 원조

사당패나 남사당패는 우리나라 성의 역사에서도 빠뜨릴 수 없는 존재다. 최근까지 살았던 그들의 후예가 쉬쉬하는 탓에 그 면모가 잘 드러나질 않지만, 매매춘의 역사나 남색의 역사에서 절대적인 위치를 차지한다.

사당패는 연희를 팔아서 먹고살았다. 그러나 그것만이 아니었다. 가진 것이 몸뚱어리밖에 없는 천민 신분으로서 '팔 것'은 모두 팔았는데, 그중 하나가 육체였다. 해우채라는 말은 거기서 생겨났다. 사당은 거사와 부부 관계를 맺고 의복, 화장품, 기타 일체를 거사로부터 지급받는 대신에 해우채는 몽땅 거사의 소득이 된다.

해우채는 오늘날 매매춘 여성이 받는 화대(꽃값)에 해당하는 말인데, '치마를 벗는다'는 해의채(解衣債)에서 비롯했다. 거사는 사당을 업어서 데려다주고 일이 끝나면 다시 업고 왔다. 공존공생의 삶 속에서 흡사 오늘날의 기둥서방과 창녀가 그러하듯이 거사는 사당의 보호자이자 판매자이자 '착취자'였다. 그래서 〈양주별산대놀이〉 '애사당 북놀이'에는 이런 노래도 전해진다(일명 '여사당 자탄가').

한산 세모시로 잔주름 곱게곱게 잡아 입고
안성 청룡으로 사당질 가세
이내 손은 문고린가 이놈도 잡고 저놈도 잡네
이내 입은 술잔인가 이놈도 빨고 저놈도 빠네
이내 배는 나룻밴가 이놈도 타고 저놈도 타네

국학자 이능화가 1926년에 쓴《조선해어화사》에서는 "여사당의 묘기가 절정에 이르게 됐을 때 청중이 동전을 물고 '돈, 돈' 소리를 내면 여사당이 가서 입으로 돈을 받으며 입 맞추는데 또한 묘기다"라고 했다. "50년 전(대략 1875년) 내가 어렸을 때 직접 괴산에서 보았다"라고까지 증언한다.

한편 남사당패는 남색 사회였다. 그들은 어린아이를 받아들이면 파트너

남사당패의 꼭두각시극, 서산 박첨지 놀이

를 정했다. 개인적으로 기량을 전수받는 교육 체계에서 파트너십은 중요
했다. 암동모와 수동모로 정해진 파트너십은 쉽게 남색으로 이어졌다. 심
지어 남사당은 농촌으로 공연을 나갔다가 여성을 맞아들이기에는 경제적
여건이 허락되지 않는 머슴 등 하층민의 남색 대상이 되어주기도 했으니,

그들의 성행위를 계간鷄姦이라고 했다. 지금으로 치면 '호모섹슈얼'이다.

그들의 남색 행위는 엄격한 신분사회에서 필연적이기도 했다. 양반이나 돈 있는 층은 기생첩을 끼고 살 정도였지만, 하층민은 그렇지 못했다. 그래서 그들의 억눌린 성적 배출구로 기능했다. 또한 남사당은 남색으로 성욕을 해결하고자 했다. 이 같은 행동 양태는 그들이 유랑 예인 집단이라는 독특한 집단적 속성과 천민이라는 계급적·사회적 속성에서 나온 것으로 보인다. 이 점은 중국 영화 〈패왕별희〉에서도 드러나듯이 '경극패'에도 있었던, 남성 예인 집단만의 특이한 성문화라고 하겠다.

오늘날 유랑 예인 집단은 완전히 사라졌다. 그러나 한국 대중연예사의 한 페이지를 장식했던 그 정신만큼은 면면히 이어지고 있다. 한글학회에서 펴낸 《한국지명총람》을 한번 들추어보라. 곳곳에 '사당골' 혹은 '불당골'이라는 이름이 나온다. 이들 지역이야말로 사당패가 정착한 근거지였으니, 황해도 구월산 사당골, 강진 정수사 부근의 사당골 그리고 안성 청룡사의 불당골 따위가 그것이다. 비록 사당은 사라졌어도 이름만은 마을명에 남기고 간 셈이다.

또한 오늘날 전 세계적으로 명성을 떨치는 사물놀이패의 뿌리도 조선 후기의 유랑 예인이 아닌가! 그들이 만들어내는 풍물굿 가락은 바로 유랑 예인 집단의 전문 굿 가락에 그대로 잇닿아 있다. 오늘날의 연예인이 조선 후기의 유랑 예인과 그대로 이어지지는 않지만, 그들의 예술적 기질 속에는 '유랑 예인의 뜨거운 핏줄'이 흐르고 있을 것이다. 이들 예인 집단의 어제와 오늘을 제대로 이해하는 일, 그 일이야말로 우리 대중문화의 겉과 속을 옳게 이해하는 첩경이다.

구들, 우리 민족의

영원한 태자리

고구려 화덕, 용호동 고분

파란 눈의 외국인이 바라본 구들

02

북아시아에 관심을 가진 네덜란드 암스테르담 출신 비트선이라는 사람
이 있었다. 그는 1667년 모스크바에 머물면서 타타르(북아시아)에 관한 지
리적인 식견을 넓혔다. 그가 남긴《북동 타타르지Noord en Oost Tartarye》를
보면 한국을 다룬 부분이 나온다. 아마도 1690년까지 유럽에 알려졌던
한국의 기록을 거의 섭렵한 듯하다. 특히 구들에 관한 기록도 남겼다.

방을 만들 때는 마루 밑으로 2분의 1피트 정도의 구멍을 뚫고, 그곳으로 문밖
에 설치한 아궁이에서 연기를 피워 넣어서 방 안을 따뜻하게 하는 방법을 쓰고
있다.

17세기 말 외국인이 바라본 우리나라의 구들에 관한 초기 기록이다. 우리나라를 방문한 많은 외국인은 한결같이 구들에 관심을 보였다. 프랑스의 선교사 샤를르 달레가 대표적이다. 그는 우리가 처음 천주교와 인연을 맺은 1593년부터 시작해 마지막 큰 박해가 끝난 1871년까지 280여 년간의 한국 교회사를《조선국의 모든 것》이라는 책으로 정리했다. 1874년 프랑스 파리에서 출간한 책은 교회사라고는 하지만 막상 우리나라의 풍물도 세세히 기록했고, 거기에 구들이 등장한다. 다소 비아냥거리는 듯한 말투지만 푸르티에라는 사람의 편지를 발췌한 대목을 찾아보자.

중국·인도와 비교할 때 방바닥을 덮고 있는 자리가 꽤 보잘것없습니다. 가난한 사람은 대개 약간 두꺼운 짚으로 흙을 덮는 것에 만족해야 합니다. 돈 있는 사람들은 종이로 흙벽을 바르고 유럽의 마루와 타일처럼 두꺼운 기름종이로 방바닥을 바릅니다. (……)
벽난로가 없는데 어떻게 자리 위에서 불을 피울까요? 벽난로를 대신할 것이 준비돼 있습니다. 집 바깥에 옆으로 부엌 아궁이가 있고, 방바닥 밑을 통과하는 여러 고랑이 아궁이까지 연결돼 있습니다. 그 고랑이나 파이프는 커다란 돌로 덮여 있고, 그 틈새와 들쭉날쭉한 곳은 반죽한 흙으로 메워놓았는데 그 바로 위에 자리를 깔았습니다. 방고래를 지나서 집 반대쪽으로 빠져나가는 연기와 열은 희한하게도 온기를 전해주는데 그 열은 돌 두께로 말미암아 꽤 오랫동안 지속됩니다. 보시다시피 조선 사람은 우리보다 훨씬 전에 난방장치를 사용하고 있었던 셈입니다. 연기가 방바닥 틈새로 뭉게뭉게 피어오르지만, 너무 까다롭게 굴어서는 안 됩니다. 아무리 좋은 것이라도 이 세상에서 결점 없는 것

구들을 지피는 부엌

　백인우월주의에 사로잡힌 비꼬는 말투이기는 해도 구들에 대해 비교
적 꼼꼼하게 적어놓았으며, 우리의 구들이 자기들 난방법보다 빨랐음을
실토하고 있다.

　주한미국공사관 서기관을 지낸 호러스 N. 알렌도《조선견문기》에서
구들을 관찰했다. "방바닥은 갈색 대리석처럼 보이는 호화로운 기름종이
로 덮여 있다"라고 상류층의 구들방을 묘사함으로써 당시 양반 사회의
문화수준을 엿보게 해준다. 또한 소작인이나 품팔이 노동자의 오막살이
에 있는 구들도 짙은 갈색의 기름종이로 덮여 있으며, 이 점이 일본이나
중국 같은 이웃 나라보다 훌륭하다고 했다.

　1920년대 한국을 방문한 미국인 W. E. 그리피스는《은자의 나라 한국》
에서 구들을 아주 유심히 살펴보았다.

　동북아시아 지방에 있는 주택에는 고래가 있다. 고
래는 관管으로 된 일종의 화덕으로 감자를
굽듯 사람을 굽는다. 서양 사람이 벽
돌로 침대를 만들고 그 밑에 발
을 따뜻하게 하는 난로를 설치
한 것과 똑같다. 집의 한쪽 끝에
있는 아궁이로부터 다른 쪽 끝
의 굴뚝에 이르기까지 연관煙管

야외용 아궁이와 굴뚝

위를 벽돌이나 구들로 덮는다. 그래서 부엌에서 주전자의 물을 끓이고 고기를 굽는 불은 저쪽 방 안에서 앉아 있거나 자는 사람을 따뜻하게 하는 데 사용된다. 다만 불을 때지 않으면 방이 차갑게 식고 밑불을 죽이면 열을 지속시킬 수 없다는 애로가 있다.

사람을 굽는다? 하긴 뜨거운 장판은 사람도 구울 정도로 고온이니 이런 표현도 나옴 직하다. 서양인이 우리의 구들문화를 모두 정확하게 이해했다고 볼 수는 없겠지만, 무엇이 그들에게 그토록 관심을 갖게 만들었을까? 그만큼 우리의 구들문화가 돋보였다는 증거다.

1914년, 세계적인 건축가 프랭크 로이드 라이트는 일본 도쿄를 방문했다. 거기서 유난히 안락한 '한국식 방'을 접한 그는 원리를 설명 듣고 감명받아, 당시 그가 설계하던 호텔 욕실에 온돌을 적용했다. 또한 미국으로 돌아간 후에도 여러 주택에 한국식 온돌을 적용했다고 한다.

온돌보다는 구들을

나는 온돌溫突을 피하고 애써 구들을 쓰고 있다. 온돌이 한자말이라면 구들은 '구운 돌'이라는 뜻의 순우리말이다. 보편적으로 온돌이라고 쓰는 것을 나무랄 일은 아니지만, 데워서 난방한다는 그 뜻이 좋아서 나는 구들을 굳이 쓴다.

구들에 관한 말 가운데 사라진 것이 어디 하나둘뿐이겠는가. 유형에 따

부엌 아궁이
함실아궁이, 조계산 선암사

라 구분하는 선자구들·쇠구들·토판구들, 불아궁 안쪽에서 연료가 타는 불목, 부뚜막 없이 불만 피우는 함실아궁이, 불기가 빠져나가는 구들고래, 고래 옆에 쌓아 구들장을 받치는 두둑, 편편하게 덮은 구들장, 굴뚝이 있는 벽과 평행으로 깊게 파내어 연기가 굴뚝으로 잘 빠져나가도록 파낸 개자리, 구들고래가 개자리에 접속되는 곳인 바람막이……. 이 모든 것이 거의 사라진 구들문화의 토속어가 아닌가!

구들은 가장 원초적인 문화유산이면서도 희소성이 없기에 '화끈하게' 주목받지 못했다. 그러나 구들만큼 우리 민족의 생활양식에 결정적으로 영향을 미친 문화유산이 또 있을까. 우리나라의 의·식·주 풍습에서 무엇을 가장 원초적인 것으로 꼽느냐고 학생들이 물으면, 나는 늘 똑같이 답한다. 의생활에서는 흰옷, 식생활에서는 장醬, 주생활에서는 구들. 흰옷, 된장, 구들이야말로 우리 민족 의·식·주 생활의 첫머리를 장식하는 데 손색이 없다고 본다. 흰옷이 원색문화에 떠밀려 차츰 사라지고, 된장도 입맛 까다로운 이들에게 외면받고 있지만, 그래도 구들은 여전히 꿋꿋하게 버티고 있다.

구들문화의 중요한 특징은 전통적인 의·식·주 생활풍습 가운데서 현대까지 적응력을 가장 잘 보여준다는 데 있다. 즉 구들의 힘은 '장기 지속성'에 있다. 수천 년 세월 동안 변함없이 이어져 초현대적 생활과 어울려 21세기로 온전히 넘어온 풍습이 또 있을까? 땔감용 구들, 연탄구들, 보일러와 전기를 쓰는 개량구들을 거쳐 '온돌침대'마저 등장할 정도로 구들은 전통의 지속성을 유감없이 보여준다. 그러하기에 왠지 한자어인 온돌보다는 우리말 구들을 고집스럽게 지키고 싶다.

우리 민족의 영원한 태 자리

펄펄 끓는 아랫목에서 임부가 몸을 푸는 곳, 추운 겨울날 할아버지의 입을 통해 아버지에게, 아버지의 입을 통해 자식에게 대를 이어가면서 '쓰이지 아니한 역사'가 서술되던 '구술문화'의 현장 그리고 사람이 마지막 운명을 다할 때 자손의 손을 마지막으로 쥐던 곳……. 그러한즉 구들을 '우리 민족의 영원한 태 자리'라 부를 수 있다.

우리 선조가 최초로 지은 집은 신석기시대에 땅을 파고 만든 움집이었다. 움집은 매우 단순했다. 자갈이나 모래, 진흙 등을 깐 맨바닥이었고, 그 중심부에는 예외 없이 화덕을 설치했다. 대체로 바닥을 일정한 깊이로 파고 그 주위에 강돌이나 진흙으로 둥글게 테두리를 만들었다. 화덕을 방 안에 설치한 탓에 연기를 뽑아내기 위해 천정에는 구멍도 뚫었을 것이다. 이때는 아직 구들이 출현하지 않았다.

《삼국지》〈위사〉 '동이전 읍루'에도 이르기를 "기후가 추워서 사람들은 땅을 파고 그 안에서 사는데, 깊을수록 귀하고 큰 집은 아홉 계단이나 내려간다"라고 했다. 추위를 피하기 위한 방편이었기에 움집은 후대까지 이어졌다.

그러나 서서히 지상으로 솟아오른 집다운 집이 출현한다. 움집에서 화덕 따위로 난방을 하던 수준으로는 지상 가옥의 난방을 감당할 재간이 없었다. 더욱이 혹독한 추위가 계속되는 만주벌판에서 우리 선조는 다양한 구들을 개발하게 된다. 북한 고고학계는 북한의 자강도 시중군 노남리, 평안북도 영변군 세죽리, 평안남도 북창군 대평리 등지에서 구들의 초기

고구려의 부엌, 안악 3호분 고분벽화

고구려의 입식생활, 무용총 고분벽화

형태를 다수 발견했다(《고고민속》 1966년 4호). 판돌을 세워서 이어 대고 그 위에 판돌을 덮은 좁고 긴 구들이었다. 전체를 데우지 못하고 방바닥 한 구석에 작게 독립적으로 설치됐다. 그러나 대평리 유적 3호 집자리의 구들은 고래 너비가 다른 고래보다 거의 세 배나 되어 구들이 제법 넓게 발전했을 가능성도 보여준다.

문헌상으로 구들을 처음으로 암시한 《신당서新唐書》와 《구당서舊唐書》를 보면 "가난한 사람이 겨울을 나기 위해서 긴 갱坑을 만들어 따뜻하게 난방한다"라고 했다. 갱은 무엇일까? 갱은 중국인이 '캉'이라 부르는 난

방시설이다. 역사민속학자 손진태는 그의 책 《온돌고溫突考》에서 캉과 구들의 기원이 같다고 했다. 구들이 바닥 전부를 데운다면, 캉은 실내 한쪽에 벽돌을 쌓아 일부분만 데운다. 구들이 전면적인 방바닥 난방이라면, 캉은 벽 일부만 난방하는 형식이므로 페치카와 구들의 중간 성격을 띤다고 할까.

손진태는 간단한 부뚜막에서 실내 일면 캉으로, 일면 캉에서 삼면 캉으로, 삼면 캉에서 전면 구들로 발달했다고 보았다. 또 그는 캉이 중국 북부 만주에서 발생했다고 했다. 구들의 고구려기원설이 확인되는 순간이다. 부엌과 긴 고래구들을 그린 그림에는 한 여인이 부뚜막에 시루를 올려놓고 음식을 만들고 있으며, 다른 여인은 부뚜막 아궁이에 불을 지핀다. 아궁이에서 지핀 불길은 긴 고래구들을 따라 굴뚝으로 빠지도록 설계돼 있다. 굴뚝도 예전에는 없었다.

그런데 고구려의 벽화를 보다 보면 주인공이 의자에 앉아 있는 장면도 많이 나온다. 중국의 입식문화를 보는 것 같다. 그렇다면 고구려 사회는 입식문화 단계였던가? 그런 것 같지는 않다. 건축학자 강영환은 의자에 앉는 입식문화와 책상다리로 앉는 구들문화가 혼재된 것으로 본다. 구들은 있되 본격적으로 발전한 단계는 아니었던 것 같다.

벽화 무덤의 주인공인 귀족과 달리 고구려의 민중은 '돈이 덜 드는 난방 방식'인 구들을 선택했음이 분명하다. 《신당서》와 《구당서》의 기사처럼 '가난한 사람이' 겨울을 나기 위해서는 구들이 필수적이었다. 그 반면에 귀족 문화에는 '신발을 신는' 입식과 '신발을 벗는' 좌식 생활이 병존했다. 그래서 본격적인 구들문화의 창시자는 '고구려 민중'이라고 할 수 있다. 우리가 편히 누워 잠자는 구들에는 바로 고구려 민중의 강골차면서도 따스한 숨결이 서려 있는 셈이다.

백제나 신라의 사정은 어땠을까?《삼국사기》에 따르면 통일신라 헌강왕 대에는 서라벌에 기와집이 줄줄이 있고 숯으로 밥을 해먹었다. 그을음을 피하려고 숯으로 난방을 한 것은 구들이 아직 발달하지 않았음을 역설적으로 보여준다. 당시 남쪽의 백제와 신라는 고상식 주거 양식을 갖추었으므로 마루가 중요했다.

구들과 마루가 움직이다

송나라의 사신 서긍은《고려도경》에서 이르기를 "귀족은 중국과 비슷하게 낮은 평상 생활을 하여 편안하기 이를 데 없어 전혀 외국에 온 느낌을 받을 수 없다"라고 했다. 그 반면에 "일반 서민은 대부분 흙 침상으로, 땅을 파서 아궁이를 만들고 그 위에 눕는다"라고 했다. 여전히 구들이 민중의 전유물이었음이 드러난다.

옹기 굴뚝

고려의 고승인 최자의 《보한집補閑集》을 보면 재미있는 기사가 나온다. 《해동고승전》을 편찬한 각훈에 관한 대목인데, 구들 풍습을 완벽하게 보여준다.

행자가 일찍이 겨울에 자리 하나를 펴고 앉아 승복 한 벌을 갖추어 입고 있었는데, 그 옷자락 속에는 서캐라곤 없었다. 얼음장 같은 구들방에 앉아 있어도 추운 기색을 보이지 않았으며, 도를 배우고자 하는 후진後進이 책을 끼고 와서 의심나는 것을 물으면 하나도 어긋남이 없이 곡진하게 일러주었다. 한때는 날씨가 추워 얼어 죽을까 염려해서 그가 나갈 때까지 기다렸다가 방자房子를 보내어 급히 불을 지펴 방을 따뜻하게 했다. 밖에 나갔던 행자가 들어와서 방 안을 들여다보고는 기뻐하거나 성내는 기색 없이 천천히 방을 나가 자갈을 주워서는 아궁이를 막아버리고 회를 이겨서 틈을 바르고는 다시 자리 위에 앉아 처음 자세로 돌아갔다. 이때부터 다시는 사람을 보내어 방을 데우게 하지 않았다.

평안북도 삭주 지역의 이야기인 것으로 보아 북부 지방의 구들은 지금과 거의 같았다.

고려시대 중부 지방은 어땠을까? 문경의 원터院址 유적은 구들의 남하 과정을 보여주는 중요한 단서다. 일군의 학자가 1977년 문경 새재鳥嶺의 제1관문 안에 있는 원터를 발굴하다가 구들고래를 발견했다. 알맞은 크기의 산돌과 개울돌로 쌓은 고래는 고려시대의 것으로 판명됐다. 구들이 이미 소백산맥 남쪽 지역에까지 전파됐음을 알 수 있다. 당시 발굴에 참여한 목수 신영훈은 "백성에게까지 보급되어 사용했는지, 아니면 제주도처럼 서울에서 파견된 관리가 관아 건물에만 설치했는지 확실하지 않다"라고 확정적인 견해 표명은 유보했다. 고려시대에도 구들문화는 여전히 북쪽을 중심으로 펼쳐져 있었다는 것이 분명하다.

구들은 조선 전기에 서서히 전국으로 퍼지기 시작했다. 15세기 말 제주

출신 고득종의《홍화각중수기弘化閣重修記》에는 "구들을 서쪽 방에 설치했다"라고 했다. 그러나 같은 시기의《동국여지승람》에는 "백성은 아궁이와 구들 없이 맨바닥에서 잔다"라고 했다. 구들이 조금씩 퍼져 나가던 과도기 양상을 보여준다.

조선 후기에 들어서도 사정은 비슷했던 것 같다. 조선 후기에 이르도록 구들이 없는 곳이 여전히 많았다. 17세기 후반 숙종조에 제주목사를 역임한 이형상의《남환박물지南宦博物誌》에 따르면 제주도 살림집에는 그때까지도 구들이 없었다. 〈숙종실록〉 권12, 숙종 7년 9월조를 보면 구들이 비로소 한양에서 유행하고 있었다는 것을 알 수 있다. 다음은 경연사經筵事 벼슬을 하던 이단하가 왕에게 올린 내용이다.

근년에는 대내大內의 여러 방실房室을 판방板房으로 한 것이 많았는데, 지금은 온돌이 점점 많아져 기인(나무를 공물로 제공하는 자)이 공물로 바치는 땔감과 숯으로 지탱하기 어려운 상황입니다.

'근년까지 마루방이 많았다'는 이야기는 17세기 후반에 이르기까지 전국이 본격적인 구들문화권에 들어서지 못했음을 암시하는 대목이다. 18세기의 실학자 이익도《성호사설》에서 넓은 집에 구들이 두어 칸밖에 안 되어 나머지는 판자를 깔았다고 했을 정도다. 심지어 조선 말기 제정러시아가 한반도로 세력을 확장할 때 정책 자료로 쓰기 위해 1900년 상트페테르부르크에서 발간한《한국지》에도 맨땅에서 살고 있는 민중의 생활상이 드러난다.

땅이 그대로 방바닥을 대신하는데 가끔 짚을 깐 경우도 있다. 바닥이 나무인
경우에는 짚으로 엮은 깔개가 바닥에 덮여 있다.

　여러 문헌과 유적으로 미루어보아 북방에서 시작된 구들문화가 남하
하고 있었고, 남방에서 시작된 마루문화가 북상하고 있었음이 분명하다.
양자의 만남은 우리 주거 생활을 통일하는 데 결정적인 역할을 했다. 고
구려식 생활과 백제나 신라식 생활이 통일되는 형식도 바로 마루와 구들
의 조화가 아니었을까 한다.

　마루는 끊임없이 북상을 모색했다. 마루는 북
상을 거듭하다가 마침내 서울·경기 지방의
대청마루로 완벽하게 진출했다. 한편 구
들은 남하를 꿈꾸었다. 애초에 구들은
부뚜막과 방이 구분되지 않은 미분화
상태였다. 우리 선조는 화덕을 개량해
구들로 발전시켰다. 부뚜막은 구들이
발전하는 단서가 됐다. 추운 평안도나
함경도에서는 최근까지도 부엌과 방의
경계가 아예 없었다. 부뚜막의 열기가 벽
을 거치지 않고 방으로 직접 전달됐다. '양
통집'이라 불리는 집 안에는 외양간까지
있었다. 남하를 거듭한 구들은 새로운 환경
에 적응해야 했다. 함경도같이 추운 날씨가

남방의 고상주거 기형토기,
개인 소장

아니었기에 방과 부엌의 경계가 필요해졌다. 밑에서 올라온 마루도 중부 지방에서 만났기 때문에 마루방으로 향하는 불기운을 정확히 차단해야 했다.

구들과 마루의 만남은 우리식 살림집의 정형을 창조했다. 깔끔하게 지은 조선시대 살림집, 시원스럽게 뻗은 대청마루와 적절하게 배치된 구들, 이 두 문화가 균형을 이루게 된 역사적 만남이 드디어 실생활에 적용되었다. 구들과 마루의 만남은 구중궁궐에까지 영향을 미쳤다. 국가에서도 구들을 본격적으로 차용했다. 고구려시대 이래로 발전해온 민중 문화가 궁궐에까지 침투해 들어간 셈이다. 그리하여 우리는 지금 경복궁이나 창덕궁에서도 구들과 굴뚝을 쉽게 만날 수 있다. 민중의 저력이 민족생활사를 이끌어왔다는 결정적 증거다.

앉은 문화, 접촉문화, 굴뚝문화

외국여행을 하다가 몸에 한기라도 들면 "아, 구들방이 그립구나!" 하는 말이 절로 나오고, 몸이 찌뿌듯하면 뜨끈한 방바닥에 '몸을 지져야' 거뜬해진다고 말하는 사람은 영락없는 한국인이다. 침대문화가 들어왔어도 우리의 안방 바닥은 여전히 장판지다. 이렇듯 동양 삼국에서도 유독 우리만 구들을 발전시킨 이유는 무엇일까?

정확히 답하기는 어렵지만, 삼한사온이 분명한 기후 조건 때문인 듯하다. 겨울의 뜨듯한 방바닥과 여름의 시원한 방바닥을 상상해보면 쉽게 알 수 있다. 구들은 천천히 데워지고 식는 것도 느리다. 한국인의 한 속성인 '은근과 끈기'도 바로 구들의 속성에서 나온 것 같다. 그리하여 구들은 '구들문화'라고 지칭할 만한 독특한 문화를 만들고야 말았다.

구들은 바람과 기후 조건을 잘 따져서 아궁이와 고래구멍, 굴뚝을 배치해야 연기가 나지 않고 난방이 잘 된다. 아랫목은 낮고 윗목은 높게 구들장을 놓고, 아랫목은 두껍게 흙을 바르고 윗목은 얇게 발라 열전도율의 균형을 맞추었으니 우리 선조의 열 관리 지식이 상당한 수준이었음을 알 수 있다.

구들의 등장과 발달은 굴뚝과 부엌의 발달을 의미했다. 굴뚝을 잘 뽑아야 연기가 잘 빠져나가고 구들이 골고루 데워졌다. 그러나 유목민처럼 연기가 나지 않는 말똥을 태웠던 제주도에서는 굴뚝 없는 독특한 구들도 존재했다. 벽과 분리된 부엌은 그 자체가 독립적인 생활공간이 됐다. 그리하여 부엌의 부뚜막에 모신 조왕신은 여성이 중심이 되어 모시는 가장 강력한 신이 됐다. 구들의 윗목에는 조상신이 자리 잡고, 아랫목에는 아기를 돌보는 삼신이 자리 잡았다.

일본은 습기를 피하기 위해 다다

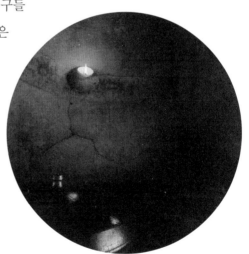

조왕 모시기

미를 깔고 살며 방 가운데에 화덕을 둔다. 앞에서 언급한 것처럼 중국 북부 지역에서는 캉을 설치한다. 우리 구들이 신발을 벗는 좌식 생활에 알맞은 데 반하여 캉은 입식 생활에 맞는다. 따라서 구들은 우리 민족만이 창조해낸 독자적 '앉은 문화'다.

우리의 가구 배치, 활동 반경, 방의 쓰임새 등은 모두 앉은 문화에 알맞게 되어 있다. 침대와 소파가 들어왔지만 여전히 대다수 민중은 앉은 문화를 선호한다. 앉은 문화는 청결을 보증한다. 반짝반짝하게 콩기름 먹인 장판을 닦고 또 닦아서 윤기가 흐르도록 청결을 유지한다. 먼지가 풀풀 나는 카펫 문화에 비할 바가 아니다.

구들은 '앉은 문화'와 '선 문화'의 양대 문화권을 구분하게 만들었으니, 오늘날 우리는 두 가지를 모두 쓰는 문화로 볼 수 있겠다. 어느 책에선가 구들을 '접촉문화'라고 한 것을 읽은 적이 있다. 맞는 말이다. 겨울철 뜨거운 방바닥에 등을 지지고, 여름철 시원한 구들장에 배를 대는 식의 접촉문화가 우리의 구들문화다. 전기밥솥이 탄생하기 전만 해도 늦게 들어오는 아버지를 위해 주발에 담은 밥을 아랫목에 넣어 구들과 접촉하게 했다. 그리하여 아버지는 따뜻한 밥을 먹을 수 있었다. 우리 선조는 인생의 3분의 2 이상을 바로 접촉문화의 끈끈한 정서 속에서 살아온 셈이 아닌가. 앉은 문화, 접촉문화, 구들문화는 하나의 축을 이룬다.

구들문화를 논할 때 굴뚝을 빼놓을 수 없다. 굴뚝은 미학적으로도 뛰어나다. 굴뚝의 원조도 역시 고구려 벽화에서 찾을 수 있다. 안악 3호분을 보면 부엌일하는 아낙 옆 굴뚝 그림이 선명하다. 우리 선

조는 굴뚝을 실용적인 용도로만 생각하지 않았다. 가난한 집에서는 처마에 잇대어 소박한 굴뚝을 다는 데 그쳤지만, 사찰이나 대갓집에서는 멀찌감치 굴뚝을 설치해 그 나름의 멋을 냈다. 실용적인 물건에서조차 멋을 즐길 줄 아는 여유를 잃지 않았다. 여유가 있으면 경복궁 아미산의 육각형 굴뚝(보물 제811호)을 찾아보라. 원래 교태전에 있던 것을 옮겼다. 자경전 뒤뜰의 십장생무늬 굴뚝(보물 제810호)과 더불어 굴뚝의 정상을 차지한다.

황토에서 올라오는 기를 받자

지리산 반야봉 남쪽에 칠불암 아자방亞字房이 있다. 칠불암은 가락국 수로왕의 일곱 왕자가 수행했다는 절이며, 아자방은 신라 효공왕 때 구들도사로 불리던 담공화상이 만들었다고 전해지는 신비의 선방이다.

경복궁 아미산 굴뚝

해남 미황사 굴뚝   영광 불갑사 굴뚝

아자방은 구들을 한 번 지피면 45일간 뜨겁고, 따스한 온기는 무려 100일이 간다는 불가사의한 구들이다. 전쟁통에 타버린 구들을 1982년에 복원했다.

아자방 구들이 흥미로운 점은, 우선 토질에서 부근과 차이가 났다. 또 구들 밑에는 15~20센티미터 정도의 강회 다짐이 있어 일종의 보온층을 형성했다. 부챗살 모양으로 시작된 구들은 다시금 부챗살로 모아져서 굴뚝까지 연결됐다. 지금도 봄가을에는 일주일 정도 온기를 유지하며, 영하 10도가 넘는 한겨울에도 사나흘은 따뜻하다고 한다. 장작을 지필 때는 일곱 짐이나 되는 땔감을 세 개의 아궁에 한꺼번에 넣고 땐다고 한다.

구들은 국학 연구사 초기부터 주목을 받은 주제였다. 그러나 광복 이후 몇십 년이 지나도록 열 축적에서 뛰어난 강점을 지닌 구들을 개량, 발전시켜 세계에 내놓을 문화유산으로 만들려는 노력은 제대로 하지 않았다. 그렇다고 민족적 생활양식을 잘 보존한 것도 아니다. 살쾡이 우는 깊은 겨울 밤 따뜻한 윗목에서 화롯불 주위에 둘러앉아 '호랑이 담배 피우던 시절' 이야기를 듣던 '전설의 고향'도 우리는 잃어버렸다. 1927년 정인섭이 설화집《온돌야화》를 펴냈을 당시까지만 해도 살아 있던 구전문학의 현장마저 텔레비전이 가로채버렸다. 대부분 아파트의 '멍텅구리 구들'에서 살지만 그래도 하고 싶은 말이 있다. "우리 모두 구들의 황토에서 올라오는 기氣를 받자!"

금줄과

왼새끼의

비밀

임석의 금줄, 나주시 남평면 동사리

금줄 없이 태어난 세대를 위해

산통이 시작하면 산모는 병원 갈 채비를 한다. 지금은 어느 아이나 할 것 없이 출생지는 어느 병원이다. 그러나 주위의 60대를 둘러보면 병원에서 태어난 이들은 매우 드물다. 병원에 가야 할 만큼 산모가 위급하다거나 유달리 경제적 여유가 있는 집이 아니고야 산파나 집안 어른이 집에서 아기를 받았다.

어릴 적에 어른들이 출산 준비로 분주하던 광경이 눈에 선하다. 미역, 가위, 실, 대야 그리고 따뜻한 물……. 그것들 말고도 남자는 반드시 깨끗한 볏짚으로 새끼를 꼬아두어야 했다. 아울러 숯, 청솔가지, 붉은 고추를 마련했다. 다른 것은 여자가 알아서 해주더라도 새끼줄 준비만큼은 전적으로 남자 몫이었다.

신생아가 태어났을 때 문간에 두르는 새끼줄을 금줄 혹은 인줄, 검줄이라고 한다. 빈부의 격차, 신분의 고하, 지방의 차이를 막론하고 누구든 출생하면 금줄과 인연을 맺는다. 그러나 산부인과에서 태어난 신세대는 금줄을 구경조차 못했을 것이다. "아들이요, 딸이요?" 하고 따져 물을 것도 없다. 대문에 내걸린 새끼줄이 말해준다. 빨간 고추가 걸리면 아들, 솔가지만 걸리면 딸이었으니 금줄은 그야말로 탄생의 상징과 기호였다.

금줄의 역할은 무엇보다 잡인 출입 금지다. 아기가 보고 싶은 친인척일지라도 삼칠일(21일) 안에는 들어가지 못한다. 산모는 삼칠일 동안 미역국을 먹으면서 조신하게 몸조리를 했고, 삼칠일이 지나야 비로소 해방됐다. 금줄은 '닫힘과 열림'의 경계선이었고, 산모와 아기는 닫힌 성역 속에서 안전을 보장받은 셈이다.

남원시 보절면 괴양리에서는 해마다 백중날(음력 7월 15일) 삼동굿놀이를 한다. 그중 하나인 삼신놀이가 있다. 아낙들이 삼신고사상을 차리고 나와 무등을 탄 아이의 복을 빌어준다. 1년 농사가 풍요로워지길 기원하는 마을 축제다. 아낙들과 삼신고사상 사이에는 금줄이 늘어져 있다. 흥겨운 놀이공간이고 다른 한편은 신성한 제의 공간이니 놀이 한마당 속에서조차 성과 속을 차단한다.

조금만 나이가 든 세대라면 다 아는 이 같은 금줄문화도 금줄 없이 태어난 세대에게는 보지도 못하고 말로만 듣는 '흘러간 문화'다. 그러나 전래된 풍습 대다수가 급격한 쇠퇴·소멸의 길을 걸었는데 금줄문화만은 아직도 시골 곳곳에서 이어지고 있다. 무엇이 지금까지 버티게 만들었을

금줄을 매단 당주집으로 추정,
국립중앙박물관, 1913

까? 그 힘은 어디서 비롯된 것일까?

한낱 새끼줄의 엄숙함

금줄은 유교문화가 들어오기 훨씬 전부터 존재하던 우리 문화다. 금줄을 바라보는 시각은 대체로 두 가지로 나뉜다. 첫째, 글자 그대로 '금禁'은 금지의 뜻을 지닌다는 시각이다. 갓난아기 집에 늘어뜨린 금줄은 외인의 출입을 금하는 데 목적을 둔다. 당산제나 마을굿을 위해 동네 입구나 제관의 집, 당집에 쳐두던 금줄도 신성 구역과 일상 구역을 구분하고 잡신의 침입을 막는 데 그 목적이 있다. 따라서 이들 금줄은 일정 시간이 지나면 바로 걷어낸다.

둘째, 금줄을 '금禁'이 아니라 '검'으로 보는 견해다. 국학자 이능화는 금줄을 '감줄'로 간주하면서, '감'은 검·곰·한과 같은 고대어와 상통하는 신성어라고 추정했다. 역사민속학의 개조 격인 손진태도 '검줄문화'라고 했다. 대표적인 예가 장승, 탑, 당수나무 등에 감아둔 금줄이다. 이 금줄은 썩어 없어질 때까지 그대로 두는데, 감아둔 대상에 신성성을 부여하는 것이라 하겠다.

두 번째 시각을 받아들인다면, 금줄문화는 한민족의 형성 당시부터 있었다. 실제로 유교문화나 불교문화 어디를 찾아보아도 우리식의 금줄은 없다. 금줄은 유교나 불교 문화와는 전혀 상관없이 '홀로서기'로 이어져왔다. 금줄은 이렇게 우리 잠재의식의 밑뿌리에 자리한 독특한 의례문화다.

새끼를 꼬고 줄을 걸쳐놓는 행위 하나하나조차 엄숙한 의례다. 보잘것없는 한낱 새끼줄, 한 토막의 새끼줄에 의례의 엄숙함을 싣고 있다.

왼새끼의 비밀

금줄은 단순한 새끼줄이 범상한 줄로 바뀌는 의식적 비약이다. 이 비약의 비밀은 왼새끼에 있다. 정상적인 새끼가 오른쪽이라면, 금줄은 모두 왼새끼다. 왜 하필 왼새끼여야만 할까? '인간의 공간'에는 정상적인 오른쪽 새끼가 필요하다. 그러나 '신의 공간'에는 비정상적인 왼쪽 새끼가 필요하다. 왼쪽과 오른쪽, 정상은 늘 오른쪽이다. 일상생활에서는 오른쪽으로만 새끼를 꼬다가, 제의 공간을 상징하는 금줄로 가면 왼쪽의 세계를 펼친다.

　잡신이 그곳을 범하려다가 일상적이지 않은 왼새끼의 '도발적 시위'에 놀라 두려움을 느낀다. 그래서 제의 공간은 그 순결성을 지키게 된다. 아니면 왼쪽 자체가 신성한 것이니 왼새끼를 꼬는 순간 금줄에 이미 신성성을 부여한 것일 수도 있다. 부정을 막아주는 금기와 신성성, 양쪽이 다 그 왼새끼의 사용 속에 들어 있는 의미다.

　새끼줄만 금줄로 쓰였을까? 그렇지는 않은 것 같다. 짚이 귀한 섬에서는 칡넝쿨로 금줄을 만들기도 했다. 물론 이것도 왼새끼로 엮었다. 그렇다면 새끼줄문화는 도작稻作문화의 소산임에 틀림없다. 벼농사가 시작되면서 볏짚이 생겨났고, 볏짚에서 새끼줄이 생겼을 것은 당연한 이치가 아닌가. 만약에 도작문화에서 새끼줄이 생겨났다면, 우리와 같이 쌀을 먹고 살아온 인근 민족에게도 금줄문화가 있어야 한다.

그렇다. 금줄은 비단 우리만의 것은 아니다. 일본 오키나와에도 우리와 똑같이 짚으로 만든 금줄문화가 있다. 여기서 하나의 단서가 풀린다. 비교문화사적으로 볼 때 우리의 금줄문화는 오키나와, 일본 남부의 금줄과 더불어 바로 도작문화의 소산임이 분명하다.

시베리아 사하공화국에 갔을 때 본 금줄은 말총으로 만들었고 서낭당처럼 오색 천을 붙들어 매놓았다. 몽골에서는 털로 된 줄을 늘어뜨린다. 유목민족이기 때문이다. 새끼줄로 금줄을 치는 문화권은 도작문화권인 남방으로부터 우리나라에 국한됨을 알 수 있다.

그렇다면 오키나와의 금줄도 왼새끼일까? 마치 약속이나 한 것처럼 남방의 금줄도 왼새끼다. 단순히 짚으로 꼰 새끼줄을 활용한다는 공통점 말고도 왼새끼라는 또 하나의 결정적인 공통점이 추가됐다. 이제 좀 더 깊이 논의해보자. 왜 우리나라까지만 이런 새끼줄로 된 금줄문화가 나타났을까? 우리나라가 왼새끼로 꼰 금줄문화의 북방한계선이 아니었을까? 손진태는 이 의문에 만족할 만한 답변을 준다.

대체로 중부와 남부에는 '가로 치는 검줄'이 일반적이고, 평안도·황해도·함경도에는 '드리우는 검줄'이 보통이다. 그리고 경성 이남에서는 일시적 '검줄'을 쓰나, 개성 이북과 함경도에서는 상시적인 '검줄'을 사용한다.

경기 중부 지방을 경계로 이남과 이북의 차별성이 두드러진다는 주장이다. 우리가 익히 보아온 금줄은 좌에서 우로 늘여놓는 금줄인데, 북한

금줄바위, 국립중앙박물관, 1913

지방에서는 기둥에 늘어놓는 금줄임을 일제강점기 현장 조사를 통해 보고했다. 북한의 금줄은 아예 송침松針이라고 하여 솔가지를 끼워둔다.

오늘날 휴전선 정도의 경계선을 두고 남과 북의 금줄문화가 완전히 다름을 알 수 있다. 이것은 줄다리기도 마찬가지다. 오키나와에 널리 퍼져 있는 전통 줄다리기는 우리의 전통 줄다리기와 하나도 다를 것이 없다. 남녀로 패를 갈라서 암줄이 이기면 풍년이 온다는 믿음에서부터, 짚으로 꼬아 비녀목을 가로지르는 형태에 이르기까지 똑같다.

그 줄다리기문화도 금줄문화의 경계선과 일치한다. 말할 것도 없이 그

경계선은 벼농사가 집중된 지역과 일부에서만 벼농사를 짓는 밭농사 지대의 접경이기도 하다. 이런 여러 가지 정황으로 보면 우리나라의 중부지방은 남방에서 올라온 금줄문화의 북방한계선이라 할 수 있다.

금줄의 힘

금줄의 사용 역역은 의외로 넓다. 금줄은 마을공동체문화 전체에 광범위하게 자리 잡고 있다. 마을의 당산, 서낭, 당수나무, 탑, 장승, 솟대, 대동샘…… 신성시하는 모든 영역에는 반드시 금줄을 친다.

1994년 음력 섣달그믐날, 강원도 두타산 천은사 입구의 내미로리마을에서 새해 맞을 준비를 했다. 그때 나는 이렇게 기록했다.

삼척군 미로면 내미로리마을. 총 107호. 자연마을 평지, 천태동, 방현동, 석탄, 조지전. 석탄과 방현동 사이에 서낭당이 있음. 섣달그믐날 점심 무렵 제관 신인선(63세) 씨는 목욕재계하고 새끼줄을 꼬기 시작함. 왼새끼를 꼬면서 사이사이에 창호지로 길지를 끼워넣음. 자신의 집에 금줄을 늘여놓아 외부인의 출입을 금함. 점심을 먹고 산으로 올라감. 중턱의 당집은 괴목과 상수리, 느릅나무, 피나무로 둘러싸여 있음. 당집을 청소하고 당집 입구에 금줄을 걸쳐놓음. 마을로 내려옴. 바깥 동네로 나가는 길목에 대나무 장대를 세우고 금줄을 걸쳐놓음. 밤 10시경 찬물로 목욕재계하고 옷을 갈아입음. 밤 12시경 지게에 제물을 올리고 서낭당으로 올라감. 새해가 밝아옴…….

귀목제 때 두른 금줄, 계룡산 갑사

신인선 씨가 1박 2일 동안 제관으로서 행한 중요한 일 중 금줄 치기는 높은 비중을 차지한다. 자신의 집에서 마을 입구에 이르기까지 금줄 치기는 마을굿의 단순한 준비 과정이 아니라 행동 그 자체가 마을굿의 핵심이다.

마을굿의 제관으로 뽑히고 나서 우선 하는 제의 행위가 바로 금줄 치기다. 당에 가서 금줄을 드리워놓고 황토를 지핀다. 제관 집에도 금줄을 쳐놓아 외부인 출입을 삼간다. 마을민이 함께 마시는 대동우물의 뚜껑도 닫아두고, 마을로 들어오는 길목마다 대나무 장대를 세우고 금줄로 막는다. 이렇게 금줄로 마을을 닫아놓으면 한동안 마을 전체가 '멈춰버린 시간'으로 빠져든다. 그리고 마을굿이 끝나면서 모든 것은 원래대로 되돌아간다. 금줄로 차단되는 성스러운 공간, 그 공간에서 마을공동체의 안녕과 풍요를 기원하면서 제축이 벌어진다.

1년 중 가장 중요한 그 순간에 금줄은 제의의 매개자 역할을 한다. 그러면 일상적인 공동체의 힘과 비일상적인 금줄의 힘이 팽팽히 맞서는 긴장이 흐르고 공동체의 구성원은 엄숙한 이 긴장의 순간에 숨죽인다. 그래서 금줄 치기는 마을굿의 단순한 준비 과정이 아니라 그 자체가 신성 구역을 설정하는 중요한 제의 절차다.

금줄을 쳐놓으면 아무도 범접할 수 없다고 '터부'한다. 정신분석학자 지그문트 프로이트는 《토템과 터부》에서 터부가 금지와 제약을 통해 나타난다고 설명한다.

우리는 터부의 의미를 서로 반대되는 두 방향에서 이해한다. 터부는 우리에게 한편으로 '신성한', '성별된' 무엇이고, 다른 한편으로 '무시무시한', '위험한', '금지한', '부정한' 것이다. 타부의 반대말은 폴리네시아어로 '노아noa'인데, 이것의 의미는 '평범한', '늘 범접 가능한'이다. 터부에는 '삼가다'의 개념 같은 것이 들어 있으며, 그 본질도 금지와 제약을 통해 드러난다. '성스럽고 두려운 holy dread'이라는 복합적 표현이 터부의 의미에 대체로 부합할 것 같다.

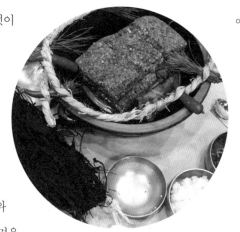

삼칠일상을 두른 금줄

금줄 치기는 장을 담그는 장독대, 부엌 등의 집 안 신앙처 곳곳으로도 퍼져 나간다. 먼저 장독대를 보자. 된장, 고추장, 간장이 우리 음식 문화에서 차지하는 비중을 새삼 강조할 필요조차 없다. 그러니 장을 담그는 데 금줄이 빠질 수 없다. 심지어 술 담글 때도 금줄을 술독에 쳤다.

장독 둘레에 금줄을 두르고 고추나 한지, 숯을 끼운다. 때로는 한지로 오린 버선본을 거꾸로 붙인다. 왼새끼와 거꾸로 선 버선본같이 비정상적인 '괴력' 앞에서 귀신이 범접할 수 있겠는가. 장독은 단순한 옹기가 아니라 장맛을 내게 해주는 철륭신의 '신전'이니 어찌 소홀히 하겠는가. '이름 있는 날' 절기를 따져서 가정에서 성주·칠성 따위의 집안 고사를 올릴 때도 금줄은 빠지지 않았다.

금줄은 기우제에도 등장한다. 금줄에 병을 매달고 병 아가리에 버들가지를 꽂아둔다. 불타는 모진 가뭄에 물을 염원하기 위해서는 금기를 하지 않을 수 없다. 버들가지를 타고 병의 물이 떨어질 때 기우제를 진행한다. 함경도에서는 물건을 버릴 때 왼새끼에 매어서 던지는 관습이 있었다고 한다. 버리는 물건으로 인해 부정탈 수도 있다는 생각에서 나온 관습이다.

금줄문화 대신 철조망문화?

금줄은 줄 자체만이 아니라, 줄에 매다는 것이 무엇이냐에 따라 의미를 구별할 수 있다. 고추는 남아를 상징할뿐더러, 붉은색은 늘 악귀를 쫓아내는 벽사를 의미한다. 임진왜란 이후에 고추가 들어왔으니 그리 오래되지 않은 풍습임이 분명하다. 숯은 일종의 정수기 필터처럼 정화작용을 하는 상징물이다. 솔가지가 살아 있는 늘 푸른 생동감, 생명의 상징임은 말할 것도 없다. 평안도에서 송침이라 부른 금줄도 바로 솔가지를 꽂은 줄을 말한다. 북한 지방의 송침에서는 태어난 남녀 아이의 성적인 구분을 하지 않는 특징도 보여준다.

금줄에 달아매는 것으로 고추, 솔가지, 숯 이외에 무엇이 있을까. 한지를 매다는 경우도 많다. 이는 밤에도 한지가 희게 드러나 구별하게 하기 위한 이유도 있고, 한지가 전통적으로 길지吉紙라 부르는 데서 유래한 기복적 성격도 들어 있다. 나는 한지를 '해피니스 페이퍼'라고 농담조로 풀이하곤 한다. 혹시 길지를 매단 금줄을 볼 기회가 있으면 그 숫자를 세어 보라. 왼새끼를 지키듯이, 짝수를 피해 1·3·5·7·9 식으로 홀수로 매단다. 여기서도 일상으로부터의 벗어남을 읽을 수 있다.

그 밖에도 박이나 게껍데기를 매달기도 했다. 논자에 따라서는 박은 박혁거세 이래의 신성한 상징물로, 게껍데기는 날카로운 게 발의 위력이 악귀를 잘라내어 막는다고 보기도 한다. 마을에 따라서는 금줄을 꼴 때부터 지푸라기가 거칠고 날카롭게 삐져나오게 만들어 그 '발톱'을 과시한다. 귀신이 쳐들어오다가 목구멍을 찔릴 판이다.

이제 금줄의 상징성을 정리해보자. 오키나와에서는 마을의 경계, 신전 정화, 신축 가옥 금기에 쓰인다. 몽골에서는 지역의 경계 표시 성격이 강하다. 우리는 어떠한가? 우리의 금줄문화는 지역 경계(금기)와 신성 구역 선포라는 두 가지 기능을 모두 지니고 있다. 두 기능은 막상 동전의 양면 같은 것, 가령 우리의 마을굿에서 동구 밖을 금줄로 막는 것은 더 이상 들어와서는 안 된다는 경계 표시 역할도 했다.

그렇다면 요즘 사회에서 금줄이 차지하는 의미는 무엇일까? 원래 금줄은 하나의 성역 표시물이었다. 인간에게 두려워하라는 성

탑머리 금줄

해신 신사(쓰시마섬)
하코네 신사(가나가와현), 하루노츠지 유적(큐슈 이키섬),
일본의 금줄

역, 마을을 지켜주는 성역, 간장과 술을 숙성시키는 성역. 그러나 이제 성역은 사라지고 말았다. 그 대신에 인간은 과학이라는 새로운 성역을 갖기 시작했다. 화학합성작용으로 간장과 술을 빚고, 금줄을 드리우던 황토길 어귀는 자동차가 달리는 포장도로로 바뀌었다.

삼신할매 역할도 산부인과 의사가 떠맡았다. 게다가 아파트 같은 공동 주거문화 확산으로 금줄을 걸 만한 대문 자체가 사라졌다. '문을 열고 산다'는 개념 자체가 우습게 됐다. 마당이 훤하게 들여다보이는 사립문, 마당의 우물물로 등목 하는 풍경이 밖에서도 보이는 그러한 문을 우리는 잃었다. 문은 도둑이나 강도를 막기 위한 철저한 방어벽이자 이중 열쇠와 감시경으로 무장한 현대판 성문이 됐다.

나는 금줄을 바라보면 늘 휴전선 철조망이 생각난다. 우리 선조는 신성구역을 선포하는 금줄문화를 만들어냈다. 그것은 누구나 승복하고 따르는 공동체의식의 소산이다. 따라서 금줄에는 부정적인 강제가 없다. 이에 반해 철조망은 얼마나 삭막한가. '접근하면 안 돼' 하는 무언의 강요가 삐죽삐죽 튀어나온 그 철망의 가시에 돋아 있다. 우리 시대의 이런 억압은 철조망에서 그치지 않는다.

금줄문화를 만들면서 신성성까지 부여하던 의연한 전통은 사라지고, '고압 전기가 흐르고 있으니 접근 금지' 따위의 살벌함이 강조되는 시대에 살고 있는 우리. 신동엽 시인이 "온갖 쇠붙이는 가고 흙덩이만 남으라" 하고 절규하듯 외친 이유도 거기에 있다. 남과 북을 갈라놓고 인간과 인간을 단절하는 그 철조망을 거두어내고 금줄을 빙 둘러 민족굿 한마당을 벌일 날은 그 언제일까.

남근과

여근의

풍속사

신원토우

남근을 깎아 여신에게 바치며

깊고 푸른 바다, 동해가 백두대간을 옆에 끼고 누워 있다. 그 동해를 향해 야무진 향나무로 깎은 남성의 성기가 아홉 개씩이나 굴비 꿰이듯 새끼줄로 엮여 있다. 1년 내내 출렁이는 물결과 해풍 따라 남근이 꺼떡거리고 있는 모습을 상상해보라.

삼척시 원덕면 신남리 해랑당, 남근을 모셔둔 그곳이 뭇사람의 발걸음을 잡아끈다. 아담한 포구 마을 산기슭에는 '큰 당'이라 불리는 서낭당이 있고, 바다로 혀를 내민 곶 부리에는 '작은 당'이라 불리는 해랑당이 있다. 그곳에서 해마다 두 차례 마을제를 올린다.

옛날 옛적의 일이다. 마을 젊은이들이 배를 타고서 하얗게 생긴 백섬으로 나아갔다. 섬에서 조개를 잡다가 갑자기 풍랑이 일었고, 젊은이들은 급히 귀환했다. 그러나 동네 처녀 한 명이 미처 배를 타지 못했고, 급기야 물에 빠져 죽고 말았다. 그로부터 얼마 후 마을에서 하나둘 젊은이가 죽어 나가기 시작했다.

"젊은 사람이 바다에만 나가면 풍랑이 이는 이유가 뭡니까?"

"처녀애를 서낭으로 모시고, 남근을 바치도록 하시오."

"남근이라뇨?"

"해마다 향나무로 남근을 깎아서 처녀애를 달래보시오."

답답하다 못해 찾아간 무당의 입에서 처녀의 원귀를 달래주라는 공수가 내려졌다. 세상에서 가장 무서운 원귀를 처녀귀신이라고 하던가. 그로부터 마을의 당은 해랑당이 됐고, 예쁜 처녀애를 그림으로 그려서 여서낭으로 봉안했다. 해마다 남근을 깎아서 정성을 드리니 그로부터 아무 탈이 없었다.

남근을 바친 뒤로는 고기도 잘 잡히고 해상 사고도 없었다고 한다. 해랑당의 남근은 향나무를 적절하게 깎아서 흰색과 붉은색 무늬가 조화를 이룬다. 주먹에 꽉 찰 정도로 굵고 시원스럽게 깎았기 때문에 자신의 물건이 유난히 작은 남자는 콤플렉스를 느낄 정도다. 남근에는 붉은 황토를 칠해서 실물과 같은 피부색을 낸다. 할아버지 한 분은 자귀 하나로 나뭇밥을 일으키면서 척척 깎아내는데, 수십 년간 남근 깎는 전문가로 불릴만큼 솜씨가 보통을 넘는다.

해랑당의 남근신앙을 어떻게 해석하는 것이 가장 옳을까? 해랑당의 죽은 처녀에게 남근을 바치는 의례는 우리나라 사람의 전통적인 죽음관에서 비롯되었다. 귀신 중에서 가장 무서운 귀신이 처녀귀신이다. 속설에 처녀귀신은 손각시孫閣氏 혹은 왕신이라고 한다.

반면에 몽달귀는 총각이 죽어서 된 귀신으로 삼태귀신이라고도 부른다. 상사병이 들어서 죽은 귀신, 특히 나이를 먹어 장가 들 나이에 억울한 일로 죽은 총각귀신이나 그와 유사한 처녀귀신은 원한이 깊어 혼령이 제자리에 머물지 못하고 원귀가 되어 떠돈다고

해랑당 여서낭,
삼척시 원덕면 신남리

믿는다. 그리하여 망자혼사亡者婚事굿으로 죽은 처녀 총각을 맺어준다. 이러한 의미에서 해랑당의 여서낭은 해마다 여러 개의 남근을 받고 있으니, 죽어서나마 남자 복은 많은 셈이다.

원귀에게 바치는 의례가 아니더라도 여신에게 남근을 올리는 신앙은 이미 조선시대에도 있었다. 문헌상으로 확인할 수 있는 가장 근접한 사례를 조선 후기 이규경의《오주연문장전산고》에서 찾아볼 수 있다.

그는 서울 지방 곳곳에 부근당付根堂이 있는데 이것이 와전되어 부군당府君堂으로 불린다고 했다. 이어서 부근이라 함은 네 벽마다 나무로 만든

음경을 많이 걸어놓은 것을 말함이니 음탕하기
가 이를 데 없다고 했다. 남근을 깎아서 곳
곳에 걸어두다니! 하지만 유교가 세력을
떨치면서 중도에 남근은 사라지고 부
군신이 슬쩍 자리를 꿰찬 셈이다.

'근根'을 '군君'으로 바꿀 정도로
성신앙의 흐름을 바꾸려고 한 지
배층의 완강한 의도가 엿보이
는 대목이다. 오늘날 서울·경
기 지방에 산재한 부군당에
는 남근은 사라지고 엄숙한
신만이 자리 잡고 있다. 현
재 경희대학교 박물관의
무속실 유리관에 안치된
원효로 부군신이 아리따
운 여신인 것으로 미루어
보아 동해의 해랑당처럼
남근을 깎아서 여신에게
바쳤던 것으로 보인다.

해신당의 남근,
삼척시 원덕읍 신남리
필자 소장

우리에게 남근신앙이 유별났던 것은 어쩌면 '사회적 강제' 때문이었을 것이다. 조선시대의 유교적 덕목이 요구하던 남아선호 풍습이 남근 숭배를 강요하지 않았을까. 여자가 아들을 낳지 못하여 대를 잇지 못한다면? '칠거지악'이라고, 말할 것도 없이 소박을 맞거나 첩이 들어오는 것을 막을 재간이 없었다. 아이를 많이 낳으면 무엇 하나, 남자 아이를 낳아야 사람이지. 오죽하면 일곱 번째 공주를 강물에 띄워버린 바리공주 이야기가 대표적 무속신화로 정착됐겠는가.

아들 못 낳는 것이 어디 여성만의 책임일까. 그런데도 책임은 항상 여성에게 돌아갔다. 그런 실정이니 남아선호 풍습은 오히려 남근 숭배를 더욱 촉진시켰다. 나는 그 조선시대의 상황을 이렇게 표현하고 싶다. '폭발적으로 포교되는 남근신앙시대' 엄숙하고 교조적이기까지 한 도덕적 덕목에 덧붙여 가부장적 남아선호사상이 오히려 역설적으로 남근 숭배의 폭발적 증가를 가져왔다.

많은 여인이 절을 찾아 불공을 드렸다. 그러다가 아예 마을미륵을 섬김으로써 절에 갈 필요조차 없어졌다. 미륵이 동네 한가운데로 스며들어오는 데에는 남아선호사상이 결정적인 역할을 했다. 민중화된 미륵의 본디 모습 자체가 워낙 다양하지만, 많은 경우가 남근과 결합됐다. 미륵과 남근, 이 역시 조화 속의 부조화인가, 아니면 부조화 속의 조화인가.

조선 후기의 여성에게 미륵신앙은 하나의 구원처였다. 원래 미륵신앙은 조선 후기 변혁운동의 확산과 맞물려 있었다. 우리나라판 '메시아'를

간구하는 민중의 염원이 당대를 '미륵의 시대'로 만들었다. 미륵이 당래하생當來下生하여 중생을 구제해주기를 간구했기에 민중은 자연바위마다 미륵바위라는 별칭을 부여한다. 그것이 남아선호사상과 결합, '남자의 물건과 비슷한' 바위마다 역시 미륵바위라는 이름을 붙이게 된다.

미륵바위에 부과된 1차 과제는 아기를 낳게 해주는 것이다. 칠거지악에 시달리던 여인이 마지막 지푸라기라도 잡는 절박한 지경에 촛바위와 미륵바위가 역사적으로 만났다. 반드시 미륵이 아니더라도 좋았다. 남근을 세워두고 해마다 줄다리기가 끝나면 줄을 감았다. 여근과 달리 남근은 돌부리가 길게 올라와 있어서 줄을 감기에 편리한 이유도 있다. 남근에게 올리는 최대의 선물로 집단적 제의를 바쳤다. 단순한 '자지바위'가 아니라 마을 전체의 공동체적 운명을 짊어진 성적 상징물로 자리 잡은 셈이다.

공알바위에 돌 던지기

남근이 강조된 시대라고 해서 여근이 무시됐다는 말은 아니다. 그럴듯한 남근이 있으니 그럴듯한 여근이 왜 없겠는가. 동해 해랑당 남근에 견줄 만한 수준을 고른다면 단연 충청도 제천 땅 무도리의 공알바위를 든다.

마을 입구 길가에 있는 직경 다섯 자 크기의 원형으로 된 자연석 바위다. 옴폭 패인 그 속에 직경 석 자 크기의 난형 바위가 볼록하게 솟았으니 영락없이 여성의 음부 그 자체다. 인공으로 그렇게 만들라고 해도 쉽게 만들기 어려울 정도다.

마을미륵과 기자바위, 순천시 주암면 창촌리

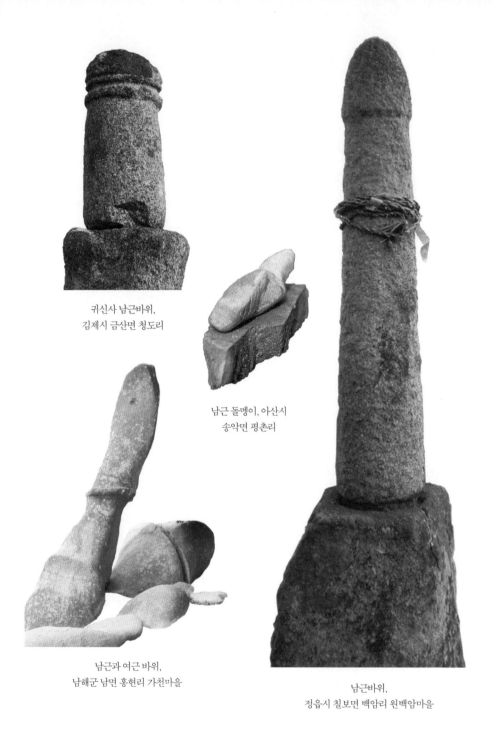

귀신사 남근바위,
김제시 금산면 청도리

남근 돌멩이, 아산시
송악면 평촌리

남근과 여근 바위,
남해군 남면 홍현리 가천마을

남근바위,
정읍시 칠보면 백암리 원백암마을

여근바위, 안양시 삼막동 삼막사
공알바위, 울산시 울주군 강동면 어물리

공알바위의 구멍을 작대기로 쑤시면 동네 처녀가 바람이 난다고 전해 진다. 여성의 음부를 작대기로 쑤시는 행위는 그 자체로 남녀 상관을 뜻 한다. '계집과 아궁이 불은 쑤석거리면 탈 난다'는 속담도 여기서 나왔다. 이 마을에서는 해마다 바위에 제를 올려 마을 처녀의 '평안'을 기원한다.

'남자 물건'하고 '여자 물건'을 모신 마을을 찾아가보았으니, 이번에는 둘 다 모신 마을을 찾아가보자. 전라도 정읍 땅 원백암에 가면 한 마을에 서 무려 12당산을 모시고 있다. 당산은 당산나무, 당산돌, 장승 따위로 이 루어지는데, 남근과 여근도 한몫을 차지한다. 동구 밖 당산나무 아래의 남근을 일명 자지바위라 부르는데, 지나치다 싶을 정도로 매끈하게 다듬 어져 있다. 이 바위는 볼 때마다 감탄스럽다. "전국에서 가장 세련되게 생 긴 자지다." 나는 어느 해 한국역사민속학회 답사 때 답사단 40여 명을 안 내하며 자지바위 앞에 서서 당당히 선언했다.

마을이 내려다보이는 뒷산을 향해 10여 분 오르면 남근에서 마주 보이 는 산자락에 후줄근하게 물이 흘러내리는 바위벽이 있으니 여성의 갈라 진 그곳과 같다고 하여 농바우, 두덩바위, 보지바위라 부른다. 건넛마을에 서 농바우가 바라보이면 동네 처녀가 바람이 난다고 한다. 그래서 음풍을 막기 위해 동구에 남근을 세웠단다.

이렇듯 남근 홀로, 아니면 여근 홀로, 그것도 아니면 남근과 여근이 함께 살아가는 예는 세 마을에만 국한된 이야기가 아니다. 서울만 해도 인왕산 국사당 언저리의 여러 암벽에 여근암이 수두룩하다. 국사당에서 건너다보 이는 이화여자대학교 뒷산에는 삐죽바위라 부르는 거대한 남근바위가 불 끈 솟구쳐 있다. '독립군'을 잡아두던 서대문형무소 자리와 독립문을 사이

에 두고 여근과 남근이 마주 보고 있으니 마치 서로를 끌어당기는 형국이
다. 이렇듯 삼천리 방방곡곡에는 남근과 여근이 흔하게 자리 잡고 있다.

　사람들이 그들에게 붙여준 이름표도 다양하기만 하다. 자지바위, 보지
바위같이 조금은 원색적인 이름을 그대로 부르기가 뭐했는지 여근과 남
근, 여근암과 남근암, 암탑, 수탑, 성기바위, 처녀바위, 미륵바위, 옥문바위
따위의 비교적 '고상한' 딱지도 붙여주었다. 그러나 좆바위, 씹바위, 공알
바위, 씹섬바위, 자지방구, 소좆바위, 뻬죽바위 같은 이름표처럼 더 노골
적으로 표현한 경우도 많다.

성풍속의 뿌리를 찾아서

이제 시곗바늘을 거꾸로 돌려 선사시대로 가자. 동북아시아에 산재한 바
위그림을 보면 남녀의 성기나 남녀 간에 섹스하는 모습이 많이 그려져 있
다. 당대인은 성 관념을 매우 솔직 담백하게 증거물로 남긴 듯하다. 울산
반구대 바위그림에도 양 다리를 구부려 춤을 추는 남자상이 있는데, 엉덩
이에 꼬리가 달리고 거대한 성기가 돌출되어 있다. 거친 자연 풍토, 험악
한 생존 조건에서 본능적으로 생산력을 희구했을 그들에게 성은 대단히
자연스러운 생활 그 자체였을 것이다. 당연히 남근과 여근을 바위그림 따
위로 묘사하는 일은 일상이었다.

　역사시대로 내려오면 조금 구체적으로 성의 상징물이 등장한다.《삼국
유사》를 보면 백제 군사 500명이 여성의 성기를 상징하는 여근곡에 진을

신라 토우의 성적 표현

쳤다가 모두 죽는 대목이 나온다. 신라 22대 지철로왕은 음경이 커서 배
필을 구하지 못해 고민했다고 한다. 기사는 대략 이렇게 전한다.

왕의 생식기 길이가 1척 5촌이나 되매 마땅한 배필을 구할 수 없었다. 배필을
구하러 다니는 신하들 눈에 개 두 마리가 북만 한 큰 똥덩이 한 개를 물고 서로
다투는 모습이 발견됐다. 동리 사람더러 물었더니 마을의 재상 댁 따님이 빨래
를 하다가 숲 속에 들어가 숨어서 눈 똥이라고 답했다. 처녀를 찾아보니 과연
키가 7척 5촌에 이르므로 왕후로 봉했다.

토우장식 항아리 부분, 국보 제195호, 국립경주박물관

누구인들 북만 한 똥을 눌 수 있을까. 섹스의 상징을 극대화한 대표적 사례다.《삼국유사》강독 때마다 사람들은 지철로왕의 남근을 두고서 저마다 그럴듯하게 해석한다. 하지만 남근이 1척 5촌이나 됐겠는가.

안압지 출토품에도 남근이 많이 포함되어 있다. 용도는 분명치 않으나 귀두가 분명하게 다듬어진 목제 남근이다. 신라시대의 궁녀가 야심한 밤에 잠 못 이루다가 쓰던 물건을 연못에 버렸을까? 어느 정도는 맞는 것이, 조선시대 민속품 중에도 궁녀가 자위용으로 쓰던 목각물이 다수 전해지고 있다. 신라시대나 조선시대 궁녀의 '쉽게 처리되지 않는 성욕'의 해결 방식을 잘 말해준다. 궁녀인들 욕정이 없을 수 없으니 궁궐의 제도적 장치가 주는 압박감 못잖게 성적 욕구의 발산 의욕도 강했음직하다.

민간에서도 뿔이나 가죽 같은 재료를 써서 남성의 성기 모양으로 만든 아녀자의 노리개인 '각좆'이 있었다. 그래서 "동상전에 각좆 사러 들어간 계집"이라는 속담도 생겨났을 정도다. 각좆을 사려고 종로 뒷골목의 잡화 상인 동상전에 들어갔다가 말을 못 하고 우물쭈물 웃기만 했대서 비롯된 속담이다.

신라 토우에서도 생생한 성신앙 풍경을 읽어내기란 어렵지 않다. 엄숙한 장례식을 치른 후 껴묻거리로 묻은 무덤의 그릇에 생생한 성풍속을 연출하는 아이러니라니. 노 젓는 삿대만큼이나 크게 묘사된 뱃사공의 '물건', 대포같이 큰 '물건'을 가슴에 품고 서 있는 남자……, 거대 남근의 '괴력'을 과시하거나 숭배하는 듯한 인상을 던져준다. 신라 토우의 남녀 결합을 보면 여자는 엎드리고 남자가 뒤에서 행하는 후굴자세가 일반적이다. 후굴자세가 동물적인 습성임은 모든 인류 성생활사의 첫 장에 나와 있는데, 신라 토기의 토우가 이 같은 자세를 취하고 있다.

고려시대의 성풍속을 말할 때 흔히들 중국의 사신 서긍이 쓴《고려도경》을 거론한다. 냇가에서 남녀가 목욕한다는 기사가 나오는 것으로 미루어 꽤 개방적이었던 것 같다. 남녀가 스스럼이 없었으니 조선시대처럼 '남녀칠세부동석' 따위와는 관계없던 시대 같다.《고려도경》에 따르면 충선왕비 허씨는 칠남매를 거느렸으나 왕이 죽자 숙부와 붙어서 아이를 낳았다. 그리고 보면 엄격한 도덕윤리의 잣대는 아무래도 조선시대에 들어와 강화된 것으로 볼 수밖에 없다.

'남녀상열지사'가 거론되던 시절의 '뼈대 있는' 양반문화는 어떠했던가.

단오풍정, 신윤복, 간송미술관

기생을 옆에 끼고 시를 주고받거나 공식적인 축첩제도에 안주하고, '국가 공인 매춘부'인 '별정직 공무원 관기'의 수청을 강요하지 않았던가. 이런 시대 분위기 속에서 남녀유별의 덕목이 과연 누구를 위해 존립했겠는가. 그렇다고 춘향이 과연 양반층이 의도적으로 설정한 것처럼 '열녀 춘향' 그 자체였던가. 10대의 어린 나이에 이 도령과 방 안에서 '노는' 모습에서 차라리 '인간 본능의 통시대성'을 발견한다.

우리는 여기서 조선시대 성풍속의 이중성에 주목한다. 매우 엄숙하기만 했을 것 같지만, 정작 민중의 생활 속에서 유전하던 성풍속은 참으로 인간적이기만 했다. 비록 유교의 덕목 탓에 남근신앙이 폭발적으로 늘었다 하더라도 그들 남근조차도 마을공동체의 공유물로 만드는 민중의 슬기를 보여주었다.

신촌 네거리에 남근을 세운다면

이쯤 되면 우리의 기본 상식을 조금 의심해보아야 한다. 조선시대는 유교 덕목이 사회윤리의 평가 기준이 됐기에 '정숙' 같은 단어만이 연상된다. 그러나 민중의 삶 속에서 '성과 반란'의 욕구는 분명 역사책의 상식을 앞서가고 있었다. 그러니 하나의 역설까지 성립할 수 있다.

전통시대의 성관념은 성의 과감한 '노출'조차도 공동체의 산물로 여기는 분위기였다. 마을 입구에 버젓이 남근이 서 있어도 음탕하게 생각하는 사람은 없었다. 수백 년 동안 마을 사람이 오고가는 길목에 남근을 세워

두고, 그것도 1년에 한 번씩 줄다리기가 끝나면 옷을 입힌다고 짚을 감아
주었다. 오히려 공개된 사회적 성 상징물을 묵인하는 건강한 분위기다.

오늘은 어떤가. 만약 선남선녀가 오고가는 신촌 네거리에 남근을 세워
둔다면 '외설 시비'로 논란이 거듭될 것이다. 그렇다면 현대인이 훨씬 도
덕적일까? 건강한 사회적 성 상징물이 자본주의적 확대재생산 과정에서
성의 상품화로 전락되지 않았던가. 물론 중세 사회에도 매매춘을 통한 성
의 상품화는 존재했다. 한량들이 장난으로 만든 춘화전春畵錢을 보면 남
녀 상관의 포르노가 여실하게 새겨져 있다. 그때나 지금이나《플레이보
이》같은 옐로문화는 늘 존재했음을 보여준다.

국학자 이능화는《조선해어화사》라는 책에서 아예 '갈보종류총괄'이라
는 장을 독립적으로 기술했다. 관아에 속한 기생, 은근하게 몸을 파는 은
군자隱君子, 매음하는 유녀인 탑앙모리搭仰謀利, 화랑유녀花娘遊女, 유랑 예
인 집단의 여사당패 등을 대표적인 갈보로 꼽았다. 갈보란 말할 것도 없
이 '몸 파는 여자'를 뜻한다. 그러나 지금의 성은 전통시대의 성풍속에 비
할 바가 아니다. 급속도로 고부가가치 상품으로 전화되었다. 성은 돈과
'교환'되며, 잠깐씩 보여주거나 만지는 것조차 돈으로 환산된다.

그 시대를 온전하게 이해하기 위해서는 언제나 그 밑바닥에 있는 성풍
속과 같은 시대상이 밝혀져야 한다. 성풍속을 언급하는 것을 '음란한 일'
이라도 되는 것처럼 여기는 한 우리는 역사의 진실과 대면하기 어렵다.
물론 풍속사가 에두아르트 푹스가 저술한《에로틱 미술의 역사》에 대해
베를린 지방법원에서 내린 무죄 판결문처럼 성풍속 연구는 '어디까지나
과학적이며, 자료는 객관적으로 선택된 것'이어야 한다.

도깨비,

부릅뜬 눈으로

악귀를 쫓다

용무늬 귀면와, 경주 안압지 출토, 국립경주박물관

도깨비의 정체를 밝혀라

오래 전 민속미술 강의 시간에 학생들에게 '우리 문화 가운데 가장 두드
러진 문양'을 하나 꼽아보라고 했더니 도깨비문양이 가장 많았다. 예전에
어린이들이 가장 많이 읽는 재미있는 옛이야기 베스트 10을 선정하면 단
연 도깨비 이야기가 가장 많았다. 도대체 도깨비가 무엇이기에 천 년 공
간을 훌쩍 뛰어넘으면서까지 인기를 누리는 것일까?

　도깨비, 약간은 익살스러우면서도 뿔과 이를 드러낸 괴물이다. 이 도깨
비는 물론 환상이고 상상이다. 우리 선조는 그러한 환상을 이야기로 만들
어내고, 기왓장에까지 그려 넣는 삶의 지혜를 즐겨왔다. 허구는 창작력을
북돋고, 창작력은 수많은 가변성을 낳기 때문인지 도깨비 가족은 가지에

가지를 쳐서 늘어났다.

　도깨비는 언제, 어떻게 생겨난 존재일까? 도깨비의 정체를 탐구하려는 노력은 여러 각도에서 있어왔다. 그러나 그 누구도 명쾌한 답변에는 이르지 못하고, 아직은 이러저러한 가설만 있을 뿐이다. 도깨비는 언제부터 있었는가? 그 이름도 도채비, 돗가비, 독갑이, 도각귀, 귓것, 망량, 영감, 물참봉, 김서방, 허체, 허주 등 다양하다. 지역에 따른 방언도 많아 돗재비, 또개비, 토째비 등으로 부르기도 한다. 이름이 다양하다는 것은 그만큼 널리 알려졌다는 증거이고, 그만큼 오랜 역사를 지녔다는 것을 의미한다.

　도깨비 박사인 김종대는 15세기부터 나타나는 '돗가비'라는 용어에 주목하면서 도깨비문화가 조선 전기의 소산이라고 본다. 《월인석보》에서 '망량魍魎은 돗가비'라 했고, 《역어유해譯語類解》에서는 '독갑이', 《계축일기》에서도 '독갑이'라 했다. 혹은 '귓것鬼'이라고 표기한 경우도 있다.

　문헌상으로는 그렇다 해도 고대의 도상圖像을 보면 이미 더 앞선 시기에 수많은 도깨비가 등장한다. 따라서 도깨비의 역사는 상당히 오랜 옛날로 소급된다. 아직 논란이 많은 대목이기는 하다. 도깨비의 범주를 정하는 일이 만만찮기 때문이다. 벽사 상징물을 모두 도깨비로 할 수도 없는 일이며, 그렇다고 도깨비를 극히 좁은 범위로만 규정짓기도 어려운 탓이다. 나는 도깨비가 "고대 사회에서 출현하여 조선시대에 다시금 꽃을 피웠다"라고 정리하고 싶다.

　자연을 극복하는 끝없는 싸움 속에서 사람들은 비·바람·구름·번개·천둥 따위를 관장하는 신과 자연재해로부터 액운을 막아주는 수호신을 창조했다. 환웅이 태백산으로 내려올 때도 풍백風伯·우사雨師·운사雲師를 거

귀면 금동 문고리, 경주 안압지 출토, 통일신라 8~9세기

귀면 문고리, 발해

귀면와, 국립중앙박물관, 발해

귀면 말방울, 한국마사박물관, 조선

느리고 와서 곡식·수명·질병·형벌·선악 등을 주관했다. 이들 각각의 직능 신은 훗날 민간신앙으로 귀착된다. 바람의 신인 영등신, 뇌성을 일으키는 벼락대신 따위가 그것이다. 도깨비도 이 같은 직능신에서 출발했을 가능성이 높다.

고구려 벽화에 도깨비에 가까운 문양이 나타나는 점으로 미루어 고대 사회는 우리식 도깨비의 기초가 닦인 시기라고 보아도 무리가 아니다. 과학보다는 초자연적인 미신에 의존하던 시절에 형성된 이 같은 관념은 조선시대까지 그대로 이어졌다. 성호 이익 같은 이는 자연의 영기가 모여서 도깨비가 됐다는 설을 내놓기도 했다.

고대 사회에서 1차 완성된 도깨비는 조선시대에 이르러 복잡하고 다양한 형식으로 변화, 발전한다. 허구와 상상을 넘나드는 다양한 이야기로 도깨비 동네를 채워간 것이다. 반면에 고대 사회에서 형성된 도상은 차츰 단순해지는 양상도 나타났다. 조선시대의 풍부해진 도깨비문화 속에서 민중은 분명히 도깨비를 그 나름대로 어떤 상징으로 규정지었을 것이다.

그들의 관념 속에 형성된 그 무엇, 그것이 도깨비의 역사·문화적 원형질일 것이다. 그 원형질을 찾는 일이야말로 도깨비의 정체를 밝히는 지름길이다. 그렇다면 원형질로 인정할 만한 것이 있다. 도깨비가 악귀를 쫓는 귀면鬼面 혹은 벽사수면상辟邪獸面相이라는 것. 나는 벽사 상징으로서의 변하지 않는 원형질을 도깨비의 알파요, 오메가라 생각한다. 그 형태가 어떻든 간에 중요한 것은 벽사 상징으로서의 원형질일 터.

원형질 탐구의 시작은 도상에서

도깨비의 원형질 탐구라는 정말 '도깨비 같은' 과제와 씨름하면서 나는 문득 대학시절에 읽은, 미술비평가 허버트 리드의 역저《도상과 사상》을 떠올렸다. 그는 이렇게 말했다.

> 이미지는 그것이 내가 일컫는바 도상이라는 조형예술로 나타날 때, 인간 의식의 발전에서, 그리고 그 의식에 다른 적절성과 기교성의 발전에서 사상보다 선행한다는 점을 주장하는 것이다.

리드는 인류 문화가 태동한 구석기시대부터 현대에 이르기까지 400세기에 걸친 방대한 미술의 역사에서 도상이 의식에 선행함을 일관되게 주장했다. 나는 왜 도깨비의 원형질 탐구에서 그의 주장을 떠올렸을까? 도깨비의 신비를 밝혀주는 고대 문헌은 거의 없다. 하지만 우리는 풍부한 도상으로 도깨비를 접할 수 있다. 도상의 규명은 도깨비 원형질 탐구의 지름길이 되어줄 것이다.

경주 불국사가 있는 토함산 뒤편, 동해 쪽에 자리한 장항사 터를 찾아간 적이 있다. 사람의 발길이 거의 닿지 않은 폐사지에 동탑·서탑이 전한다. 한국화가 손연칠의 안내로 탑을 둘러보다가 우연히 자물쇠로 상징화된 도깨비 한 쌍을 발견했다. 조선 후기 자물쇠에도 영락없이 비슷한 것이 다수 전해지니, 1000여 년을 사이에 두고 도깨비의 벽사수호신으로서의 원형질이 변하지 않았다는 증거다.

치우, 에밀레박물관

도깨비 도상의 원형을 중국 사례에서 찾는 사람도 있다. 치우蚩尤의 형상이 그것이다. 중국 신화학의 대가인 위안커袁珂는 《중국의 고대 신화》에서 치우가 인간에게는 악신으로 낙인 찍혀 있지만, 사실 용감무쌍한 거인족의 이름에 불과하다고 했다. 그는 치우가 구리 머리에다 쇠 이마, 짐승 몸집이지만 사람의 언어를 사용했다고 보았다. 사람의 몸집에 소 발굽을 하고 네 개의 눈과 여섯 개의 손을 가지고 있다고도 했으며, 어떤 전설에는 머리에 날카로운 뿔이 나 있고 귀밑의 수염이 마치 창처럼 뻗어 있다고 하기도 했다. 이밖에 여덟 개의 손과 다리를 갖고 있다는 전설도 있다.

이상의 내용을 종합해보면, 치우는 신과 인간의 중간쯤에 속하는 존재다. 치우는 분명히 고대 중국인이 꿈꾸던 벽사신으로 보인다. 혹자는 치우를 상商·주周 시대에 유행했던 도철饕餮의 원형으로 여기기도 한다. 《여씨춘추》에서는 도철에 관하여 "주나라 솥에 도철이 그려져 있는데, 머리만 있고 몸이 없다"라고 했다. 북송 이래 중국의 금석학자는 모두 이 설명에 근거해 상·주 시대 청동기에 흔히 보이는 괴상한 동물의 얼굴을 도철

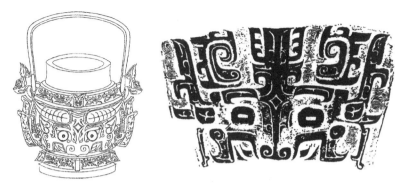

동기도철문과 동유상문, 은대 또는 서주 초기

이라 불렀다.

나는 우리 도깨비 도상의 기원을 치우나 도철에서 찾는 태도를 못마땅하게 생각한다. 중국의 청동기 문양에 도깨비와 유사한 것이 있다고 한다면, 그것은 고대 문화가 지니는 문화사적 유사성으로 봐야지 직접적 영향관계로 보아서는 안 된다. 비슷한 것만 나오면 중국의 영향 운운하는 주장은 하나의 모화주의에 다름 아니다.

중국의 고고학자이자 인류학자인 장광즈張光直가 쓴《신화·미술·제사》에 따르면, 동물문양은 상商(은殷이라고도 함)과 서주西周 초기의 청동 장식예술의 전형적인 특징이었다. 도철문양은 그중 일부에 지나지 않는다. 일반적으로 하夏는 기원전 2205~기원전 1766년, 상은 기원전 1766~기원전 1122년, 주는 기원전 1122~기원전 256년에 존재했던 것으로 어림잡는다. 그렇다면 이 같은 하·상·주 시대의 문화가 그대로 우리에게 영향을 끼쳐 우리 고대 문화가 만들어졌다는 가설이 가능할까? 우선 우리의 삼국시대와 중국의 하·상·주 시대는 시기부터 들어맞지 않는다.

우리 선조는 벽사 상징물로 도깨비를 창조했고, 그러한 도상이 성립되고 난 다음에야 도상에 따른 자세한 설명을 덧붙였을 가능성이 높다. 벽사를 위한 무서운 인물상을 만들다 보니, 그 인물이 반인반수半人半獸의 특질을 보이게 됐을 것이다. 중국의 고대 신화·지리서인《산해경山海經》을 보면 복잡한 괴수가 보이거니와 동물문양 같은 인물군은 고대 문화의 일반적 특징이었다. 따라서 동북아시아 고대 문명의 하나인 동이족의 문화관에서 도깨비의 독자적 출현은 필연이고 당연했다. 앞에서 리드를 들먹인 까닭도 거기에 있다.

그 예증을 더 찾아볼 필요가 있다면 윤회 바퀴를 나타낸 티베트의 그림을 들 수 있다. 18~19세기에 그려진 〈생명의 바퀴〉라는 그림으로, 심리학자 마리루이제 폰 프란츠가《시간-리듬과 휴지》라는 책에서 소개했다. 그림 중앙의 돼지, 닭, 뱀의 세 마리 동물은 탐욕, 성냄, 어리석음의 삼독三毒을 상징하는데, 이것들이 바퀴를 계속 돌게 한다. 오른쪽의 인물들은 지옥으로 하강하고 있으며, 악귀에게 고문을 당한다. 왼쪽의 사람들은 승천하고 있는데, 꼭대기에는 승리의 깃발을 든 수행자가 있다. 그는 바퀴로부터 빠져나가 업보에 눌린 존재의 세계를 영원히 떠나려고 하는 참이다.

바퀴 주위의 여섯 사람은 구원의 사명을 띤 관음보살이 방문한 중생의 여섯 가지 운명을 상징한다. 바퀴를 감싸 안은 괴물은 모든 존재를 삼키는 아니티야타Anityata, 無常다. 아니티야타를 유심히 보면 우리의 도깨비와 다를 바 없음을 금세 알게 된다. 특히 사찰에 있는 도깨비 도상과 일치한다. 그렇다면 도깨비는 인도에서 왔을까? 그렇지는 않은 것 같다. 불교

아니티야타, 윤회의 수레바퀴, 티베트

전래 훨씬 이전에 이미 고구려 벽화에 도깨비가 등장하는 것을 보면 말이다.

이제 하나의 작은 결론이 나온다. 우리 도깨비는 우리 민족 고유의 독자 노선을 걸어왔다는 것이다. 우리 도깨비는 동이족 고유의 벽사 상징으로서의 원형질을 그 문화적 근거로 하고 있다.

무서우면서도 우스꽝스러운
도깨비가 여기저기에

도깨비의 전형적인 도상은 그 범위가 어디까지일까? 도깨비의 영역을 넓게 잡아 그들의 친인척인 다양한 석수石獸까지 포함한다면 벽사신으로서 도깨비의 성격이 좀 더 분명해진다. 이에 대한 반론도 만만찮다. 도깨비 범위를 너무 넓게 잡다 보면 귀면을 모두 도깨비로 몰아가는 우를 범할 수 있다는 것이다. 맞는 말이다. 그렇지만 도깨비의 도상 범위는 어디서 어디까지라고 그 누가 정확하게 단정할 수 있겠으며, 그렇게 단정적으로 경계선을 그을 수 있는 근거가 있겠는가. 도깨비는 어차피 관념 문화의 소산이므로 영역을 정하는 것도 관념적이고 극히 상징적일 수밖에 없다. 따라서 포괄적으로 설정하는 게 옳다고 생각한다.

눈에 보이는 도깨비 도상의 가장 확실한 증거는 대개 기왓장이다. 집을 세우고 지붕을 덮을 때 끝에 있는 망와에 도깨비문양을 그려 넣는다. 망와란 '망을 보는 기와'라는 뜻이다. 무서운 도깨비가 망와에 그려져 있으면 집 안으로 들어오려던 악귀가 물러간다는 믿음에서 도깨비가 등장했다. 와당의 도깨비 모양은 워낙 많기 때문에 사람들은 도깨비와당, 이른바 귀면와鬼面瓦에서 어떤 도상적 기준치를 찾는다. 물론 연구자에 따라 귀면와는 도깨비가 아니라고 주장하기도 한다. 그러나 조선 후기《해동잡록》에는 귀면와가 곧바로 도깨비일 가능성을 보여주는 이야기 한 토막이 전해진다.

창손昌孫이란 사람은 정승 벼슬을 20년이나 한 사람으로 지금은 90세가 됐다. 어느 날 자기 집에 갑자기 요귀가 출몰했다. 어디선지 모르나 대낮에 돌이 날아오는 것이었다. 나는 새도 떨어뜨린다는 권세가인 창손의 집인데 감히 누가 이런 짓을 하겠는가 하고 그는 재빨리 지붕에 올라가 귀와鬼瓦(도깨비기와)를 불에 태웠다. 그러자 요귀가 다시는 나타나지 않았다.

도깨비와 기와가 만나는 전통은 상당히 오래전으로 거슬러 올라간다. 고구려 붉은 와당의 약간은 우스꽝스러운 도깨비, 백제 와당의 복잡하면서도 단순 소박한 도깨비, 통일신라의 대단히 정교하면서 뚜렷한 형태의 도깨비 등 도깨비기와의 전통은 삼국시대까지 소급된다. 와당을 보면 도깨비의 기원이 악귀 쫓는 벽사의례의 관념적 소산이라는 것도 분명해진다.

절이나 궁궐의 석수石獸, 문살문양에도 도깨비가 등장한다. 청도 운문사, 부안 내소사, 경주 불국사 등의 대웅전 문이나 단청에도 도깨비문양이 그려져 있다. 절을 수호한다는 상징이다. 여천 흥국사, 부산 범어사, 창덕궁 금천교 등에도 도깨비 형상의 석수가 자리 잡아 절이나 궁을 지켜주

하동 칠불암 도깨비
영광 불갑사 만세루 도깨비

는 수호신으로 나타난다. 범어사의 석수는 껄껄 웃는 도깨비 얼굴에 네 발 동물이 두 발만을 살짝 드러낸 형상이다.

대흥사 도깨비는 굳게 입을 다물고 있는 점잖은 형상인데, 도깨비라기보다는 도깨비를 부릴 수 있는 장수의 모습이다. 통도사 감로탱화 가운데는 박쥐처럼 생긴 뇌공雷公이 북채를 들고 팔방의 북을 두드리면서 휘돌아다니는 그림이 등장한다. 벽사수호의 문배그림처럼 문짝에 그려 넣은 사찰 도깨비도 상당수 있다.

이밖에도 도깨비 도상은 대단히 많다. 그러나 역시 가장 오래되기는 고구려 벽화에 등장하는 도깨비 도상일 것이다. 동물이나 사람의 모습으로 의인화된 도깨비가 부릅뜬 눈으로 악귀를 쫓는 형상이다. 이들 도깨비는 한결같이 무서운 표정이다. 그렇지만 잘 뜯어보면 우스꽝스럽기 그지없다. 무서우면서도 우스꽝스러운 표정은 바로 장승의 표정과도 일치한다. 외경심과 해학성이 고루 섞여 있다고나 할까. 바로 도깨비 자체의 양면성이 도상에 반영된 결과다.

실상 도깨비 도상에 관해서는 이론이 구구하다. 악귀를 쫓는 다른 귀면과 무엇이 다른가 하는 의문점도 생긴다. 몽당빗자루도깨비, 차일도깨

묘향산 보현사 도깨비

비, 등불도깨비, 강아지도깨비 등 여러 가지 도깨비도 전설로는 전해지나 실체는 불분명하다. 도깨비는 다리가 하나 없다고 한다. 그래서 도깨비와 맞붙어 씨름을 해도 한쪽 다리가 없는 덕분에 무사히 이겨내고 살아 나왔다는 이야기가 많다.

그러나 어느 누구도 도깨비의 모습이 이렇다고 주장할 수는 없을 것이다. 그만큼 모습이 다양할뿐더러 혼재돼 있고, 도깨비 자체가 하나의 환상에 지나지 않는 상징물인 탓이다. 그런데도 오랜 세월 그 존재를 믿어 온 것을 보면 도깨비가 악귀를 쫓는 믿음의 대상으로, 민중의 삶 속에 전해져왔음이 잘 드러난다.

민중의 입을 통해 풍성해진 도깨비 이야기

성현은 《용재총화》에 외숙인 안부윤의 젊었을 적 이야기를 풀어놓았다.

파리한 말을 타고 어린 종 하나를 데리고 서원瑞原 별장으로 가는데, 10리쯤 가자 캄캄한 밤이 됐다. 사방을 둘러보아도 사람이라곤 없더니 동쪽 현성 쪽에서 횃불이 비치고 떠들썩하여 유렵遊獵하는 것 같았다. 그런데 그 기세가 점점 가까워지면서 좌우를 삥 두른 것이 5리나 되는데, 빈틈없이 모두 도깨비불이었다. 공이 진퇴유곡하여 어찌할 바를 모르고 오직 말을 채찍질하여 앞으로 7~8리를 나아가니 도깨비불이 모두 흩어졌다. 하늘은 흐려 비가 조금씩 부슬부슬 내리는데, 길은 더욱 험해졌다. 그러나 마음속으로 귀신이 도망간 것을 기뻐하

도깨비무늬 벽돌, 국립중앙박물관, 백제

도깨비무늬 벽돌, 이화여대박물관,
신라 8세기

수면와, 국립경주박물관, 통일신라

목각 귀면, 경희대중앙박물관, 조선

여 공포심이 진정됐다.

다시 한 고개를 넘어 산기슭을 돌아 내려가는데 앞서 보던 도깨비불이 겹겹이 앞길을 막았다. 공은 계책도 없이 칼을 뽑아 크게 소리치며 돌입하니, 그 불이 일시에 모두 흩어져서 우거진 풀숲으로 들어가면서 손바닥을 치며 크게 웃었다. 공은 별장에 도착해서도 마음이 초조하여 창에 의지한 채 어렴풋이 잠이 들었는데, 비복들은 솔불을 켜놓고 앉아서 길쌈을 하고 있었다. 공은 불빛이 켜졌다 꺼졌다 하는 것을 보고 큰 소리로 "이 귀신이 또 왔구나" 하며 칼을 들고 치니, 좌우에 있던 그릇이 모두 깨지고 비복은 겨우 위험을 면했다.

이 도깨비불 이야기를 보면 성현이 살던 16세기 초반에도 도깨비 이야기 구조는 오늘날과 큰 차이가 없음을 알 수 있다. 아무도 없는 산길 모퉁이, 날이 흐리고 비가 부슬부슬 오는 날 도깨비가 출현하는 것도 지금과 같다. 또한 도깨비 이야기가 널리 퍼져 민중 속에 자리 잡았음을 알 수 있다. 권력자의 무덤이나 사찰 같은 귀족문화를 치장하던 도깨비가 어느 시기엔가 평범한 사람들 속으로 내려온 것 같다.

도깨비 이야기를 다룬 첫 문헌이기도 한《삼국유사》의 〈진평왕〉을 보면, 비형이라는 도깨비 두목이 하룻밤 사이에 신원사 도량에 큰 다리를 놓아 귀교鬼橋라는 이름이 붙었다는 대목이 나온다. 청송군 부남면 화장동에도 '도깨비다리'라는 신비한 돌다리가 있다. 중국의 설화집인《유양잡조酉陽雜俎》에는 도깨비방망이류 설화가 신라의 것으로 소개돼 있다.

그러나 이것은 도깨비 이야기가 후대에 널리 퍼지고 발전한 결과다. 민중의 입과 입을 통해 이러저러한 내용이 첨가되어 도깨비 이야기는 날로 풍성해진다. 역사적 상상력이 허락된다면, 대략 조선 후기 민중의식이 솟구치던 시절, 장승 따위가 그 나름의 정형성을 획득하고 이른바 민중 예술의 르네상스라 할 만큼 여러 장르의 서사적 구조가 정착되면서 도깨비도 새롭게 태어났을 것이다. 우리가 오늘날 듣고 있는 천일야화 같은 도깨비 이야기도 연원은 멀리 고대 사회로 이어짐이 분명하나, 지금 같은 기름진 토양을 확보한 것은 역시 조선시대에 이르러서다.

김종대는 도깨비 이야기 300여 편을 분석하여 이를 도깨비방망이 얻기, 도깨비를 이용해 부자 되기, 도깨비와 대결하기, 도깨비에게 홀리기, 도깨비불 보기, 도깨비 은인 되기, 도깨비 암시하기, 기타 유형의 여덟 가지로 분석, 정리했다. 하지만 이야기 종류가 너무 많아서 일일이 나열하기 힘들 정도다. '도깨비방망이'는 대단한 효력이 있어 가히 요술방망이라 할 만하다. '도깨비 잔치'는 흥겨운 신명의 흐드러짐이 엿보인다. '도깨비가 오실 만한 날'이라면 무언가 흐릿하고 스산한 날이다. '도깨비불에 홀린다'는 뜻에는 시골 밤길에 떠도는 불빛이 연상된다.

'괴상한 짓'을 많이 하지만, 아무 때나 출몰하지 않는다

도깨비는 출발 자체가 벽사수호신이었기에 여느 사악한 잡귀와는 성격이 다르다. 주자는 "이르러 펴는 것은 신神이 되고, 돌이켜 돌아가는 것은 귀鬼가 된다"라고 했다. 실학자 홍대용은 《담헌서》에서 "하늘을 신神이라

하고, 땅을 지祇라 하고, 사람을 귀鬼라 하나, 실은 하나다"라고 했다. 그는 살아 있는 사람의 정신과 죽은 사람의 혼백도 하나로 보았다. 귀신을 이기二氣의 영능靈能으로 보았기에 귀신이 이理가 아님이 명백한데도 이理로서만 귀신을 말함은 알 수 없는 일이라고 했다. 오늘날 우리도 홍대용이 지적한 대로 이理만을 가지고 귀신을 바라본다.

홍대용이 살던 시절에는 실實을 숭상하고 용用에 힘쓰는 많은 사람이 이익을 따르고 있었다. 이익은 《성호사설》에서 귀를 음陰의 영靈, 신을 양陽의 영으로 보았다. 또 음양이 하나이기 때문에 귀와 신도 하나라고 보았다. 그는 도깨비 자체에 대해서는 이렇게 말했다.

추측건대 큰물이 져서 산이 무너지고 언덕이 없어졌다는 그 시대에 사람과 귀신이 서로 뒤섞이게 됐다면 사람을 해치는 도깨비도 많았을 것이다. 그중 제일 사람에게 걱정되는 것은 이매망량魑魅魍魎인데, 공자도 이르기를 "나무와 돌로써 괴상한 짓을 하는 것이 기夔와 망량이다"라고 했다. 대저 이 망량이란 따위는 나무로 괴상한 짓을 하는 것이 많다.

도깨비는 실제로 '괴상한 짓'을 많이 한다. 그러나 단순하게 인간에게 해코지만 하는 미물은 아니다. 허깨비가 몹쓸 환상이라면 도깨비는 쓸 만한 환상이다. 쓸 만한 환상은 꿈을 불러일으키고, 그 꿈은 문화를 다채롭게 한다. 꿈을 불러일으키는 도깨비가 곳곳에서 출몰하던 조선시대에 구전문학도 르네상스를 맞았음을 상기해보라.

도깨비는 아무 때나 출몰하지 않는다. '낮도깨비'라는 말이 있듯이 정상적인 도깨비라면 밤에 나타나야 한다는 규정성도 지닌다. 밤은 성스러움이고, 음지이며, 습하다. 바위나 나무 같은 자연물이 도깨비로 둔갑하여 사람을 홀린다. 한낮에는 숨어 있다가 해가 지면 슬그머니 걸어 나와 길손을 유인한다.《용재총화》를 보면 도깨비가 등장하는 시간과 장소의 전형성이 잘 드러난다.

도깨비는 아예 형체가 없기도 하다.《어우야담》에는 도깨비집 이야기가 나온다. 고려가 무너진 후 송도에 빈집이 있었는데 도깨비가 나온다 하여 아무도 그 집에 살려고 하지 않았다. 어떤 상인이 그 집을 싸게 샀다. 절구질을 할 때마다 벽에서 소리가 나기에 벽을 허물고 안을 들여다보니 온갖 금은보화가 있었다. 글도 발견되었는데, 고려의 환관이 난을 만나서 보화를 감추고 벽을 이중으로 했다는 것이다. 벽의 일부가 비었으니 울리는 소리가 나서 도깨비 소리로 여긴 것이다. 이처럼 도깨비는 형체 없이 소리나 빛으로만 출몰하기도 한다.

또 도깨비는 변신에 능하다. 옛사람은 손때 묻은 빗자루나 부지깽이, 절굿공이 등이 도깨비로 변할 확률이 높다고 보았다. 설화를 분석하면 대략 다음과 같은 물건 도깨비가 등장한다. 사발 도깨비, 종지 도깨비, 쟁반 도깨비, 망치 도깨비, 낫 도깨비, 꽹과리 도깨비, 징 도깨비, 부지깽이 도깨비, 솥 도깨비, 주걱 도깨비, 도리깨 도깨비, 멍석 도깨비, 짚신 도깨비, 나막신 도깨비, 달걀 도깨비, 방울 도깨비, 갓 도깨비, 메주 도깨비…….

왜 하필이면 손때 묻은 빗자루 따위일까? 사람의 손때가 묻었다는 말은 이미 영물이 됐음을 뜻한다. 비록 하찮은 물건이라도 사람과 관계를 맺으면 도깨비가 될 수 있으니 일종의 변신인 셈이다. 그래서 옛사람은

띠배의 짚도깨비, 부안군 위도면 대리

그러한 물건은 반드시 태워 없애는 습관이 있었다. 연구자에 따라서는 도깨비의 발생을 논하면서 물건에 영력이 깃들어 있다고 믿는 주물신앙과는 판이하게 다르게 사람과의 관계를 통해 도깨비로 생성되는 과정을 중시하기도 한다. 이 점을 보면 인간 중심적 사고가 돋보이는 것 같다.

도깨비의 인간 중심적 사고는 그가 멍청한 짓을 자주 한다는 데서도 잘 드러난다. 똑똑한 체하다가 당하고 마는 도깨비, 아니면 약은꾀로 도깨비를 이용하다가 당하고 마는 사람, 도깨비가 됐건 사람이 됐건 허점을 드러낸다는 사실 자체가 인간적이다. 도깨비는 장난을 좋아하고, 미녀를 탐하고, 수수팥떡을 좋아하고, 시기와 질투도 있고, 멍청하기도 하다. 우리 인간사의 파노라마와 다를 바 없다.

마실을 다녀오다가 도깨비와 밤새워 씨름을 했는데 날이 새고 보니 애꿎은 빗자루 몽둥이를 껴안고 그랬다는 식의 이야기, 돈을 빌려주었더니 날마다 돈을 갚으러 와서 벼락부자가 됐다는 이야기, 혹부리와 도깨비방망이를 바꾼 이야기 등 도깨비의 어리석음을 나타내는 이야기는 무수히 많다. 일본이나 중국의 귀신과 달리 결코 잔인하거나 폭력적이지 않다.

도깨비가 주인공인 집단 의례

도깨비는 이야기로서만이 아니라 집단의 굿으로도 전승됐다. 진도에는 도깨비굿이 있다. 마을에 어려움이 닥치면 여성이 나서서 이 굿을 한다. 극심한 가뭄이 들거나 전염병이 돌아 액운이 닥치면 여성 특유의 주술을 통해 액을 물리치고자 했다. 남성은 방 안에 틀어박혀 일절 바깥출입을 하지 않는 반면, 여성은 긴 장대에 월경서답을 내걸고 휘저으며 다닌다. 은밀한 부분을 공개하여 악귀에 대항하고자 하는 벽사의례의 한 전형이다.

남도에서는 해마다 2월 초하룻날 도깨비굿을 해서 도깨비를 가두어두었다가 농사철이 지난 다음인 중양절에 도깨비를 풀어주는 도깨비제를 행한다. 도깨비굿이 벌어지면 동네가 한바탕 광란의 도가니로 빠져든다. 이처럼 도깨비는 주술의 대상으로, 인간에게 해코지를 해서는 안 되는 신으로 모셔지기도 한다.

서해안에서는 도깨비참봉 혹은 물참봉이라는 도깨비에게 고사를 지낸다. 주로 선착장 주변에 살면서 어민을 도와준다고 하는데 형체가 알려진 것은 없다. 고기 실은 배가 돌아오는 갯가에 사는 까닭에 갯가의 나무를 참봉나무로 정해두고 간단한 고사를 올린다. 바다의 큰 신에게는 1년에 한두 차례 큰 배고사를 올리기 때문에 아무 탈이 없지만, 참봉을 풀어먹이지 못하면 심술이 나서 온갖 훼방을 놓는다는 것이다. 대개 밥덩이나 떡 같은 제물 약간을 물가에 뿌려서 참봉을 달래준다. 현재는 거의 사라졌으나 얼마 전까지만 해도 서해안 일대에서 쉽게 볼 수 있었다.

조기 떼 우는 소리에 밤잠을 못 이루었다는 칠산바다 위도에 가면 띠뱃놀이가 전해온다. 풍어제를 끝낸 칠산 어민은 짚배를 만들어 제물을 싣고 도깨비 여럿을 선원으로 태워 바다로 보낸다. 망망대해로 나간 이들 도깨비 선원은 어부의 뱃일도 도와주고 조기 떼도 몰아다준다. 학자에 따라서는 도깨비가 아니라 수부라고 부르기도 한다.

제주도에서는 아예 도깨비영감, 도깨비참봉이 집안을 지켜주거나 물고

도깨비영감놀이. 제주

기를 몰아다준단다. 도깨비가 집안의 수호신인 일월日月조상, 어선의 선
신, 부신富神, 대장간 신, 마을의 당신 등으로 등장한다. 특히 제주도 도깨
비는 부신으로, 멸치와 갈치를 몰아다주는 풍어신이다. 수수떡과 수수밥
을 좋아한다고 해서 사람들은 그것들을 차려놓고 도깨비를 풀어먹인다.

그 반면에 제주도 도깨비는 변덕도 심하고 골탕도 잘 먹인다. 심지어
병을 일으키기도 한다. 영감놀이는 도깨비신이 범접하여 일어난 병을 치
료하는 굿이다. 이 굿은 병을 고치는 의례로 행할 뿐 아니라 어선을 새로
지어 선왕을 모실 경우나 마을신에 대한 당굿으로도 한다. 도깨비의 변덕
을 달래주어야 하기 때문이다. 영감굿은 밤에 하는데, 제주도 무당인 심

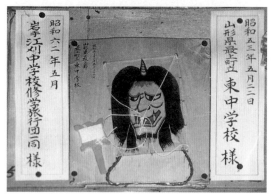

일본의 요괴와 도깨비

방이 신을 청하면 영감신으로 분장한 심방이 등장하여 연극적으로 문제를 해결한다. 어두운 밤에 얼굴을 가린 도깨비가 횃불을 들고 나오는, 참으로 재미있는 연극 한 토막인 셈이다. 이처럼 도깨비는 굿판, 연극판에서도 전승돼왔다.

의례로 표현된다는 말은 의례에 동참하는 대다수가 암묵적으로 완벽하게 합의했음을 뜻한다. 조선 후기에는 의례에 도깨비가 주인공으로 등장, 집단적 벽사 상징으로 영향력을 발휘했다. 의례에 등장한 도깨비는 벽사 기능을 잃지 않으면서도 더욱 서민적이고 자유분방한 모습을 보여준다.

아, 그러나 말이다. 일본의 오니鬼, おに가 우리 도깨비로 둔갑하여 동화책과 텔레비전을 장식한다. 아이들은 오니를 우리 도깨비로 착각한다. 이렇게 된 연유는 일제강점기에 초등교육을 받은 사람들이 잘못 배운 지식을 그대로 전수한 데 1차적인 책임이 있다. 도깨비까지 왜색이라니!

돌하르방은

어디서

왔을까

머나먼 이스터 섬의 석상 06

한 무리의 폴리네시안이 쪽배를 타고 남쪽으로 내려갔다. 그들은 아주 작은 섬 하나를 발견했다. 섬에 도착했을 때 숲이 우거진 섬은 문자 그대로 미지의 선경과도 같았다. 그들은 섬에 거대한 석상을 세우기 시작했다.

이 섬을 '발견한 서양인 오랑캐'는 그들 멋대로 '부활절Easter 일요일에 발견했다'는 뜻으로 이 섬에 이스터라는 이름을 붙였다.

이스터 섬의 석상은 오래전부터 세계 학계에 보고된 신비로운 영물의 하나다. 어쩌면 대륙에서 가장 머나먼 섬 중의 하나인 이스터는 지도에조차 잘 나타나지 않는다. 가장 가까운 섬에서조차 약 2000킬로미터나 떨어졌고, 남아메리카 서쪽에서는 4000킬로미터쯤 떨어져 있다. 이스터 섬의 원주민 조상이 남아메리카에서 왔다는 가설을 증명하기 위해 노르웨이의 탐험가 토르 헤위에르달이 작은 배로 남아메리카에서 출항했지만, 결과는 실패였다. 아마도 섬 주민은 태평양의 폴리네시안일 것이라고 추정된다. 그들은 해안을 따라, 혹은 황량한 화산 주변에 석상을 세웠다.

거대 석상을 무려 1000여 개씩이나 세운 이유가 씨족 간에 신앙물을 더 많이 세우는 경쟁심리 때문이라고 하나, 정확한 것은 수수께끼로 남아 있다. 《녹색 세계사》를 쓴 정치학자 클라이브 폰팅은 그들이 거대한 석상을 세우기 위해 작은 섬의 숲을 망가뜨려 자멸을 재촉했다고 밝혔다. 그러나 이러한 주장은 백인들이 만들어낸 선입견일 뿐이다.

우리의 돌하르방을 생각하면서 엉뚱하게 이스터 섬을 떠올린 것은 그 나름의 이유가 있다. 만약 서양인 오랑캐가 제주도를 침탈했다면 그들은 세계 학계에 돌하르방을 어떻게 보고했을까? 제주도가 초토화되어 백성은 노예로 팔려가고 돌하르방만 남았다면 훗날 학자들은 어떤 주장을 펼칠까? 그러한 상상은 '가당치도 않다'고 주장하는 이에게 나는 '이재수의 항쟁'을 환기시키고 싶다.

치외법권적으로 군림하던 성교聖敎꾼을 보호하기 위해 프랑스 함대가 제주 근해에서 위세를 떨칠 때 민중의 장두가 관덕정 앞에서 피를 토하며 죽어가던 신축년이 불과 120여 년 전인 1901년이 아니던가. 여건만 조성됐다면 열강은 능히 제주도를 '먹었을' 것이고, 돌하르방은 그들의 잣대로 재단됐을지도 모를 일이다. 백합 모양의 고깔모자를 쓴 수녀가 조랑말을 타면 맨발의 조선 처녀가 말고삐를 끌고, 천주교 사제의 통행권에 고종 임금이 '여아대汝我待(나와 같이 대접하라)'라고 직접 직인을 찍어주던 시절이

이스터 섬의 석상

었다. 임금 자신과 같이 대접하라니, 지방 수령 주제에 꼼짝인들 할 수 있었겠는가. 가마 타고 다니는 양대인洋大人이란 말도 그때 나왔다.

우리가 지금껏 배워온 세계문명사란 승리자의 전리품일 가능성이 높다. '세계 문화의 수수께끼'라는 것도 서구인이 바라본 수수께끼일 뿐이다. 서구인에게는 수수께끼지만, 당사자에게는 살아 있는 삶의 문화 그 자체지 수수께끼일 수가 없다. 이스터 섬의 석상이 '서양 오랑캐'의 손으

로 재해석되고 있는데, 우리는 그래도 우리 손으로 온전하게 돌하르방을 해석하고 있으니, 그것만으로도 다행스럽다고나 할까.

제주도 홍보 책자의 겉면은 으레 돌하르방이 점령하기 마련이다. 고르바초프가 제주도에서 30억 달러의 원조 약속을 거머쥐고 모스크바로 되돌아갈 때 함께 비행기를 탄 주인공도 바로 돌하르방이었다. 이래저래 국제적인 명물이 되다 보니 상표저작권을 둘러싼 소송까지 걸렸다고 한다. 제주도의 꿀단지조차도 돌하르방 모양새다. 그러나 정작 돌하르방의 기원을 묻는다면 아무도 시원스럽게 답하지 못한다. 설마 그럴까 싶지만 엄연한 현실이다.

'돌할아버지'는 몽골 벌판에서 왔다?

하르방은 할아버지라는 뜻이니 돌하르방은 '돌할아버지'다. 조선시대, 아니면 고려시대, 그것도 아니면 삼국시대에 만들어졌을까? 정답은 상식을 뒤엎는다. 돌하르방의 공식화는 불과 수십 년 안쪽. 광복 이전만 해도 돌하르방이라는 말은 없었다고 한다. 제주도 민속학자 김영돈의 증언이다.

본디 이 석상은 '돌하르방'이라 부르지 않았다. 광복 전후쯤 해서 도민들이 장난삼아 '돌하르방'이라 부르기 시작하자, 그 뜻을 쉽게 드러내는 말이라 너도 나도 애용함으로써 널리 번져갔다. 이 '돌하르방'이란 말이 상당한 세력을 뻗치게 된 것은 1971년 8월 20일, 제주도 문화재위원회에서 민속자료 제2호로

돌하르방, 홍정표 사진첩

지정할 때 '돌하르방'을 갑론을박 끝에 문화재 공식 명칭으로 쓰면서부터다. ㅡ
〈한라일보〉, 1993년 2월 1일

돌하르방이란 명칭 사용이 결코 오래되지 않았음이 분명하다. 근래에
붙여졌으나, 듣기에도 친근하고 썩 어울리는 이름이라는 점에서는 다행
이다. 다만 돌하르방이 마치 옛말인 것처럼 알려진 세간의 상식은 잘못
됐다.

돌하르방의 기원 문제는 남방기원설, 몽골기원설, 제주자생설 등 아직
은 백가쟁명이다. 최근 몽골학계 일각에서 제기된 몽골기원설은 반드시
검토하고 넘어가야 할 것이다. 몽골지배기에 몽골 석인상의 영향으로 돌
하르방이 만들어졌다는 견해다. 비교민속학적 차원에서 눈여겨볼 만한
대목이기는 하나, 워낙 반론이 드센 형편이다. 몽골의 역사학자 바이에르
의 〈칭기즈칸의 혈통을 이어받은 칸·귀족의 돌초상-13~14세기〉에 따르
면, 몽골 각지에는 약 500기의 석인상이 흩어져 있다. '훈촐로'라 불리는
이 석인상은 고대 유목민족의 습관이나 신앙, 사회제도 등을 밝힐 수 있
는 매우 중요한 자료다. 훈촐로에는 우리의 돌하르방과 외형이 매우 비슷
한 석인상이 있고, 우리가 한때 몽골의 지배기를 거친 적도 있어 몽골과
제주의 친연성이 그럴듯하게 제기된다. 몽골벌판의 훈촐로가 탐라까지
왔다는 주장이다. 그러나 과연 그럴까?

몽골의 드넓은 초원은 '고요한 들판'이 아니었다. 수많은 세력 간에 피
비린내 나는 싸움이 전개됐으니, 어느 시기에나 초원의 지배권을 놓고서
다투었다. 중앙아시아의 중심 무대로서 칭기즈칸이 발흥한 곳이기도 하

다. 그러다 보니 석인상조차 돌궐·위구르·
몽골 등 시대에 따라 각기 다른 세 종류의
석인상이 존재한다.

생김새에 일부 친연성이 있다고 하여
몽골기원설을 주장하는 것은 무리다. 바
로 인근의 알타이 지방에는 전혀 다른 투
르카이 양식의 석인상이 전해진다. 이처
럼 중앙아시아 곳곳에 전해지는 석인상이
시기와 지역을 달리하며 차이가 나타남을
어떻게 설명할 것인가?

몽골의 석인상과 제주의 돌하르방이 비
슷한 모자를 썼다는 데서 착안해 공통성
을 주장하는데, 이것도 설득력이 없다. 우

몽골의 훈촐로

리나라 육지의 벅수도 모자를 썼는데, 그렇다면 벅수도 몽골 모자의 영향
때문인가? 게다가 몽골의 석인상은 대개 손에 식기 따위를 들고 있으며,
의자에 앉아 있다. 상호 교섭이 전혀 없이 독자적으로 발전한 문명 간에
도 문화적 공통성은 얼마든지 나타날 수 있다.

남해를 건너온 벅수

돌하르방의 '출생 내력'은 정확하게 밝혀진 것이 없다. 그런데 단서 하나

가 발견됐다. '어느 날 남도의 벅수가 배를 타고 남해를 건넜다. 좀 더 정확히 말하면 제주도 돌챙이(석수장이) 한 명이 남도에 갔다가 잘생긴 조선 후기 돌벅수를 만났다. 돌챙이의 고향은 정의현, 지금의 성읍 민속마을이다. 돌챙이는 돌아와서 입상을 만들었다. 물론 그는 손에 익힌 탐라식 조각 형식을 기반으로 하고 여기에 새로운 양식을 결합해 돌하르방을 창조했다.' 이렇게 추론하면 돌하르방과 벅수 간 연관설이 분명해지는 듯하다.

그동안 육지부의 돌장승과 벅수와 돌하르방을 관련짓는 사람은 의외로 드물었다. 게다가 정의고을에서는 돌하르방을 지금껏 '벅수머리'로 불러왔다고 한다! 육지부의 벅수와 상통하는 말이 아닌가. 벅수가 전남·경남 일대에 가장 많이 산재하므로 돌하르방도 남해를 건너온 전승물이다. 물론 제주도민의 남방전래설에 대한 반론도 만만찮다. 그러나 적어도 제주도의 옛 고을에서 돌하르방을 지

벅수, 남원시 주천면 호기리

금껏 '벅수머리'라고 부른다는 사실을 무슨 근거로 예사로 넘길 것인가.

문헌 자료가 하나 있기는 하다. 제주목사 이원진이 찬한 것을 신찬이 1653년에 발문을 붙여 출간한 《탐라지耽羅志》〈담수계淡水契〉에는 이런 기록이 있다.

옹중석翁仲石은 제주읍의 성 동서남東西南 삼문三門 밖에 있었고, 영조 30년에 목사 김몽규金夢奎가 창건했으나, 삼문이 헐림으로 인하여, 2좌는 관덕정 앞에, 2좌는 삼성사三姓祠 입구로 옮겼다.

'옹중석'이라는 한문 투 단어는 《탐라지》에만 기록되어 있을 뿐, 제주 사람은 누구도 쓰지 않는 말이다. 이 인용문에 따르면 옹중석은 18세기 중엽에 만들어졌는데, 육지부의 벅수를 염두에 두고 수호신으로 세웠을 혐의가 짙다. 18세기 중엽은 한창 민중의 의식이 성장하고 당대 민중 조각의 꽃이라고도 할 만한 뛰어난 석상이 세워지던 때가 아닌가.

연대가 확실한 것만 꼽아도 나주 운흥사지 장승이 1719년, 남원 실상사 장승군이 각각 1725·1731년에 순차적으로 세워졌다. 기록상으로 같은 영조 대의 실상사 것보다 23년 뒤에 돌하르방이 세워졌다는 계산이 나온다. 현존 민간 석상 중에서 가장 뛰어난 명품이 대개 이 시기에 만들어진 것이니, 돌하르방과 육지부의 친연성은 그 생김새에서도 쉽게 찾을 수 있다.

돌장승이 많기로 소문난 지리산 일대. 남원시에서 지리산국립공원으로 들어가는 길목의 주천면 호기리에 돌미륵장승이 1기 서 있다. 1850년

마을 사람의 현몽에 따라 논에 묻혀 있던 것이 발견되었고, 장소를 옮겨 가다가 1987년 현 위치에 세워졌다. 첫눈에 누구나 돌하르방과 비슷하다고 느낄 것이다. 돌하르방과 흡사한 벙거지를 썼고 퉁방울눈에 주먹코다. 육지의 일반 장승과는 사뭇 다른 모습이다. 돌하르방의 '친척'을 뭍에서 찾아냈다고나 할까.

조선 후기 전국에 넓게 퍼진 돌장승 또는 벅수와 같은 민중 돌조각품과 돌하르방의 조형적 공통점을 따져보자. 주먹코, 퉁방울눈, 파격적인 해학성, 푸짐한 표정……. 닮은 게 하나둘이 아니다. 각각의 민중적 조형물은 그 나름의 풍토 속에서 형성돼왔기에 약간의 차이가 있을 뿐, 기본 성격은 하나로 보인다. 소박하고 질박한, 그러면서도 어딘지 모르게 친근한 조형성.

돌 많은 탐라의 돌챙이문화

제주도의 돌하르방이 조선 후기 장승문화에서 직접 영향을 받았다고는 하지만, 오늘날 같은 돌하르방의 조형성이 갖추어지기까지 제주도 본토의 토착적 요소가 총화됐음을 간과해서는 안된다. 문화란 어떤 영향 관계에 놓였다고 하더라도 일방적인 경우는 없다. 늘 상대적 독자성을 지니고 발전하기 마련이다. 국가적으로 읍성을 축조하면서 육지부의 석상과 같은 의미에서 돌하르방을 세운 것은 분명하나, 토착적인 제주도의 석상 전통이 그 밑바탕을 이루었음은 분명하다.

제주도에는 돌하르방의 여러 '친인척'이 있다. 농사를 주관하는 마을신인 조천석朝天石, 제주시 동서쪽을 지켜주는 동자복東資福·서자복西資福 마을미륵, 동자석, 거욱대 따위가 그것이다. 모두 현무암을 깎아 만들었다는 점에서도 돌하르방과 정서적·조형적 연대를 보여준다.

지금은 제주대학교 박물관에 있는 조천석은 원래 제주시 건입동에 있던 것인데, 개울물의 범람을 막기 위해 만든 것이다. 19세기 것으로 추정되는데, 높이는 불과 90센티미터에 지나지 않는다. 조천석은 형태상으로는 돌하르방과 전혀 다르다. 그러나 돌하르방 말고도 다양한 석상 전통이 있었음을 보여주는 소중한 증거물의 하나다.

조천석, 제주시 건입동,
제주대박물관

무엇보다 제주도 석상문화의 으뜸은 동자석이다. 아담한 크기의 다양한 동자석이 쌍으로 서서 무덤을 지킨다. 글자 그대로 망자의 넋을 위로하기 위한 아이 형상의 석상인데, 그 토속성이 눈길을 잡아끈다. 불행하게도 이들 동자석은 많은 수난을 당했다. 지금도 수집가의 호사로운 취미로 팔려가거나 도난당하는 실정이다.

마지막으로, 거욱대는 반드시 짚고 넘어가야

제주 동자석

거욱대, 서귀포시 대정읍 신도리

한다. 거욱대는 사람 형상의 방사용防邪用 돌탑을 말한다. 제주시 영평동
의 하동 거욱대를 찾아가니 냇가의 잡목 우거진 넝쿨 속에 있다. 하동은
풍수지리적으로 남북이 허하다고 한다. 그래서 '남대북탑'이라고 하여 남
쪽에는 거욱대를 세웠고, 북쪽에는 방사탑을 세웠다. 돌하르방이 읍성의
경계와 수호신 기능을 한 것과는 다르다. 오히려 육지부의 돌장승과 비슷
한 기능이다. 마을공동체문화의 전형인데, 돌하르방 창조의 밑거름이 됐
을 것이다.

풍부하고 다듬기 쉬운 용암석을 이용한 다양한 석상 전통이 큰 물줄기

를 형성하면서 전해지다가 육지부의 석상과 만나면서 제주도만의 독특한 돌하르방문화를 낳은 것으로 보인다. 재질이 다르면 조각도 달라지는 법. 육지부의 단단한 화강암, 제주도의 독특한 용암바위, 장인의 손끝이 어찌 같을 수 있겠는가.

빛바랜 흑백사진첩에 되살아나다

돌하르방만 생각하면 늘 빛바랜 흑백사진첩이 떠오른다. 아무래도 돌하르방은 컬러보다는 흑백 사진일 때 제격이란 느낌이다. 사진에 대한 안목이 뛰어난 목석원木石苑 주인이 직접 나서서 만든 사진작가 홍정표의 흑백사진첩이 바로 그것을 웅변해준다. 목석원에 전시된 그의 사진을 보는 순간 저 깊숙한 곳에서부터 솟구쳐 오르는 어떤 강한 느낌에 압도되고 말았다. 제주도의 정서를 홍정표만큼 정확하게 찍은 사진을 나는 아직까지 본 적이 없다. 유별난 사진이어서가 아니다. 말하자면 누구나 찍을 수 있는 정확한 사진일 뿐이다. 그런데 그의 사진에서는 제주도가 살아 움직인다. 꾸밈없음이 오히려 사물의 참모습을 가장 잘 드러나게 한다.

돌하르방은 똑같이 생긴 것이라고 생각하겠지만, 지역마다 다르다. 서로 다른 모양새를 홍정표는 정확하게 잡아냈다. 정의와 대정 것은 몸집이 제주목 것에 비해 작지만 얼굴과 코가 유난히 크다. 머리에는 벙거지를 연상케 하는 모자가 씌워져 있다. 얼굴에 비하면 몸집이 작아 불균형하지만, 작고 조신해 보이고 편안하게 다가온다. 지금까지 우리 눈에 익은 돌하르방은 제주목 것이다. 기념품으로 나온 돌하르방은 대개 제주목 것을 닮았다. 정의와 대정의 귀여움이 넘치는 돌하르방 마스코트를 사고 싶은 데 획일적인 제주목 출신 것뿐이다.

그런데 돌하르방만이 제주읍성을 지켜주고 있는 것일까? 제주읍성에는 동문·서문 밖에 미륵이 각각 한 기씩 전해지고 있으니, 동자복과 서자복 미륵이다. 마을에서는 돌미륵, 미륵부처 등으로 부른다. 하나는 제주시 동쪽 건입동에, 다른 하나는 용담동 한두기(대용포구)에 있다. 미륵은 보개를 덮어쓰고 눈·코·입이 분명한 넉넉한 표정이다. 큼지막한 귀가 전형적인 미륵상임을 말해준다. 양손을 가운데로 모아 읍하고 투실한 몸체에 걸친 옷자락이 선명하게 드러난다. 용암으로 만들었을 뿐만 아니라 표정마저 돌하르방과 비슷한 인상이다.

동자복, 제주시 건입동

읍성이 조선 후기에 대폭 개축된 것으로 미루어 이때 새롭게 석상을 세운 것으로 보인다. 물론 제주도에만 읍성 수호물이 있었던 것은 아니다. 충청남도의 해미읍성은 동서남북으로 4기의 미륵이 지켜준다. 일반 장승과는 다소 다른 형태의 미륵석상이 서있어 흡사 제주읍성을 지켜주는 미륵불을 연상케 한다. 전라남도 강진 병영을 지키던 벅수같이 읍성 수호신으로 장승 모양의

돌하르방과 미륵, 제주시 삼성혈, 홍정표 사진첩

석상을 세우는 경우도 있다(아깝게도 이들 석상은 누군가 훔쳐갔다).

민속유산이 대개 그러하듯, 돌하르방의 기원에 관한 정확한 문헌은 남아 있지 않다. 그러나 확실한 것이 하나 있다. 돌하르방의 전체 수다. 제주목(제주시)에 21기, 대정고을에 12기, 정의고을에 12기, 경복궁 국립민속박물관에 2기(제주시에서 옮김), 모두 합해서 47기다.

원래는 48기였는데 1기는 소실됐다. 제주 3읍이었던 제주목·정의현·대정현에 집중적으로 분포되어 있고 주변 마을에는 없는 것으로 보아 읍성 수호신이었음이 분명하다. 정낭을 걸쳐놓았던 구멍이 있는 것으로 미루어보아 수문장 역할도 했음이 또한 분명하다.

제주가 도시화되면서 돌하르방의 위치에 많은 변화가 있었다. 제주대학교, 제주시청, KBS 제주총국 등지로 옮겨진 것이다. 심지어 관덕정과 삼성혈 입구의 돌하르방도 옛 위치 그대로가 아니다.

제주대학교 박물관에서 펴낸《제주시의 문화유적》의 한 대목을 재인용하여 돌하르방을 총정리해본다.

주민들의 돌하르방에 대한 생각을 보면, '문지기 노릇을 한다', '수위·방어의 노릇을 한다', '묘소의 동자석과 기능이 같다', '거오기(방사탑)를 촌락 동산에 세우는 것과 마찬가지로 방사防邪의 기능을 한다', '수호신 격이다', '주·현·청 소재지의 존엄성을 보이기 위한 것이다', '사기邪氣를 방지하고 축출하기 위한 것이다' 등등이다. 이런 생각 속에 돌하르방의 주술종교적 기능, 수호신적 기능, 위치 표지 및 금표적 기능이 다 들어 있으며, 육지부의 장승이나 거욱대의 변형으로 제주도 특유의 종교와 문화를 표현한 석상을 축조해낸 것이라 할 수 있겠다.

오늘날 제주도민에게 돌하르방은 단순한 읍성 수호신의 의미만 가진 게 아니다. 이제 돌하르방은 제주도의 문화 상징이자 자부심의 표식으로 여겨진다. 더구나 끊임없이 새로운 돌하르방이 만들어지고 있으니 잔존 문화가 아니라 여전히 살아 있는 문화다. 일생을 돌하르방만 다듬어온 장인도 여럿 있다.

돌하르방, 도깨질, 물질, 해녀, 지들커, 디들팡, 굴묵, 그늘케, 물구덕, 아기구덕, 대남피리, 집줄놓기, 용천수, 스당클굿, 고팡물림……. 이 토속적인 제주도 말에는 깊은 뜻이 숨어 있다. 예나 지금이나 제주도 곳곳에는 바람도 끊이지 않고 돌도 지천으로 널려 있다. 그 속에서 어느 갈라터진 촌로의 손으로 다듬은 돌하르방. 이런 속내를 사람들은 행여 헤아리기나 할 것인가.

똥돼지의

내력을

문는다

돼지상 탁본, 12지신상 중에서,
경주 김유신 묘

제주도가 아닌 남원에 똥돼지가?　　　　07

똥돼지는 글자 그대로 똥을 먹여 키우는 돼지다. 똥돼지 하면 누구나 제
주도를 연상한다. 그만큼 제주도에서 가장 널리 키워왔다. 그러니 사람들
은 당연히 제주도에서만 키웠으리라고 생각한다. 그러나 사실은 그렇지
않다.

　88고속도로에 몸을 싣고 광주에서 남원 방향으로 가다 보면 지리산 휴
게소가 나타난다. 휴게소에 차를 세워두고 좁은 샛길로 나가서 주민들이
다니는 굴다리를 통과해 5분여만 걸어가면 아곡리마을에 당도한다. 고속
도로가 지날 뿐 산골 마을이다.

　마을에 들어서면 집집마다 외양간과 돼지우리가 함께 독립채로 세워

진 유별난 건물이 눈에 들어온다. '2층 변소'라고도 부르는 그 건물의 계단을 올라가서 일을 보면 아래층에 있는 돼지가 달려와서 날름 받아먹는다. 돼지우리는 지극히 컴컴하다. 1층에는 창문이 열려 있어 밖에서 햇빛이 들어오게 만들었고, 외부에서도 돼지를 보게끔 되어 있다. 제주도 '통시'의 돼지우리는 운동장처럼 넓어서 돼지가 햇볕도 쬐고 운동도 할 수 있는데, 이곳은 지나치게 폐쇄적이다. 몇 집을 찾아가서 면담조사를 시작했다.

"똥돼지를 키우신다면서요?"
"똥돼지요? 그런 것 몰라요."
"아, 집집마다 2층 변소가 있잖아요."
"동네 망신이지. 그런 거 사라진 지 벌써 오래예요."

웬 동네 망신? 두 집을 들렀으나 모두 냉담한 반응이었다. 밭에서 감자를 캐던 할아버지를 만나서 이런저런 이야기 끝에 겨우 답을 얻었다. 실제로는 똥돼지를 키우면서 왜 이다지 냉담한 거부반응을 보일까? 할아버지의 설명으로는 똥을 먹여 돼지를 키우는 것은 사실이지만, 똥만 먹이지 않고 사료도 함께 먹이는 방식으로 바뀌었단다. 그리고 주민들이 막상 똥돼지마을로 소문나는 것을 싫어하는 분위기라고 덧붙여 설명했다.

이장의 허락을 받아서 20여 집을 일일이 다니며 변소의 실태를 점검했다. 개량변소로 신축한 집도 더러 있었으나 대개는 아니었다. 변소에는 모두 돼지가 살고 있었고, 별도로 분리된 독립 변소는 존재하지 않았다.

똥돼지를 키우는 2층 변소, 남원시 아영면 아곡리

변소 없이 생활할 수는 없는 일이 아닌가.

돼지우리와 변소가 같은 장소라는 것은 여러 가지로 확인됐다. 몇 집에서는 변소의 화장지가 돼지우리에서 발견됐다. 심지어 어느 집에서는 개량변소를 버젓이 만들어놓고도 재래식 변소를 없애지 않았다. 물론 재래식 변소에는 돼지가 살고 있었다.

《은자의 나라 한국》을 쓴 그리피스는 "조선 사람은 화장실 시설이 매우 불충분하다"라고 단언했다. 똥조차 '재활용'하던 우리식의 거름문화가 서양인에게는 불결하게만 보였을 것이다. 그리고 남원의 농민은 요즘에도 이렇게 똥으로 돼지를 키운다는 사실 때문에 남부끄럽다는 마음을 가졌을지도 모른다.

똥은 지저분하지만 똥돼지는 맛있다. 그러니 똥돼지는 계속 키우되, '지저분한 똥문화'는 공개할 수 없다. 그 마을 사람들은 현실의 경제적 이득과 심리적 위축감 사이에서 고민하다가 이렇게 '비공개 똥돼지 키우기'를 선택했으리라. 하지만 무엇이 남부끄럽다는 것일까?

똥은 돼지에게 영양가 높은 음식

현대인은 똥을 '지저분한 것'으로만 여긴다. 그러나 옛사람의 '똥 사랑'은 유별났다. 우리 농민에게 똥은 참으로 '황금'이었다. 똥은 농사짓는 황금 그 자체였다. 사람 똥, 쇠똥, 돼지 똥, 닭똥 가릴 것 없이 각각 용도에 맞게 퇴비를 만들어 논밭에 뿌렸다. 몸에서 나온 폐기물을 똥장군에 실어서 논밭으로 내가고, 논밭에서 거두어들인 식물을 먹고, 다시금 폐기물을 자연으로 되돌리는 자연계 순환, 이것이 과거의 방식이었다.

각각의 똥은 성분이 일정치 않다. 돼지 똥은 어디에 쓰이는가. 지리산 같은 산동네로 가보자. 산간 동네는 말할 것도 없이 밭농사 위주다. 제주도는 더 말할 게 있겠는가. 제주도의 논은 전체 경작지의 고작 1~2퍼센트를 넘지 못한다. 바람에 날리는 푸석푸석한 화산재투성이의 열악한 조건에서 곡식에 뿌리는 거름의 비중은 절대적이었다.

밭농사의 으뜸은 역시 보리였고, 비료가 없던 시절에 보리밭에는 돼지 똥이 최고였다. '쌀 세 말을 먹고 시집가는 처녀가 없다'는 말이 전해질 정도로 가난한 산골에서 돼지 똥은 보릿고개를 넘기게 해주는 밑거름이었던 셈이다.

민속학자 고광민은 제주도 서부 지역은 아예 보리 씨와 돼지거름을 섞어서 밭에 뿌리고, 동부에서는 돼지거름을 뿌린 후 밭을 갈고 나서 보리 씨를 뿌려 농사를 지었다고 말한다. 제주도는 밭이 절대적으로 많다. 따라서 가장 늦게까지 똥돼지가 남게 됐다는 설명이 가능해진다.

그런데 왜 하필 똥돼지인가? 똥은 돼지에게 가장 영양가가 높은 음식이다. 음식물이 우리 몸에서 흡수되는 비율은 극히 낮다고 한다. 몸은 그때그때 흡수할 수 있을 만큼만 받아들이고 나머지는 그대로 배출한다. 돼지로서는 아주 간단하게 고단백 종합 영양 식품

제주도 통시

을 받아먹게 된다.

돼지는 잡식성이라 사람이 먹던 음식찌꺼기도 잘 먹는다. 그러나 음식찌꺼기가 많이 나오는 것도 먹고살만해진 최근의 일이다. 사람이 먹을 식량조차 귀했던 시절에 돼지가 먹을 충분한 양의 음식찌꺼기를 매일 쏟아버릴 수 있었을까. 똥이 아니었다면 사료 부족으로 돼지는 아사할 판이었다. 마을의 개조차 사람의 똥에 의지했기 때문에 '똥개'라 부르지 않았던가.

돼지 사육 시의 사료 문제 해결, 처치 곤란한 똥 수거, 보리밭에 뿌려지는 돼지 똥, 이 셋이 결합돼 똥돼지문화가 자연스럽게 이루어졌다. 결국 똥 처리, 사료 조달, 비료 공급이라는 일거삼득, 일석삼조의 효과가 아닌가. 오늘날 생태 환경 문제가 나날이 심각해지면서 자연으로 되돌려주는 리사이클링의 중요성이 부쩍 주목받고 있다. 쓰레기를 재생하는 문제가 늘 제기되지만, 리사이클링은 되돌려주기 위해 또 다른 열량을 요구한다는 문제점을 지니고 있다. 그런 점에 비추어보면, 똥돼지문화는 어쩌면 가장 완벽한 리사이클링이란 생각이 든다.

허울 좋은 도덕청결주의

우리는 날마다 화장실에 간다. 예전에 화장실은 재래식이었지만 지금은 수세식이다. 과거에 비하면 오늘날 우리는 참으로 위생적이고 청결한 삶을 누린다. 하지만 불과 50여 년 전만 해도 서울 근교에서조차 밭에 똥을 뿌려 채소를 길렀다. 그래서 밭 근처를 지나가려면 그 '상서롭지 않은 냄새'에 코를 쥐고 재빨리 지나갔던 기억이 있다.

그러다가 수세식 화장실이 보급됐고, 똥은 그야말로 물에 씻겨 강물로 흘러들어갔다. 수세식이란 무엇인가? 글자 그대로 똥을 물로 씻어서 정화조를 거쳐 강물로 섞어 내보내는 것이다. 정화 시설을 거친다고 하더라도 환경오염 문제는 새삼 강조할 필요가 없을 것이다. 하지만 폐기물이 아니라 영원한 재생품이던 똥을 버림으로써 우리가 얻은 게 무엇인가.

청결을 금과옥조로 삼는 요즘 사람들은 똥돼지문화에서 거부감을 느낄 수도 있다. 그러나 우리의 똥은 수세식 변소를 거치는 순간부터 자연을 더럽히고 있다. 선조의 똥은 자연으로 되돌려져서 자연과 함께 소멸되고 먹을거리의 자양분이 됐다. 양자를 비교한다면 어떤 선택을 할 것인가? 무엇이 더 문명적이고, 무엇이 더 야만적인가? 적어도 우리 선조는 똥을 내버려 강물을 오염시키는 파렴치한 짓은 하지 않았다.

깨끗한 수세식 처리가 완벽한 해결책이 아니라 도리어 새로운 환경 훼손의 시작임을 안다면, 우리의 서구식 청결관은 '청결도덕주의'에 불과하다. 인류학자 클로드 레비스트로스는 그의 명저 《슬픈 열대》에서 서구 사회 자체가 하나의 부족적 편견에 사로잡혀 있다고 서술한다. 그는 현재 서구인의 발명과 업적을 중시하는 태도를 '과열된 혹은 움직이는 사회'라고 부르며, 종합적 재능과 인간적 교환의 가능성이 반복적으로 지속되는 사회를 '냉각된 또는 정적 사회'라고 했다. 과열된 사회는 확실히 '열역학적' 사회다. 그의 이론에 따르면, 우리 사회는 분명히 냉각된 사회에서 과열된 사회로 이동했다. 엄청난 에너지를 쓰기 시작했으며, 그 결과는 심각한 생태 환경 파괴로 나타났다.

어느 해 한국민속답사회 회원들과 함께 지리산 동남부의 산청 지방으로 답사를 갔다. 산청에는 전통 살림집이 잘 보존된 남사마을이 유명하다. 지방문화재로 지정된 옛 양반집에 들어갔다가 뒤뜰에서 깜짝 놀라고 말았다. 변소 형태는 2층으로 높게 올라가 있는데, 용무를 마치고 난 다음에 '물'은 흘러서 밖으로 나오게 설계돼 있다. 대리석으로 동그랗게 물이 고이도록 홈을 파놓았고, 그 안의 거름을 떠서 집안의 채마밭에 주게끔 되어 있다. 돈깨나 있는 양반집에서조차 이다지도 똥을 중시

산청 남사마을의 뒤뜰

했던 것이다. 어떻게 집안에 '더러운 시설'을 둘 수 있을까 하고 생각하는 사람이라면 반드시 남사마을을 방문하여 뒤뜰 구경을 할 일이다.

똥돼지문화권, 오키나와까지

돼지가 우리 선조의 생활에 늘 함께 있었음을 보여주는 자료는 역시 선사시대 출토품이다. 돼지 뼈가 다수 출토되어 돼지 사육의 역사가 선사시대로 올라감을 보여준다.《삼국지》〈위사〉'동이전 읍루挹婁'에는 이런 내용이 나온다.

> 그 지방의 기후는 추워서 부여보다 혹독하다. 그들은 돼지고기를 좋아하며, 그 고기는 먹고 가죽은 옷을 만들어 입는다. 겨울철에는 돼지기름을 몸에 바르는데, 그 두께를 몇 푼이나 되게 하여 바람과 추위를 막는다.

제주도에서도 돼지를 기른다고 했다. 장례식 때는 망자의 먹잇감으로 돼지고기를 관 위에 쌓아놓는다고도 했다. 주몽신화에도 알을 돼지우리에 집어던지는 이야기가 나온다.

돼지 기르기의 역사는 정착 생활과 더불어 시작됐을 것이다. 사람들은 본래 활엽수가 우거진 습윤한 숲에서 자라던 돼지를 잡아다 길들였다. 돼지는 넓은 잎 나무 수풀이나 습기 많은 골짜기에서 잡식성으로 생활하던 야생의 무리였다.

떠돌이 유목 생활에서 농경 정착 생활로의 변화는 가축 사육이 보편화되었음을 의미하며, 동시에 심각한 사료 문제를 불러왔다. 멕시코 같은 나라에서는 사료 문제를 해결하기 위해 지금도 돼지를 방목한다. 물이 풍부한 활엽수림에서 야생으로 자라던 습성을 이용하는 것이다. 그러나 우리처럼 고밀도의 집약 농법 사회에서는 돼지를 방목할 처지가 못 된다. 사료 문제가 일어난 것은 당연한 일. 그래서 잡식성 동물인 돼지는 사람의 똥을 먹기에 이르렀다.

돼지 사육과 사료 문제는 밀접한 관계가 있다. 돼지고기를 금기 식품으로까지 만들게 된 원인도 거기서 찾을 수 있다. 이슬람교도가 돼지고기를 먹지 않는 것, 인류학자 마빈 해리스는 그 원인을 자연 환경이 변하면서 사료가 불충분해진 데서 찾았다.

원래 중동 지역은 지금 같은 사막이 아니었다. 활엽수림이 울창한 지대에서 돼지는 부족하지 않은 물을 바탕으로 폭넓게 분포됐다. 그러나 숲이 사라지고 사막화가 급속히 진전됐다. 숲이 파괴되면서 돼지가 급격하게 줄었다. 그 바람에 돼지고기를 예전처럼 쉽게 먹을 수 없게 됐다. 단백질을 쟁취하기 위해 싸움이 심각하게 벌어졌을 때, 종교적 금기가 하나의 해결책으로 제시됐다. 돼지고기를 먹는 행위 자체를 종교적 금기로 묶어 버림으로써 돼지고기를 둘러싼 갈등의 소지를 없앤 것이다.

종교적 금기로 묶어버린 이슬람교도와 달리 우리 선조는 돼지에게 똥을 먹임으로써 사료 문제의 심각한 위기를 아주 자연스럽게 돌파해 나간 것으로 보인다. 그러나 여전히 의문은 남는다. 보리농사를 많이 짓는 산간 지대는 그렇다 치고, 논농사를 많이 짓는 평야 지대에서는 왜 똥돼지문화의 사례가 하나도 없을까? 평야 지대에서도 이모작을 하며 보리농사와 벼농사를 병행했으니 똥돼지가 있어야 논리적으로 맞는 것이 아닌가.

평야 지대에 똥돼지문화가 없는 것을 편의적으로 해석할 수는 있을 것

똥돼지, 성읍민속마을

같다. 산간 지대에서는 전적으로 보리농사를 짓기 때문에 똥돼지가 필요했지만, 평야 지대에는 보리농사가 보조적이므로 똥돼지문화가 덜 발전했다고. 그러나 그것만으로는 불충분한 것 같다. 해답은 오히려 가축 사육의 지역적 차이에서 주어질 듯하다. 돼지 사육은 대체로 평야 지대보다는 산간 지방에서 많았던 것으로 보인다. 바로 이 점이 산간 지방에 똥돼지문화가 집중되는 원인이었을 것이다.

현재는 남원 같은 지역에 일부 남아 있으나 예전에는 전국이 똥돼지를 키웠을 가능성도 배제할 수 없다. 그러다가 일정한 시점에 서서히 똥돼지문화가 사라지고, 남쪽에서도 극히 일부에만 잔존하게 된 것이 아닌가 한다. 현재 본토에서의 똥돼지문화는 일단 남원에서 발견된 것 외에는 아직 확인되지 않았다. 똥돼지 하면 역시 제주도다. 그렇다면 인근 다른 나라에는 똥돼지가 없을까?

제주도와 문화적 친연성이 깊은 오키나와부터 살펴보니 예외 없이 똥돼지가 발견된다. 오키나와 똥돼지도 돼지가 마당에 나와서 노는 제주도식 '통시'로 양자 간의 친연성이 너무도 뚜렷하다. 한반도 육지에서 제주도, 오키나와에 걸친 똥돼지문화권이 확인되는 셈이다. 그렇다면 똥돼지문화는 남쪽 해양문화였을까?

그렇게 단정하기는 곤란한 것 같다. 변소 밑에서 돼지를 기르는 모습의 중국 후한시대 출토품이 전해진다. 미루어보건대, 과거에는 동아시아 전역에 똥돼지가 퍼져 있었을지도 모른다. 똥돼지문화가 소멸하면서 외부와 격리된 일부 섬 지역에만 흔적을 남긴 것으로 여겨진다. 예전에는 오지에 지나지 않았던 제주도와 오키나와에 똥돼지문화가 남아있는 이유도 거기에 있을 성싶다.

서양 돼지는 똥돼지가 될
자격이 없다

세계적으로 돼지 종류는 1000여 종이 있다. 우리나라에도 요크셔, 바크셔를 비롯한 외래종 돼지가 침투하여 토종을 몰아내는 데 99.99퍼센트 이상 성공했다. 토종 돼지는 흑색으로 체질이 강건할 뿐더러 질병에 잘 견디는 장점이 있는데도 거세됐다. 그 이유는 돼지가 육용으로 보급되면서 몸집이 큰 외래종만 키웠기 때문이다. 또 토종 돼지는 주로 산간 지방에서 많이 사육됐다. 똥돼지를 찾아다니다가 나는 엉뚱한 생각을 해보았다.

똥돼지는 몸집이 작고 주둥이가 긴 토종 검정돼지다. 남원은 물론이고 제주도 똥돼지도 모두 그렇다. 그런데 서양 돼지도 똥을 먹여 키울 수 있을까? 안타깝게도 실험을 해보지는 못했다. 하지만 체질상 불가능할 것 같다. 오래도록 똥만 먹인다면 틀림없이 그 체구를 유지할 영양분이 부족해져 틀림없이 병이 날 것이다.

똥돼지가 토종 돼지뿐인 것은 단순한 우연만이 아니다. 토종 돼지는 상당히 오랜 세월 동안 사람의 똥에 익숙해졌고 먹이량이 적다. 아니, 어쩌면 이런 적응 과정에서 체질이 변했는지도 모른다. 토종은 이 땅의 사람은 물론이고, 우리의 배설물과도 친숙한 셈이다. 그래서 신토불이론이 등장한 것이리라.

우리에게 돼지는 매우 가까운 동물이다. 돼지가 신이 된 적은 없어도, 우리는 늘 고사상에 돼지머리를 올렸다. 웃는 듯한 모습의 돼지머리는 복을 주는 인상이다. 소와 더불어 돼지는 조상이나 신에게 올리는 희생양의 으뜸이었다. 황해도굿에 생타살과 익은 타살이 있거니와, 산 돼지를 칼로 얼러서 혼을 빼고 무릎을 꿇게 하는 타살거리가 그것이다. 타살거리는 바로 수렵시대의 잔흔을 보여주는 가장 강력한 예다.

우리가 돼지를 대하는 태도는 참으로 양면적이다. '돼지에 진주 던져주기', '돼지발톱에 봉숭아 물 들이기', '돼지우리에 주석 자물쇠'와 같이 격에 어울리지 않음의 대표처럼 거론하기도 하고, '돼지같이 생겼다'거나 '돼지 오줌통에 몰아넣은 이 같다'처럼 극도로 못생긴 사람에 비유하기도 한다. 반면 긍정적으로는 '복돼지 같다', '돼지같이 먹는다'와 같이 풍요와 다복함을 상징하기도 한다. 《동국세시기》를 보면, 새해 벽두의 돼지날인 상해일上亥日에 돼지주머니를 신하에게 나누어주어 풍농을 염원하는 대목이 나온다.

토종이야말로 우리네 토양에 맞아 병도 없고 기르기도 편하다. 한데 오로지 양과 크기만을 생각하는 우리의 잘못된 가치관이 토종을 밀어냈다. 양과 크기라는 상품경제의 '슈퍼 콤플렉스' 논리가 이 아담하게 생긴 토종을 밀어냈다. 그나마 참으로 다행한 일이 하나 있으니, 지금도 마을굿에서 토종 돼지만을 올리는 곳이 꽤 있다. 마을굿 제물로 검정돼지만을 고집하는 걸 보면 토종의 신에게 차마 서양 돼지를 올릴 수 없다는 단호한 결의를 보는 것 같다.

논의를 마무리하기 전에 똥돼지의 맛을 예찬하련다. 똥돼지고기는 사람의 몸에서 배출된 똥을 먹어서인지 맛이 정말 좋다. 담백하고 고소한 맛이 그만이다. 사료를 먹여 키운 돼지에게서 항생제가 발견되고, 그 항생제가 그대로 사람의 몸에 축적된다는 것은 새삼스러운 일이 아니다. 그래서 백화점에서도 '무공해 돼지고기'를 일반 돼지고기와 엄격히 구분하여 비싼 값에 파는 것이 아닌가.

남원이나 제주도에서도 아는 사람은 똥돼지만 찾는다고 한다. 혼례식 같은 잔치가 있는 집은 아예 똥돼지를 한 마리 주문하여 잔칫상에 내놓는다. 1990년대에는 드물던 똥돼지집이 21세기 들어와 전국 곳곳에 생겨났다. 놀라운 변화인데 차마 '똥돼지'라 못 부르고 '흑돼지' 따위로 부르고 있다. 아무쪼록 곳곳에서 똥돼지를 다시 키우고 전국에 보급할 일이다! 그래서 중국의 연잎 돼지요리나 서양의 바비큐 요리를 능가하는 요리를 개발할 일이다. 그것이 우리 것을 살리고 우리 국토를 깨끗하게 하는 길이자, 선조의 자연관을 잇는 길이 아니겠는가.

매향의

비밀문서를

찾아라

매향비 탁본, 장흥군 덕암리

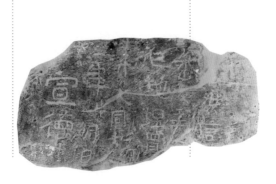

삼일포 매향비는 어디에

1309년(고려 충선왕 1), 금강산 삼일포에 강릉도 존무사存撫使(관찰사) 김천호를 비롯하여 강릉부사 박홍수, 판관 김관보 등 동해안 일대의 지방관리가 승려 지여志如와 함께 모였다. 의관 정제하고 먼 길 마다않고 식전부터 모인 것을 보면 필경 무슨 곡절이 있을 법했다.

석수장이 하나가 지게에 비문 하나를 지고서 일행 앞으로 다가왔다. 김천호는 아무 말 없이 넌지시 배를 가리켰다. 비문이 먼저 배에 실렸다. 그리고 김천호를 비롯하여 박홍수 등이 차례로 배에 올랐다.

다행히 날씨는 좋았다. 지여가 날 하나는 참으로 잘 잡았다고 너털웃음을 터뜨렸으나 좌중은 묵묵부답. 아무도 응답할 분위기는 아닌 모양이다. 배는 삼일포를 향해 나아갔다.

"단서암丹書岩에 배를 대게."

김천호는 단호히 말했다. 삼일포 호수 안에 있는 네 개의 섬 중에서 단서암을 택한 것이다. 그가 단서암을 선택한 이유는 남달랐다.

단서암에는 신라 화랑이 삼일포를 다녀간 기념으로 썼다는, '술랑 일행이 남석을 다녀가다述郎徒南石行'라는 여섯 글자가 남아 있음을 그는 잘 알고 있었다. 예로부터 미륵의 당래하생當來下生을 서원하면서 은밀하게 찾아들던 비밀스러운 곳임도 잘 알고 있었다. 그러한 곳이기에 지게에 지고 온 매향비埋香碑를 세우기에는 안성맞춤이었다. '호수가 가로막고 미륵도가 성스럽게 여기는 곳이니, 누군들 이 매향비를 함부로 옮기지는 못하리라'하면서.

이것은 일제강점기 삼일포에서 발견된 삼일포 매향비의 40행, 369자를 풀어서 매향비 세우던 광경을 추리해본 것이다. 당시 강원도의 포구마다 향나무를 베어 물속에 넣은 뒤 그 증표로 삼일포에 매향비를 세웠다. 매향비가 건립된 1309년으로부터 40년이 지난 1349년 가을, 이곡이 그 삼일포를 다시 찾았다. 작가 이곡은《동문선東文選》에 전해지는 〈동유기東遊記〉에 이렇게 썼다.

초 4일에 일찍 일어나 삼일포에 이르렀다. 포는 성북城北 5리쯤에 있는데, 배에 올라 서남쪽 조그만 섬에 이르니, 덩글한 큰 돌이 있다. 그 꼭대기에 돌벽장이 있고, 그 안에 석불이 있으니, 세칭 미륵당이다.

삼일포, 금강사군첩, 김홍도, 개인 소장

이로 미루어보아 이곡이 찾아갔을 당시에는 매향비뿐 아니라 석불도 있고 미륵당도 있어 이곳이 미륵신앙의 메카였음이 틀림없다. 그 뒤로도 매향비를 직접 보았다는 기록은 곳곳에 남아 있다.

배를 옮겨대고 사선정 남쪽의 작은 바위봉우리에 오르니 짤막한 갈碣이 있는데 마멸되어 글자를 볼 수가 없었다. 이를 세상에서 전하기를 '미륵 매향비'라고 한다.

조선 후기의 학자 농암 김창협이 1671년 여름에 금강산에 갔다가 삼일포에서 배를 타고 호수의 섬에 들러 남긴 글이다. 박종이 1767년 경주 구경을 떠났다가 삼일포에도 들러서 쓴 기록인 〈동경유록東京遊錄〉에도 침향비沈香碑라고 하여 향을 묻었음을 분명히 하고 있다.

단서암에 올라 침향비를 보고는 배를 타고 오른쪽 언덕에 이르러 걸어서 솔숲을 빠져나와 돌아보니, 중은 노를 저어 돌아가고 있는데 풍경이 한적하기로는 그만이다.

이처럼 삼일포 매향비는 후대인의 인구에 회자되던 비석이었고, 조선 사람만 해도 누구나 매향이 무엇을 뜻하는지 알고 있었다. 근대에 와서는 위당 정인보가 금강산을 다녀오며 기술한 증언이 있다(〈조선일보〉, 1933년 8월 3일~9월 7일 연재).

관동 해안에 향 묻은 곳이 많으니 이는 불사佛事라, 미륵하생할 때 같이 용화회龍華會(미래 세계에 용화수 밑에서 미륵불이 설법하기 위해 갖는 법회)에 나게 해달라는 발원이라 한다. 호수 위에 매향비가 있었으므로 근재謹齋의 단갈사제斷碣沙際의 시어가 이를 이름이다.

매향비가 세워지던 충선왕 원년이면 고려가 저물어가던 때가 아닌가. 숫처녀와 내시를 바치라는 등 원나라의 횡포가 자못 극심했고, 불교의 타락상도 극에 달해 있었다. 당대 불교가 보여준 그릇된 행실을 새삼 탓해서 무엇 하랴. 그러한 시대에 동해 변방에서 지방관리에 의해 매향 의례가 대대적으로 이루어졌다는 사실은 무엇을 의미하겠는가? 당시 민중의 염원을 형식적이나마 풀어주려는 노력의 하나가 아니었을까.

삼일포 매향비는 1926년 후지다 료사쿠藤田亮策에 의해 학계에 소개됐다. 그런데 그 뒤 막상 매향비는 간 곳 없이 사라지고 말았다. 단지 그가 탁본한 비문만이 전해질 따름이다. 어떤 경로로 이 매향비가 사라졌는지는 알려진 게 없다. 높이 60센티미터, 가로 30센티미터, 세로 23센티미터에 불과한 작은 비였으니 집어가려고 마음만 먹는다면야 손쉬운 일이었을 것이다. 언젠가 통일이 됐을 때 모두 함께 그 섬으로 가서 옛일을 되새기며 용화회를 기다리던 당대 민중의 서원이나마 느껴볼 일이다.

침향의 비밀

이렇듯 수많은 사람의 비밀스러운 서원이 담겨 있는 매향비란 무엇일까? 매향비란 글자 그대로, 향을 묻고 미륵이 오기를 기원하면서 세운 비문이다. 아마 대부분은 매향비를 직접 본 일이 거의 없을 것이다. 그만큼 오늘날에는 일부 전문가에게나 알려진 비문이다.

'우리나라 불교사의 수수께끼? 바위에 글씨로 새겨진 비밀문서? 미륵

세상을 찾아가는 해법?' 이 모든 의문의 열쇠가 매향비에 있다고 나는 확신한다. 나라가 좁다 보니 비밀스러운 것이 별반 없는데, 매향비는 우리의 지적 호기심과 궁금증을 더해주는 탐구 대상이 아니겠는가.

매향비문을 보고 조금만 주의를 기울여 현장을 찾아 나선다면 실로 놀라운 사실을 알게 된다. 삼일포 매향비문에는 삼척현 맹방촌孟方村에 향나무 150주를 심었다는 기록이 있다. 맹방촌은 오늘의 동해안 맹방해수욕장에 해당하며, 산봉우리가 아름답게 솟고 백사장이 좋아 예로부터 명승지로 알려진 곳이다. 삼일포 매향비에서 지적한 맹방에 가면 지금도 매향 의례에 대한 촌로의 증언을 들을 수 있다. 그야말로 '전설'처럼 전해지는 이야기다.

지금까지 매향비는 모두 바닷가에서 발견됐다. 다년간 매향 의례를 연구해온 역사학자 이해준에게 자문을 구했다. 그는 예의 말투로 이렇게 되물었다.

"주 선생, 기지시줄다리기 알지?"

"느닷없이 웬 기지시?"

"기지시줄다리기에서 비녀목을 매년 물에 담가두었다가 쓰는 이유를 알겠어? 그게 바로 침향沈香을 재활용한 것이여."

바닷물이나 갯벌에 오랜 세월 향나무를 담가서 침향이 되면 강철같이 단단해져서 두드리면 쇳소리가 난다. 기지시줄다리기에서 해마다 비녀목을 수령에 담가두었다가 꺼내 쓰는 이유도 같은 이치다. 수천 명이 줄을 당겨도 암줄과 수줄을 이어주는 비녀목이 부러지는 일은 없었다.

향 자체의 비밀부터 살펴볼 필요가 있다. 사찰에서 피우는 향은 늘 그

매향 의례가 있던 맹방. 민물과 짠물이 합해지는 곳이다

을음이 생기므로 해마다 불상을 닦아주어야 한다. 그러나 침향은 그을음이 없어 귀하게 친다. 침향은 약재로도 쓰인다. 부적에 영험이 있다고 믿듯이, 어떤 과학성보다는 침향 성분의 신성성에 기대어 고급 약재로 인정됐던 것 같다.

침향이 얼마나 소중한 것이었는지는 사리함에서 잘 드러난다. 겉은 금동으로 감쌌고 안에는 옥함을 두었다. 그리고 옥함을 열어 사리와 직접 닿는 부분은 침향으로 만들었다. 명품이라고 할 만한 목재 불상 중에도 그 딱딱한 침향을 파서 조각한 것이 다수 있다. 침향을 예사롭지 않게 대하는 옛사람의 경외심이 배어나온다.

갯벌에 묻어둔 향목은 침향이 되면 물 위로 떠오른다고 한다. 이무기가 천년이 되면 용이 되어 승천하듯이, 단순한 향목도 침향이 되면 '승천'한다. 미륵하생을 기다리는 민중에게 침향의 상승은 바로 새로운 세상의 떠오름 같은 것이 아니었을까. 매향비는 강물과 바닷물이 합수하는 갯고랑에서 미륵을 기다리며 집단적으로 서원하던 당대 민중의 장엄, 그 자체를 웅변해준다. 그렇지만 침향만 가지고는 '왜 바닷가의 민중이 주로 매향을 했을까?' 하는 질문에 대한 '충분한' 설명은 되지 못한다. 또 다른 이유가 있었을까?

매향비에 담긴 민중의 염원

서해 당진 땅 안국사지에는 거대한 배바위가 있는데, 그 바위 주변에 향을 묻었다는 기록이 발견됐다. 당진에서 조금 내려온 서산 해미읍성에서도 1427년(세종 9) 지역민이 주동이 되어 미륵당래彌勒當來를 기원했음이 새겨진 해미 매향비가 발견됐다. 고창 선운사 일대에도 매향처가 있는데, 비는 발견되지 않았지만 갯벌 속에서 향나무가 나왔다고 한다. 마침 이곳 출신 서정주 시인은 〈천년을 가늠한 간절한 소원-선운사 침향〉이라는 짧은 글에서 이렇게 말했다.

산골을 흘러내리는 육수가 바다에서 산협을 기어 올라오는 조수와 만나는 언저리에 굵직굵직한 참나무 토막을 집어넣어 가라앉혀 두면 그게 침향이 된다는 것인데, 시간으로는 이건 몇 년이나 몇십 년 동안에 그 향의 구실을 할 수 있게 되는 게 아니라, 적어도 200~300년, 길게는 천년 넘게 집어넣어 두어야만 향이 된다고 하니, 이것을 여기 집어넣던 이들은 자기가 살아서는 물론, 자기 아들이나 손자에게 꺼내 쓰게 하려고 이걸 이런 데 물속에 집어넣어 둔 것은 절대로 아니다. – 〈조선일보〉, 1977년 7월 16일

실제로 인천강에서 건진 향목을 구해다가 선운사 대법회 때 사용했다고도 한다. 바로 그 인천강은 이름난 풍천장어가 살던 곳이다. 전국에 이름을 떨치던 풍천장어는 사라지고 없으나, 그 옛날 풍천장어는 침향 된 향나무에서 뿜어내는 향내를 맡으며 자랐으니 남다른 향미를 가졌던 것일까.

고창 바로 밑인 영광의 법성포에서도 매향비가 발견됐다. 더 밑으로 내려가 월출산이 바라보이는 영암군의 엄길리에 가면 쇠바위라 부르는 작은 바위산이 들판에 우뚝 솟아 있다. 우뚝한 바위들이 봉우리를 이루는데, 바위 형태가

인천 강가의 갯벌에서
건져올린 침향목

흡사 여성의 그것처럼 옴폭 들어갔고 그 가운데서 나무가 웃자라는 중이다. 바위가 갈라진 틈새로 덤불이 우거져서 접근을 가로막고 있다. 600년이 넘는 세월 동안 잘 보존돼온 연유를 그제야 깨달았다. 막상 육안으로 보면 쉽게 보이지 않으나 탁본 결과 암벽의 한쪽 벽에 총 18행 129자가 음각돼 있음이 확인됐다. 1344년(고려 충목왕 1)의 기록이다.

해남의 맹진 바닷가에 이르면 예로부터 보물 내력을 담은 글자바위가 있다고 믿어온 만대산이 나타난다. 두 개의 거대한 바위로 글자바위인데, 바위틈으로 겨우 들어가면 서쪽 벽면에 희미한 글자가 나타난다. 하찮은 전설일지라도 유의만 하면 매향비를 찾을 수 있음을 잘 보여준 사례다.

남해 장흥 땅의 삼십포가 바라보이는 언덕배기에 세워진 장흥 매향비(1434)는 가로, 세로, 높이 각 4미터 정도의 정사각형 바위에 "천인이 같이 서원하여 향을 묻었다(宣德 九年 月 日 千人同願 已地埋置 香徒主洪信)"라는 비문이 적혀 있다. 대단히 서투르고 엉성한 글씨, 지식인이 세운 것이 아니라는 증거다. 신안 앞바다 암태도에서도 매향비(1405)가 속속 발견됐다. 목포대학

매향비 탁영, 영암군 엄길리

교 암태도 학술조사단이 비석거리라 불리는 개활지에서 발견한 것이다.

경상도로 접어들어 남해고속도로 부근의 사천시 곤양면 흥사리에 가면 1970년대에 일찍이 발견된 사천 매향비가 있다. 고려 말인 1387년(우왕 13) 사천의 지방민 4100여 명이 모여 세웠다. 당시 인구수에 비하면 대단한 숫자다. 수천 명이 갯고랑에 모여서 미륵하생을 서원하는 모습을 상상해보라. 그 의례의 장엄함이라니.

이렇게 동해안만이 아니라 서·남해안에서도 매향비는 그 모습을 드러낸다. 전국의 해안 곳곳에서는 매향 의례가 있었다는 말이다. 매향은 대체로 말단 지방사회를 단위로, 발원자가 느끼는 현실적 위기감을 반영한 민간신앙 형태에서 나왔다는 점으로 보면 어떤 시대적 위기감이나 전환기에 처한 지방민의 동향 그 자체였다. 심리적 불안감에서 나온 집단적 제의 그리고 새 세상에 대한 염원이 투영된 것이다.

중앙권력이 덜 미치는 바닷가 주민은 늘 왜구의 노략질에 시달렸다. 불안정한 시대일수록 더욱 그러했다. 이런 어수선한 세월에 평화와 안녕을 담은 절절한 염원을 미륵불에 의탁해 집단적으로 서원했다. 여기에 용화세계를 꿈꾸던 미륵도의 비밀결사 의례가 결합하여 기존의 세계와 질서에 대한 변혁 의지까지 담았다. 말단 지방 수령조차 이 대열에 참여한 것은 그런 민중의 요구가 광범위했음을 반영한다. 무엇보다 현존 매향비의 반 이상이 고려 말, 조선 초에 만들어진 것임을 주목해야 한다.

그러나 여전히 풀리지 않는 숙제가 남아 있다. 매향비는 흡사 해적이 남긴 '보물지도'처럼 미륵신앙이나 밀교의 비밀과 맞닿아 있다. 사천 매향비를 제외하고는 비문의 글자가 워낙 소략하여 전모를 알기 어려운데다 왜 하필 매향으로 그 집단적 염원을 담았을까 하는 점이다.

팔금도의 매향비를 지명수배하며

매향비 자료를 이리저리 구하다가 문헌 하나를 찾게 됐다. 《조선왕조실록》〈세종실록〉 1422년(세종 4) 2월 29일 자 기사에는 침향을 찾는 사건이 기록돼 있다. 내용은 다음과 같다.

　태상왕이 성균 직강直講 권극화를 보내어 나주의 팔흠도八歆島에서 침향을 캐게 하다. 이보다 먼저 극화가 나주군수로 재임 시에 염분을 살피기 위해 팔흠도에 이르렀다. 자그마한 비가 풀 속에 있어 비명에 대체로 이르기를 "통화統和 20년 중과 속인의 향도 300여 인이 침수향沈水香을 만드는 일로 충현衝見 정남방 100보 지점에 있었는데, 그 기간은 100년까지"라고 했다. 극화가 그런 내용의 글을 써서 올렸으므로 사람을 보냈더니, 마침내 찾지 못하고 돌아오다.

　요나라 연호인 통화 20년이면 1002년이며, 고려조로 따지면 익종 5년이다. 팔흠도는 지금의 신안군 팔금도를 말하는데, 신안 앞바다에서 중과 속인 향도 300명이 무리 지어 침향 의례를 행했다는 것이다. 권극화는 1422년보다 이른 시기에 나주군수를 지낼 적에 매향비를 발견했으니, 약 400년 뒤에 매향비가 풀 속에서 발견된 셈이다.

　그렇다면 현재까지 발견된 여러 매향비가 제시하는 연도보다 훨씬 앞

사천군 곤양면 흥사리
해남군 마산면 맹진리,
매향비

필자가 행한 매향 의식, 새만금 망해사 앞바다, 1997

선 시기인 1000년대에 이미 매향 의례가 있었다는 결론인데, 문헌상으로는 가장 앞선 시기가 아닌가 한다. 호남 일대의 지방관인 권극화가 직접 매향비를 발견했다고 하니, 〈세종실록〉의 기록은 상당히 신빙성이 높다고 하겠다. 하지만 이 매향비는 이제껏 찾지 못하고 있다. 지금 팔금도에

간다고 하여 이 매향비를 찾을 수 있을 것 같지는 않다. 그러나 그 비문이 누군가의 손에 의해 파괴되지만 않았다면 섬 어딘가에 여전히 숨겨져 있을 것이다. 누구든지 팔금도에 갈 일이 있으면 부디 매향비를 찾아보길!

미륵에 의탁해 새로운 시대를 갈망하던 민중에게 삶의 증거물인 이들 금석문은 얼마나 오랜 세월을 기다렸다가 전체상을 보여줄지는 아무도 모른다. 곳곳에 숨어 있던 매향이 그야말로 '말법시대'가 끝나고 새로운 미륵불시대가 오면 그 비밀스러운 자태를 드러낼까. 이제 우리도 매향비에 우리의 지적 호기심을 쏟아 부어야 할 것 같다. 그리고 바닷가에 가서 글자가 쓰인 비문을 발견하면 누구든 유심히 살펴볼 일이다.

모
정
과
누
정,

노
동
과
관
음

광안전, 해미 남성

유유자적한 '관음'의 문화, 누정

찜통더위가 계속되면 누구나 탈출을 꿈꾼다. 바람 솔솔 불어오는 마룻바닥에 누워 뭉게구름을 바라보는 나른한 오수의 한때……. 이는 모든 도시인이 꿈꾸는 바가 아닌가. 대뜸 원두막에서의 한가로운 피서를 연상할지 모르나 원두막은 임시 가건물에 지나지 않는다. 오랜 옛날부터 한여름 '피서지'로 정평이 난 곳, 모정茅亭과 누정樓亭으로 떠나자.

모정은 농민이 한여름 더위를 피해서 잠시 휴식을 취하기 위해 사용하는, 방이 딸리지 않고 마루뿐인 마을 건물이다. 글자 그대로 초가를 얹은 소박한 정자로, 농민의 휴식처이자 집회소다. 그 반면에 누정은 누각樓閣과 정자亭子에서 '누'와 '정'을 따온, 말 그대로 정자식 건물이다. 쌓아올린대臺 위에 세운 건물을 누각이라 한다면, 누정은 밑에 대가 없다고 설명할 수 있다.

한 시대를 들여다볼 때 두 가지 병렬적인 문화 현상에서 당대의 문화 구조를 총체적으로 읽어낼 수 있다면 그것은 바로 모정과 누정이다. 양자를 대비하면, 같은 시대에 어쩌면 그렇게 다른 문화가 병존하고 있는지 놀란다. 신분 구조는 물론이고 삶의 태도, 일상적 관습, 신분에 걸맞은 예우 같은 중세 사회 풍속사 자체가 모정과 누정을 통해 온통 드러난다. 물론 이 둘은 요즘처럼 돈만 있으면 누구나 자기 식으로 혼자만의 별장을 짓고 사는 행태와는 차원이 다르다. 집단적이고 공동체적인 문화의 소산이다.

앞강에 안개 걷고 뒷산에 해 비친다
배 띄워라 배 띄워라
썰물은 물러가고 밀물이 밀려온다
찌거덩 찌거덩 어야차
강촌의 온갖 꽃 먼빛이 더욱 좋다

윤선도의 〈어부사시사〉 '춘사春詞'의 첫 구절이다. 고산은 탐라로 향하던 중에 해남에서 남쪽으로 70리 길, 기암절벽과 동백꽃이 어우러진 보길도에 매혹돼 그곳에 그대로 자리를 잡았다. 그리고 그의 가장 중요한 작품 여럿을 보길도에서 완성했다. 그가 남긴 걸작을 꼽으라면 대개 시문을 드는데, 나는 반드시 그렇게만 생각하지 않는다. 그의 시문학이 거둔 높

세연정, 보길도 부용동

은 격조를 폄하할 뜻에서가 아니다. 고산이 심혈을 기울여 만든 '순전한 조선식 정원'인 부용동이야말로 조선시대 선비문화의 걸작이라는 점에서 그렇다.

마치 연꽃봉오리가 터져 피는 듯한 지형 때문에 부용이라 이름 붙였다는 부용동. 소나무·대나무를 심고, 연못을 파고 세연정洗然亭을 세웠으니 파도 소리와 솔바람에 세상의 풍진을 씻음이 아니던가. 무엇보다 부용동

제일의 절승은 '동천석실'이다. 누정을 세웠던 동천석실의 아슬아슬한 절벽 위에서 굽어보면 보길도를 둘러싼 녹빛 남해가 늘 안개 속에 잠겨 있고, 비껴가는 구름 속으로 섬이 드문드문 수줍은 듯 모습을 드러낸다. 이런 절경 속에 서면 시문이 절로 나올 것만 같다.

회사정, 영암군 구림마을, 1654

은둔거사를 자처했는데도 윤씨 가문의 권력과 재력을 바탕으로 유유자적하며 여생을 마칠 수 있었던 고산이기에 남해 오지에 이 같은 문화를 창조할 수 있었다. 누정문화는 선비만의 전매특권이었으니 그 신분적 특권의 상징이기도 했다.

일시에 많은 누정을 보고자 한다면 월출산 쪽으로 가보길 권한다. 월출산 서쪽의 구림촌鳩林村은 신라 때부터 이름난 촌락이다. 워낙 문화유적이 많은 곳이라 동네 전체가 '살아 있는 박물관'이며 '누정의 보고'다. 솔밭과 대숲 사이에 정자 열 개, 서원·사우祠宇 다섯 개, 우산각 일곱 개가 있다. 구림동을 구성하는 열두 동네는 간죽정間竹亭, 총취정叢聚亭, 죽림정竹林亭, 쌍취정雙醉亭 같은 누정을 중심으로 자리 잡고 있다.

구림동의 으뜸 누정인 회사정會社亭은 1646년부터 무려 8년여에 걸쳐

완공됐다. 우리나라 대동계의 으뜸으로 꼽히는 구림대동계의 모임 터이자 모든 정치·경제·문화의 토론 중심지였다. "나막신으로 벼를 모아서 상부상조의 자산으로 삼았다"라고 하니 공동체문화의 중심이기도 했다. 17세기의 선비 조행립은 시에 이르되, "복사꽃과 오얏꽃이 단정하고 물이 끼고 도는 마을에 우뚝 솟은 고각이 중장하구나"라고 했으니 지금의 웅장한 건물에서도 그대로 확인된다.

　이 같은 것을 일러서 누정이라고 불러왔다. 이들 누정은 단순하게 선비의 휴식처만은 아니었으니, 당대 양반층의 '종합문화센터'였다고나 할까.

양반 남성만을 위한 문화센터

조선시대 《신증동국여지승람》에 기록된 것만 꼽아도 885개소에 이를 정도로 누정은 전국 곳곳에 있었다. 관직에서 물러난 사대부가 누정을 경영했고, 지방관도 행정의 권위나 자신의 치적을 내세우기 위해서 누정을 세웠다. 조선 후기에는 동성마을이 번창하면서 '뼈대 있는 가문'임을 과시하기 위해 자못 경쟁적으로 누정을 세우기도 했다. 시쳇말로 빼어난 명승지에 누정을 세우지 못하면 못난 동네 취급을 받았다.

　진주 촉석루, 부여 백화정, 울진 망양정, 밀양 영남루, 안주 백상루, 함안 와룡정, 담양 소쇄원의 대봉대, 간성 청간정 그리고 대표적인 궁궐 누정인 창덕궁 부용정……. 일일이 꼽을 수 없이 많은 누정, 그 뛰어난 경관과 신분사회에서의 사회적 기능을 연상해보라! 향촌사회의 사대부와 관리

평해 월송정, 삼척 죽서루, 통천 총석정, 강릉 경포대,
관동팔경도, 작자 미상

通川
叢石亭

江陵
鏡浦臺

가 모여서 친교를 도모하고 당대의 경세經世를 토론으로 펼친다는 긍정
적인 면이 있는가 하면, 소수의 특권층만이 음풍농월로 세월을 보냈다는
비판도 따른다. 어쨌든 누정은 가히 전국적인 규모로 정착했다.

자연과 조화를 이루면서 그대로 녹아드는 누정의 건축양식이나 위치
를 보면 자연을 대하는 선비의 뛰어난 산수관山水觀을 느낄 수 있다. 동해
의 그 유명한 관동팔경 중에 총석정, 청간정, 경포대, 죽서루, 망양정, 월솔
정 등이 모두 누정일 정도이니 그 높은 안목에 새삼 놀랄 뿐이다. 누정은
야트막한 구릉이나 산록, 계곡이나 경관 좋은 강변, 절경의 암반 위, 자연
연못이거나 아니면 인공으로 판 연못가, 심지어 마을의 살림집 복판이나
논밭 가운데도 세웠다.

한국적인 산수화를 논할 때나 절창의 산수시를 논할 때 어찌 누정을 빠
뜨릴 수 있으랴! 겸재 정선의 진경산수에서 누정이 빠지지 않았던 것을
봐도 누정문화의 수준이 어느 정도였는지 짐작할 수 있다. 시 또한 그러
하다. 모란봉 부벽루에 올라서서 차마 시를 끝내지 못하고 내려왔다는 고
려시대 김황원의 일화처럼 선비라면 누정에서 시를 겨루었다. 가히 '누정
시단'이라 할 만한 세력이 나타났을 정도다. 백광홍의 〈관서별곡〉, 정철의
〈관동별곡〉, 송순의 〈면앙정가〉 등 누정에 뿌리를 둔 시는 수없이 많다.
듣기만 해도 쟁쟁한 문사文士가 누정문화에 직간접으로 참여했으니 누정
은 선비문화 그 자체였다. 이름난 누정의 편액에는 지금도 당대 일류의
글씨와 문장이 전해져온다.

누정은 시문을 창작하는 곳일 뿐만 아니라 뛰어난 인재가 모여 토론하
는 강학講學의 중심지이기도 했다. 누정에 따라서는 인근 일대의 뜻있는

양양 낙산사 의상대

성산계류탁열도, 송강집, 1590

후학이 모여 학문을 연마하는 큰 배움터, '마을에 세워진 사립대학' 역할
을 톡톡히 해냈다. 또한 누정은 향촌사회의 지방자치가 구현되는 정치집
회소이기도 했다. 앞의 구림대동계가 태동했던 회사정의 사례에서 보듯
이, 향촌 사회의 질서를 잡고 지방자치를 실현하는 중심지였다. 물론 자
율적으로 질서를 잡는다는 긍정적인 면도 있지만, 양반의 기득권을 확고
하게 누리기 위한 지방 통치의 한 가지 수단이라는 점도 부정할 수 없다.

　누정은 당연하게도 '남성 문화'의 중심 터였다. 남녀칠세부동석의 유교
사회에서 어디든 여성이 끼어들 자리는 적었지만 누정은 특히 여성의 출

입 자체가 금지되는 구역이었다. 남성만의 '독과점 문화 장소'였던 셈이다. 하지만 어디에나 예외는 있는 법. 누정에 기생이 출입하는 경우가 종종 있었으니 단원과 혜원의 풍속화에 나타난 그 생생한 모습을 보라. 근엄한 양반의 일탈한 모습이 너무나 해학적이지 않은가!

노동의 문화, 모정

반면에 모정은 무지렁이 농민의 숨결이 살아 있는 곳이었다. 시정詩亭·동청洞廳·농청農廳·농정農亭·동각洞閣·양청凉廳 같은 명칭이 두루 쓰이나 역시 주류를 이루는 것은 모정이다. 시정 같은 표현은 후대에 모정문화와 누정문화가 일부 섞이면서 등장한 이름이지, 순수 '모정 혈통'은 아니다. 누정이 양반의 유유자적한 '관음의 문화'라면 모정은 '노동의 문화'라고나 할까. 무더운 여름철 양반은 누정을 찾아 죽부인을 껴안고 오수에 접어들 수도 있지만, 농민에게는 어림없는 일이었다.

해마다 음력 2월 1일(머슴날)이면 모정에서 마을회의가 열린다. 이때 품앗이, 다리 보수, 공동 혼·상구 준비 따위의 1년 대소사를 결정한다. 그러나 모정이 제 역할을 십분 발휘하는 시기는 역시 한여름이다. 김매던 농민이 점심을 먹고 잠시 불볕더위를 피해 눈을 붙이는 요긴한 장소이기 때문이다. 굽이치는 들녘을 바라보며 이야기꽃을 피우는 사랑방 구실도 하고, 모깃불이 사위어가도록 밤더위를 피하는 곳이다.

마을에 모정이 없다면? 아마 여름철 농촌 문화 자체가 없다는 말과도 같을 것이다. 드넓은 벌판에 가보면 막상 쉴 만한 곳이 마땅찮다. 오뉴월 뙤약볕에 세 벌 김매기로 허리 한번 제대로 펴지 못하다가 점심바구니가 들어오면 술 푸념에 한시름을 잊는다. 점심 먹고는 불볕더위를 피해 차라리 한숨 자야만 했다. 이때 모정이야말로 불볕을 가려주는 귀한 장소다.

모정은 당산굿을 치르는 종교의 중심 터이기도 했다. 호남의 넓은 들판마다 마을이 있고, 그 마을마다 당산나무가 서 있다. 해마다 당산나무에 금줄을 두르고 풍물굿을 친다. 느티나무같이 가지와 잎이 많은 활엽수가 무성하게 그늘을 만들면 여름철 피서지가 된다. 반대로 겨울에는 신성한 제의 공간이 된다. 당산나무는 홀로 서 있는 경우도 많지만, 나무 그늘에 모정을 지어서 여름을 나기도 한다. 성聖과 속俗이 계절적으로 교차하는 공간이다.

호남의 모정을 샅샅이 조사한 농업경제학자 최재율의 보고에 따르면, 모정이 민중의 문화였음이 분명해진다. 양반이나 노약자는 설령 모정에 나가고 싶어도 한창 농민이 일할 때는 조심해야 했다. 일꾼이 들로 나간 연후에야 잠시 쉬는 정도였다. 모정이 노동의 산물이었음이 분명해지는 대목이다.

모정은 글자 그대로 초가지붕이었다. 그러나 새마을운동은 모정에도 불어닥쳤다. '초가집도 없애고' 어쩌고 하는 마을회관 확성기 소리와 더불어 모정의 초가지붕은 날아가 버렸다. 그 대신 슬레이트나 양철지붕 따위가 그 자리를 차지했다. 심지어 논 가운데다 슬래브 지붕 따위로 '완벽 시공'하여 들판의 '분위기'를 망쳐버린 곳도 있다. 요즘 새로 짓는 모정에는 기와를 올린다. 초가가 사라졌으니 '와정瓦亭'이라고 부를 것인가. 자연과 어우러져 농사 현장을 지키던 모정의 옛 모습이 사뭇 그립기만 하다.

모정이 호남에만 있는 까닭은

모정과 누정, 어느 것이 먼저 생겼을까. 국립경주박물관에 가면 누각무늬 벽돌을 볼 수 있다. 호화스러운 기와집 누정이 날렵하게 돋을새김돼 있어 당대의 화려했음 직한 누정문화를 그대로 전해준다. 국가 차원에서 연못을 파고 호화로운 누정을 지어 귀족의 휴식처로 삼았음을 알 수 있다.

이런 사실은 누정이 모정보다 더 오래됐다는 것을 말해준다. 귀족이 농민을 배려해 쉼터를 만들어주었을 리 만무하지 않겠는가. 일찍이 중국에서도 누정문화가 발달해 시인묵객의 시구에 오르내렸다. 우리나라도 삼국시대에 이미 호화로운 누정을 국가 차원에서 세울 정도였다. 그렇다면 모정은 어떤 경로로 발전했을까?

누각무늬 벽돌, 국립경주박물관, 통일신라

모정과 당산, 고창읍 죽림리
북한의 누정, 크리스 마커 촬영, 1950년대

먼저 모정의 전국적 분포 상황을 알아보자. 모정은 주로 호남 지역에 집중돼 있다. 호남, 그중에서도 전라남도에 모정 분포도가 높다. 호남을 제외한 지역에서는 모정문화 자체가 희박하다. 가령 전라북도 익산 지방에서 금강을 건너 충청남도 부여로 접어들면 이내 모정이 사라지고 만다. 섬진강을 경계로 전라남도 곡성에서 경상남도 하동으로 접어들어도 마찬가지다. 호남에만 모정이 발달한 데는 특별한 이유라도 있는 걸까?

모정과는 구별되지만 다른 지역에도 모정에 준하는 공동체적 결집소는 있었다. 모정의 이명인 동청, 농청, 농정 따위가 바로 그것이다. 이들 집회소는 두레꾼이 모여서 두레의 출범 의례인 호미모둠을 이루거나 한 해 농사의 대소사를 토론하는 회의 장소이기도 했다. 겨울에는 젊은 두레꾼이 모여서 악기를 배운다거나 멍석 짜기 따위로 소일하던 공간이다.

공동 집회소는 북한 지방에도 있었다. 함경남도 북청 같은 곳에는 도가都家라 불리는 공공건물이 있어 마을의 제의나 노동, 놀이 따위를 관장했다. 북청사자놀음도 도가를 중심으로 벌어졌다. 도가라는 말뜻에는 공동 집회소로서의 의미가 그대로 남아 있다.

신도시가 건설되기 직전에 안양시에서 민속 조사 의뢰를 받고 평촌을 조사한 적이 있다. 지금은 평촌신도시가 들어서서 완벽한 아파트 단지로 변한 곳이다. 그러나 예전에는 글자 그대로 넓은 들이 펼쳐진 서울 인근의 드문 곡창지대였다. 그 평촌을 둘러싼 여러 마을에는 일제강점기까지만 해도 동청이 있어서 두레꾼의 집회소로 기능했다는 것을 확인할 수 있다.

따라서 조선 후기 두레가 발전하는 과정에서 모정, 농청, 농정 같은 마을공동체 문화가 본격적으로 발전하다가 일제강점기로 접어들면서 촌락의 공동체적 행사나 모임을 하던 결집소가 사라지고 호남의 모정만 남았다. 물론 들판에 모정이 서 있는 형식은 호남의 독특한 풍토가 요구했다고 봐야 할 것이다. 야산조차 없이 끝없이 펼쳐진 들녘은 그야말로 햇볕 가릴 곳조차 없다. 당수나무 그늘과 모정이라도 있어야 견딜 만하지 않았을까. 그러나 같은 농사 지대라도 경상도에서는 나무 그늘 밑에서 쉬는 평상문화가 발달했다. 그렇다면 또 다른 까닭이 있는 것일까?

적어도 모정만을 놓고 판단한다면, 호남 민중의 공동체적 결집력만큼은 여느 지방에 비하여 단연 돋보인다. 같은 호남 지역이라 하더라도 도서나 산악 지대에는 모정이 드물다. 평야 지대가 모정문화의 중심 권역이다. 또한 단결력이 강한 마을일수록 모정도 잘 이어지고 있다. 그런 면에서 호남 사람만의 독특한 정서, 함께 일하는 과정에서 자연스럽게 싹튼 단결력이 모정으로 표출된 것으로 보인다.

백두에서 한라까지

누정은 멀리 두만강, 압록강부터 제주도에 이르기까지 전국적으로 퍼져 있다. 국문학자 박준규가 《신증동국여지승람》을 토대로 뽑은 각 도의 누정 수를 살펴보자.

경도 14/ 한성부 24/ 개성부 13/ 경기도 34/ 충청도 80/ 경상도 263/ 전라도

압구정, 정선, 성베네딕도회 왜관수도원

186

170/ 황해도 50/ 강원도 81/ 함경도 56/ 평안도 100/ 합계 885

경상도의 누정이 압도적으로 많다. 경상도에서도 양반이 많이 살던 안동이 으뜸을 차지한 것으로 보아 양반문화와 누정의 밀접한 상관관계를 읽을 수 있다.

누정은 멀리 북방에까지 세워졌다. 변방으로 나간 수많은 장수가 지은 시구를 보면 '전선의 밤'에 누정에서 느낀 정취가 다수 등장한다. 당대 '야전사령부'에도 누정이 있었다는 증거다. 성문에는 문루를 올렸는데, 그 누각은 전망이 좋도록 높은 곳에 짓는 것이 일반적이었다. 논개가 왜장을 껴안고 남강물로 뛰어든 촉석루도 원래는 진주성의 지휘소였다.

서울은 어땠을까? 양반이 밀집해서 살았던 만큼 서울도 단연 수위를 달린다. 흰 바위와 북한산 내린 물이 어우러진 세검정, 한강 백사장을 오가는 백구를 바라보던 압구정……. 서울은 누정이 설 만큼 아름답기도 하지만 권문세가가 즐비하여 그만큼 경제력이 뒷받침됐으니 누정이 많을 수밖에 없었다.

누정 창설자의 면면을 보면 중앙과 지방 정치권력의 세력균형도 엿볼 수 있다. 가문이나 문벌을 내세워 누정을 세워놓고 위세를 과시했다. 그러다 보니 공연히 거들먹거리는 부정적 요소도 없지 않았고, 민중에게 원한의 대상이 되기도 했다. 그렇다고 마냥 비판의 대상인 것만은 아니었다. 조선시대 선비정신이 구현되던 현장이었기 때문이다.

모정과 누정의 21세기는 어떻게 될 것인가? 고급문화와 서민문화는 각기 그 나름의 가치와 몫이 있으므로 제 갈 길을 이어가도록 도와주어야 마땅하다. 누정은 엄밀하게 말해 전통시대를 마지막으로 자신의 운명을 다했다. 시인묵객이 드나들던 곳이었지만 이제 인걸은 간 데 없고 건물만 덩그러니 남았다. 그렇지만 누정이 지녔던 자연 친화적인 교감은 앞으로도 굳건히 이어 나가야 한다. 하지만 누정이 설 만한 전망 좋은 곳은 예외 없이 호텔, 콘도 따위의 높은 건축물이 들어서서 경관을 망치고 있다.

누정이 지녔던 자연 속의 자리 잡음 방식만큼은 이어 나가는 것이 좋지 않을까. 또 누정의 뛰어난 건축미가 지닌 전통의 아름다움은 앞으로도 이어져야 마땅하다. 누정의 날렵한 처마, 숲 속에 그윽하게 들어앉은 자태, 안정감이 있으면서도 빼어난 정감, 나무와 연못과 바위의 어울림이 연출하는 선비정신 따위는 결코 포기할 수 없는 민족의 자산이기 때문이다.

모정은 누정에 비하면 전통의 지속력이 강한 편이다. 시대가 변한 지금도 여전히 우리 생활 속에 살아 숨 쉬고 있다. 초가는 기와로 바뀌었을지라도 모정이라는 이름을 그대로 간직한 채 역사 속의 민중과 더불어 유전하고 있다. 아파트 단지의 육모정도 바로 모정의 되살아남이다. 땅에 뿌리박은 농민의 문화가 가장 생명력이 강하다는 귀중한 사례를 보여주는 셈이다.

무당과 신내림,

아직도 풀리지 않는

수수께끼

무당방울, 국립민속박물관

"그대, 몸주신을 맞이하라"

아주 오래전 생면부지의 여학생이 아는 분 소개를 받았다면서 연구실을 찾아왔다. 모 미술대학 3학년에 다니는데 몸이 안 좋아 얼마 전에 휴학을 했단다. 무슨 일인가 싶어 찬찬히 얼굴을 뜯어보다가 나는 깜짝 놀랐다. 눈에서 확실한 신기神氣가 내비쳤기 때문이다.

　이렇게 말하면 내가 점쟁이라도 된 것으로 착각할지 모르지만, 특별한 비결이랄 게 있겠는가. '서당 개 3년에 뭐'라고 20여 년 넘게 수많은 무당을 만나고 다닌 덕분이다. '신의 자식(그들은 스스로 그렇게 부른다)'은 눈빛부터 다르다. 인간의 눈으로 사물을 보는 것이 아니라 신의 눈으로 보기 때문에 그럴까.

삐쩍 말라 보기에도 안쓰러운 몸매, 퀭하니 풀린 눈망울, 굳게 다문 입, 철 지난 해수욕장에 태풍이 휩쓸고 지나간 것처럼 그녀를 둘러싼 스산한 기운, 나는 순간적으로 직감했다. 이것저것 꼬치꼬치 물었다. 휴학을 하고 백방으로 병원을 다녀보아도 병명은 알 수가 없고 끼니조차 거르면서 하루 종일 잠만 잔 지 벌써 여러 달이었다고 했다.

"꿈에 뭐가 보였다고?"

"느닷없이 할아버지가 왔다 가요."

"할아버지?"

"수염 허연 할아버지요. 자정만 되면 나타나서 뚫어져라 날 바라보다가 사라져요. 그 눈빛이 무서워요. 깨고 보면 새벽이고요."

"할아버지만 보이니?"

"아뇨. 말 탄 장군님, 마부도 데리고 나타나는데 붉은 말을 탔어요. 등에는 화살통을 메고요."

정황은 명백했다. 여학생은 무병巫病, 神病을 앓고 있었다. 그러니 병원에 가봐야 소용없는 일이 아닌가! 상황을 설명해주었다. 여학생은 울면서 한사코 무당이 되기는 싫다고 했다. 어머니의 반대는 더욱 완강했다. 그러나 석달이 지난 뒤, 은행잎이 노랗게 물들 무렵 여학생은 어머니와 함께 다시 찾아왔다. 신의 길을 가겠노라고. 처음에는 완강하게 거부하다가 체념한 듯이,

제주도 심방, 김태곤 사진, 1960년대

흡사 '소가 도살장으로 끌려가듯이' 내림굿을 받고 '신의 자손'이 될 수밖에 없는 운명. 현실에서는 '가시밭길'일 수밖에 없는 그 길. 그래서 나는 늘 사람들에게 이야기한다. 무당은 아무나 하는 것이 아니라고.

큰무당을 찾아가 여학생을 소개했다. 그이의 첫마디, "왜 이제 왔니!" 그렇다. 큰무당은 첫눈에 알아보고 도리어 늦게 왔음을 나무랐다. 그리고 내림굿을 서둘렀다. "오곡이 풍성하고, 단풍이 새록새록 물들어가고 있으니 단풍맞이 굿이 보기에도 좋지 않겠느냐"라면서 큰무당이 10월 상달 초닷새로 날을 잡았다. 큰무당을 만난 지 불과 10일 만에 우이동 숲 속의 굿당에서 내림굿이 벌어졌다.

서울 무당, 아키바 사진, 1930년대

여학생은 굿이 시작되자마자 신기가 발동하여 날뛰기 시작했다. 대개의 입신자는 제 몸에 들어온 신을 이기지 못해 날뛰기 마련이다. 그 여학생도 입에 거품을 물고 나뒹굴더니 돌연 벌떡 일어나 단숨에 날카로운 작두 위로 성큼 올라섰다. 그것도 맨발로. 여학생의 어머니는 작두날을 올린 드럼통 주위에서 울고 있고, 그 여학생을 따라온 친구 네댓은 넋이 나간 듯 자지러졌다. 도당 할아버지, 임경업 장군, 작두 대신, 군웅 대감…….

아이는 자신도 모르게 몸에 실린 신 이름을 줄줄이 외워댔다. 정작 본인은 그동안 굿 구경을 딱 한 번 했을 뿐이라는데. 큰무당의 점괘로 어머니가 숨겼던 집안 내력이 나왔다. 외가 쪽 작은할아버지가 박수무당이었는데, 그 조상신이 여학생의 몸으로 옮겨온 것이다. '신까머리(신기)'가 붙은 셈이다.

황해도에서는 이 같은 내림굿을 소슬굿이라고 부른다. 무병 걸린 이가 있으면 허첨굿으로 잡귀를 쫓아내고, 내림굿을 하여 신을 내리게 한 다음에 신이 완전히 솟아오르라고 소슬굿을 한다. '솟구쳐라, 솟구쳐라, 그렇지 않으면 너는 죽으리라!' 솟구치는 소슬굿으로 무당이 탄생하고, 솟구치지 못하면 그는 죽은 자와 다를 게 없다. 유난히 고통받고 삶의 어려움을 겪은 사람(특히 여성)에게 신내림이 많다. 억눌린 자가 거꾸로 한 많은 사람의 마음을 풀어주는 무당이 된다는 것은 마치 박해받은 예수가 도리어 민중을 해방해주는 것과도 같다.

무당과 샤머니즘

반드시 신내림을 해야 무당이 될까? 그렇지는 않다. 신이 내린 무당과 신이 내리지 않은 무당이 있으니, 세습무·강신무라는 무당의 양대 산맥이 그것이다. 그럼 왜 이런 차이가 나타났는가?

대개의 사람들이 오해하는 두 가지가 있다. 우리나라 무당의 역사가 오래됐으리라는 짐작과 '무당'과 '무속'을 오래된 옛말로 착각하는 경우가 그것이다. 옛 기록에도 '무巫' 혹은 '무격巫覡'은 자주 등장하지만, 정작 '무당巫堂, 巫黨'이라는 말은 나오지 않는다. 무당이 기도하는 장소를 무당巫堂이라 표기하는 경우는 있어도 무녀를 무당이라고는 하지 않았다. 남무와 여무를 통칭하는 무격 혹은 국무國巫·사무師巫·아무衙巫 따위는 자주 나오지만 오늘날 익히 쓰는 무당巫堂이란 표현은 확인할 길이 없다. 무격이란 말은 기원전 4세기에 만든 중국의 《국어》〈초어楚語〉에도 분명히 나온다.

무구 고리,
경희대중앙박물관

무구 제기,
경희대중앙박물관

옛날에는 사람과 귀신의 일이 어지럽게 혼동되어 있지 않았다. 사람 가운데 정명하고 변함이 없어 언제나 하나같이 공경스럽고 마음이 바르며, 그 지혜는 위아래의 마땅한 도리를 알고, 그 통달됨은 멀리까지 밝게 깨달을 수 있으며,

방울과 신칼,
서산시 부석면 창리 영신당

干군

明時以水路往来故
每當使臣出没時
使臣城隍(慕華峴처)
以巫女祝其無
故回還矣因為
成俗致誠時
依例擧行

白紙裹金錢以助襁于連路浄宽云

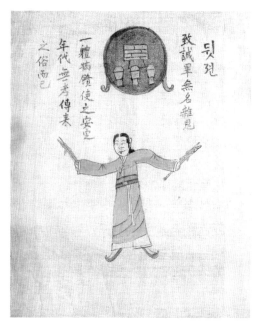

무당내력도,
서울대 규장각

그 명석함은 두루 빛을 비출 수가 있고, 그 총명함이 들어 바로 깨달을 수 있는
그러한 이에게 귀신이 강림하게 되는데, 남자에게 임하면 격覡이라 했고 여자
에게 임하면 무巫라 했다.

조선 영조때 시조집 《청구영언》의 작자 미상 노래에도 "덩덕꿍치는 巫
당년들이"라는 대목이 나오는 것으로 보아 '巫당'이란 표현은 있었어도
'巫堂'이라 쓰지는 않았다. 하지만 '巫堂'은 없어도 '巫黨'이란 표현은 더
러 있다. 규장각에서 발견된 〈무당내력〉이란 그림(조선 후기로 추정)에는 감
응청배, 제석거리, 별성거리, 대거리, 호구거리, 조상거리, 만신말명, 신장
거리, 창부거리, 성조거리, 구릉, 뒷전 등의 굿거리가 자세히 그려져 있다.
　우리가 익히 쓰는 '무속巫俗'이란 말도 원래는 전혀 없던 말이다. 그렇
다면 최근에 만들어졌음이 분명하다. 그럼 왜 이런 표기상의 혼란이 일
어난 것일까? 추정컨대, 한글로 '무당'이란 말은 민중의 구어로 예부터 널
리 쓰였던 것 같다. 일각에서는 무당의 어원을 퉁구스어의 여성 샤먼을
지칭하는 우다간udagan 계통어로 파악한다. 그것이 한자로 무巫로 표현
되다가 당堂과 결합해 무당巫堂으로 고정된 것으로 본다. 러시아의 민속
학자 트로슈찬스키는 1902년에 몽골인·부랴트인·사하인·알타이인·터
키인·키단인·키르기스인의 여무女巫를 각각 우타간utagan, 우다간, 우다
감udagham 등으로 부르고, 타타르에서는 우데게udege, 퉁구스에서는 우
타칸utakan이라고 하듯이 우랄알타이민족 간에 동일 어근을 갖는 것으로
보았다.
　나는 끝음 '당'이 재미있다. 신라 왕을 이두식으로 거서간居西干·마립간

麻立干 등으로 칭하는데 여기서 '간干'은 몽골어 칭기즈칸 등의 '칸Khan'과 같은 어근일 가능성이 있다. 그러나 끝음이 '당'과 유사한 것은 사실이지만 앞음이 우다간처럼 'U'로 시작되는 것이 아니라 무당의 'M'으로 시작됨을 설명할 길이 없어 불완전한 이론이 되고 만다. 전라도 지역의 세습무인 단골은 단군→단굴→단골이라는 변천을 거쳐왔고, 화랑이는 화랑에서 나왔다는 주장은 설득력 있어 보인다. 어쨌든 아직은 무당의 어원 문제가 미완의 수수께끼로 남아 있는 셈이다. 그렇다고 '무당'과 '샤먼' 사이의 친연성이 없어지는 것은 아니다.

이제 논의를 아시아 전체로 확대해보자. '무당 박사' 김태곤은 1996년 겨울, 타계하기 직전에 쓴 미완의 글에서 이렇게 말했다.

필자는 한국 안에서는 한국어로 원어인 'Musok무속'이라는 말을 그대로 사용해왔고, 이 말을 영어로 번역할 경우에 한해서만 '무속'과 가장 가까운 말을 선택한 것이 '샤머니즘'이었다. '무속'을 '샤머니즘'이라 번역하는 경우에도 '무속'을 곧바로 '샤머니즘'이라 번역할 수 있겠느냐는 이견과 '무속' 자체가 샤머니즘이라는 두 가지 견해가 있을 수 있다.

풀어서 말하자면 한국의 무속은 아시아 전체의 샤머니즘과 어떤 변별성과 동질성을 갖는가 하는 점이다. 논의를 샤머니즘으로 돌려보자. 샤먼이란 말이 일반화된 것은 불과 17세기 후반부터다. 인류학자 베르톨트 라우퍼는 《샤먼의 어원》에서 이렇게 말했다.

우리는 그 말을 러시안에게서 받아들였다. 더 정확하게 말하면 17세기 후반에 동시베리아를 탐험하고 정복하여, 퉁구스족으로부터 그 용어를 듣고 기록한 러시아인(주로 코사크인)이었다.

그 말이 유럽으로 전해지기는 1692년부터 1695년 사이에 표트르 대제가 중국으로 보낸 러시아 대사와 동행했던 네덜란드인 이데스와 브란트에 의해서였다고 하면서 "여기서부터 몇 마일 위쪽으로 가면 많은 퉁구스인이 사는데, 거기서도 역시 샤먼 혹은 마법사라고 불렸다"와 같은 몇 개의 인용문을 제시한다.

라우퍼는 퉁구스어인 사만saman, s'aman, xaman과 몽골어의 사만s'aman, 터키어의 캄kam·삼xam 등은 북아시아의 토양에서 배양된 가깝고도 분리할 수 없는 동료이며, 샤머니즘 형태의 종교가 위대한 유산으로 살아 있는 증거라고 밝혔다. 샤먼은 본디 17세기 후반 러시아 탐험대가 바이칼 호수와 예니세이 강변에 거주하는 퉁구스족 주술사를 접촉한 데서 생겨난 말이다. 원래 샤먼이란 북아시아 특히 북중국과 만주, 몽골, 연해주 등지의 주술·종교 직능자를 일컫는다. 이 말이 서양으로 퍼지면서 샤머니즘은 전 세계적인 용어가 됐다. 만약 우리 무당이 처음으로 외국에 소개됐다면 무당이즘이라 불렸을 것이다.

지금까지 학계에 제출된 견해를 종합하면, 어원상 우리 무속이 북아시아 전 지역에 넓게 퍼져 있는 샤머니즘의 한 갈래였음은 분명하다. 그러나 샤먼과 샤머니즘은 지난 수백 년 동안 서구적인 해석 과정만 거쳤다. 이에 반하여 우리의 무속을 상대로 비교하는 일은 늦게야 시작됐다. 무엇보다 시베리아 땅은 옛 소련령으로 갈 수 없는 동토의 나라였다. 우리는 우리 무속의 기원 문제를 풀기 위해 직접 시베리아로 찾아가야만 했다.

에벤크족 샤먼과 굿

1993년 여름, 시베리아 레나강가의 사하공화국 수도 야쿠츠크, 거기서 에벤크족Evenks 무당을 만났다. 그들의 이름은 알렉세이예비치 바실리예프, 셰면 스티파냐비치 바실리예프. 러시아 말을 전혀 모르는 우리는 전적으로 통역자인 방송 기자 유드 밀란에게 의존할 수밖에 없었다. 그들은 하바롭스크에서 출생한 에벤크족이다. 고아시아족인 에벤크족은 극소수가 살아남았을 뿐이다. 할아버지에게서 굿을 배웠는데 그들은 러시아 말을 전혀 못했으며, 에벤크 말로 굿을 했다. 그때 쓴 민속학 답사 노트를 그대로 옮겨본다.

> 새의 형상을 한 장중한 무복을 꺼내 입음. 그릇에 불을 켰고, 샤먼이 앉아서 북을 치며 노래. 일어나서 북을 치고 춤춘다. 무언가를 던져서 점도 친다. 다른 샤먼도 같이 뛰다가 앉아서 노래한다. 노래는 주고받는 화답식이다. 흡사 우리의 무당노래를 듣는 듯. 샤먼은 옷자락을 잡고서 끊임없이 앞으로 자연스럽게 흔들면서 (가끔 땀도 씻고) 노래한다. 둘러앉은 가족이 화답한다. 다시 일어나서 춤을 춘다. 이때 북을 치던 사람도 같이 일어나서 악기를 쳐준다(이때 같이 구경하던 김태곤 교수가 60~70년 전 소련에서 찍은 기록영화에는 혼자 뛰는 것으로 나오고, 화답도 하지

않는데, 조금 변한 것 같다고 말을 거든다).

흡사 인디언 복장 같다. 머리에는 새털을 꽂고, 치마를 입었다. 다시 일어나서 춤을 춘다. 북꾼도 같이 춤을 춘다. 담배를 피운다. 보드카도 마신다. 트랜스(이입)에 들어가기 위함일까. 샤먼이 춤을 춘다. 뒤에서 두 명이 샤먼 무복의 뒤끝을 잡아당긴다. 샤먼이 새가 되는 모양이다. 새가 날아가는 형상이다. 격렬한 춤. 새는 날아간다. 참으로 격렬한 동작.

다시 북을 치는 샤먼. 앉아서 북으로 둘러앉은 사람들을 쓰다듬고, 자신의 얼굴을 쓰다듬고 나서 북을 놓고 북에서 무언가를 찾는다. 점을 치는 것이다(제주도 심방이 굿 도중에 점을 치듯이).

다시 일어나서 칼을 던진다. 칼이 바깥으로 나가야 한다(우리 무당도 칼을 던지며, 그 칼이 바깥으로 나가야 한다고 믿는다). 칼을 두 번 던져서 성공시킨다(우리 무당도 칼이 안쪽을 향하면 재차 시도하여 성공시킨다).

북으로 다른 여자를 썻어준다. 점을 치고, 칼을 다시 던지고 나서, 콩 같은 검은 것을 꺼내서 집어 던진다(이것은 알 수가 없군……). 다시 일어나서 춤추며, 북채를 던져 점을 치고, 지친 듯이 샤먼은 쓰러져버린다. 격렬한 운동, 무거운 무복, 장시간의 제의 끝에 그는 새가 되어 날아가려다 지친 듯 쓰러지고 말았다. 일어나 앉아서 불을 다시 켠다. 추운 시베리아. 불이 소중하기만 하다. 더운 듯, 무복을 벗는다. 굿은 끝났는가?

그날 밤 우리는 국영 스트로이텔 호텔 식당에서 보드카를 앞에 두고 토론을 벌였다. 시베리아 언어철학연구소의 종족음악학자 안나 라리오노바를 비롯한 시베리아 연구자 몇몇이 동석했다. 그들은 재미있는 의례를

동부 시베리아 우데게의 샤먼, 러시아 극동민족역사고고민족학연구소

브리야트 샤먼,
울란우데박물관

몽골의 샤먼

즉석에서 연출했다. 접시에 보드카를 부었다. 그리고 불을 붙였다. 우리가 중국 술인 고량주에 불을 붙이듯이 그들은 보드카에 불을 댕겼다. 중요한 의례를 시작할 때 그들은 불을 모신다고 했다. 몹시 추운 북방 지대임을 생각한다면, 불을 숭배하는 의식은 당연했다.

우리는 지하 10센티미터만 파도 만년 얼음이 나오는 툰드라와 침엽수림으로 우거진 타이가가 있는 원시종족 사회의 샤먼과 온대 고밀집 지대의 개명한 민족국가에서 나온 무당의 차이를 논했다. 결론은 하나였다. 전 세계 어느 나라의 샤머니즘이 우리처럼 고도화된 서사문학과 더불어 복잡하고 다양한 제물 차림, 춤과 악기 연주 같은 고난도의 의례에 도달한 경우가 있는가! 북방의 샤머니즘을 직접 눈으로 목격하고서 내린 결론이었다.

물론 여러 면에서 시베리아 샤머니즘과 우리의 무속이 한 뿌리라는 점은 의심할 여지가 없었다. 샤머니즘은 입무 과정에서 갖는 이니시에이션initiation을 통해 터득한 액

알타이 샤먼의 북과 북채, 하가스족, 19세기

스터시를 자유롭게 반복하는 종교 현상이다. 그렇다면 샤먼은 엑스터시의 기술자이며, 엑스터시 속에서 신령과 직접 교섭하여 자연과 초자연의 합일을 찾는 주술적 매개자라 지칭할 수 있다. 이 점에서 우리 무당도 예외가 아니란 결론이다.

다만 몇 가지 문제는 남는다. 사하의 샤먼은 접신을 하면 오리·백조·물고기·물방개·커다란 땅벌레·곰·늑대 등의 영靈, spirits과 대화하며 접촉한다. 때로는 그들 동물로 변신하기도 한다. 그들의 샤머니즘은 시베리아의 숲과 호수, 산과 강에서의 원초적인 삶을 그대로 반영한다. 반면에 우리는 모든 신 즉 해와 달, 물과 바람의 신조차도 인격신의 형상으로 표현한다. 또 우리 무당을 표현하는 호칭도 시베리아 샤먼에 비해 유례없이 복잡하고 다양하며, 의례도 복잡하기 이를 데 없다.

이는 우리 무속이 고도로 발달한 문명국가에서 성장해왔다는 역사성을

시베리아 투바족 샤먼

의미한다. 또 무당의 사회적 기능이 폭넓었으며, 종교 혼합 현상이 심했음을 여실히 증명한다. 결국 북아시아 전체의 세계적 보편성과 한반도 나름의 문명 발달에 따른 민족적 특수성을 입증하는 것으로 여겨진다. 문명국가에서 최고도로 정치하게 굿을 발달시켰고, 굿을 용도에 따라 섬세하게 분류했고, 지역적 풍토에 따라 차별성이 분명한 다양한 굿거리를 만든 게 우리의 무당문화라는 점에서 우리 문화의 발달 수준을 가늠할 수 있다.

누구나 어느 날 갑자기
무당이 될 수 있다?

민속학 수업이나 대중 강좌를 진행하다 보면 으레 받는 질문이 하나 있다. 신내림으로 무당이 된다면, 전라도 같은 지방에서 흔히 존재하는 세습무는 어떻게 설명할 수 있느냐는 것이다. 샤머니즘 이론이 강신무에게는 적합한 이론인데, 신내림과 무관하게 대대손손 세습되는 세습무에게는 적용하기 곤란한 면이 있기 때문이다.

지금까지 학계에서 통용되는 갈래 나눔은 북부 지방의 강신무, 남부 지방의 세습무인 단골무 그리고 제주도의 세습무인 심방형, 남도에 나타나지만 세습무는 아닌 명두형 무당, 이 네 가지다. 단골무는 글자 그대로 '단골손님'을 갖는 무당이다. 늘 찾아오는 손님을 단골손님이라고 했으니, 전라도 단골도 늘 찾아오는 단골손님의 무당이다. 단골은 단골판이라고 하여 100호, 200호, 500호 식으로 그 나름의 종교적인 관할 구역을 지니며 대대손손 이어간다. 이들은 신내림과는 애초부터 무관하다.

세습 단골무당은 어려서부터 굿판에서 자라난다. 그들은 늘 신명이 그득한 장단과 노랫가락, 제물 차림과 단골 접대를 보면서 자라난다. 더욱이 '천하의 불쌍놈'인 팔천(사노비, 중, 백정, 무당, 광대, 상두꾼, 기생, 공장의 여덟 천민) 신분으로서 무업 이외에는 살아나갈 방도가 없는 숙명을 안고 태어났기에 천직으로 알고서 무업을 배워야 한다. 이렇게 무업과 가까이 생활하다가 굿판을 주재하게 됐을 때, 그들은 이미 신내림 받은 것과 같다.

그들의 굿거리 형식, 받아들이는 신격, 무당의 사제 역할, 신이 하늘에서 내려오는 수직적 세계관 따위를 놓고 보면 그들 역시 샤먼임을 부정할 수 없다. 따라서 북아시아 전체의 무당과 비교해볼 때, 한반도 무당은 세습무건 강습무건 간에 본질적으로 샤먼과 다르지 않다. 다만 시베리아나 만주처럼 자연적인 상태에서 신이 내리는 샤먼과 달리, 우리는 고도의 문명국가라는 틀 안에서 자기 분화 과정을 거듭한 결과 세습무로 정착됐다고 볼 수 있다.

경기도 구리시에 가면 2년에 한 번씩 복사꽃 필 무렵 갈매동 도당굿이 열린다. 이 마을에는 도당굿을 주관하는 단골무당인 일명 '복뎅이'네가 있다. 갈매동 단골은 마을 사람 중에서 어느 날 갑자기 도당의 신이 내려서 무당이 된다. 그런데 도당산신은 어김없이 복뎅이네에게만 내려서 복뎅이네는 현재 4대째 무업을 하고 있다. 재미있는 것은 딸에게만 신이 내렸다는 점이다. 전라도 단골처럼 모계 승계이면서도 반드시 신내림 과정을 거침으로써 세습과 신내림의 이중 구조가 만들어진 셈이다. 이러한 사실은 강신무와 세습무의 중간 지점이라는 점에서 주목할 만하다.

제주도의 세습무인 심방이 신점도 치는 강신무적인 기능을 지니고 있는 것도 눈길을 끄는 부분이다. 통계에 따르면 제주도 심방 중에는 세습무만 있는 것이 아니라, 신이 내려 무당이 되는 경우도 상당수 있다.

한편 그동안 무속 연구에서 지나치게 간과돼온 존재가 충청도 법사다. 충청도 굿은 여타 지역의 '선굿'과 대비되는 '앉은굿'이다. 법사는 앉아서 〈천수경〉이나 〈옥추경〉 같은 경을 읽어 집안을 평안하게 해주는 세습무다. 오랜 학습을 거쳐야만 법사가 될 수 있다. 또 장님으로서 생계를 위해 뛰어든 사람은 '판수'라고 하여 별도로 부르기도 한다. 하지만 요즘에는

남자 무당과 무구, 강원도 고성, 송석하 자료, 1927

충청도에도 선무당이 지배적이고 앉은굿은 차차 사라지고 있다.

이 같은 현재까지의 연구를 고려하면 세습무는 남쪽, 강신무는 북쪽이란 식의 획일적인 구분은 조심해야 한다. 사실상 신내림의 의미부터 엄밀히 재평가해야 할 필요가 있다. 백제의 옛 땅 부여 은산에 가면 〈은산별신제〉가 열린다. '별신굿'에서 압권은 무당에 의한 굿이 아니라 은산의 제관이 대를 잡아 신을 받는 과정이다. 꿩의 장목(꽁지깃)을 매단 긴 대나무 장대에 농기를 달고 방울도 달았는데, 신이 내리면 방울이 울린다. 부정을 타면 신이 내리지 않기 때문에 제관은 다시금 은산천으로 가서 얼굴과 손을 씻어 부정을 가려야만 한다.

신내림과는 전혀 무관한 평범한 사람도 일단 제관으로 뽑혀서 대를 잡으면 공동체의 신명으로 신내림을 경험한다. 그러니까 여기서는 신내림이라는 형식 자체가 '무병, 신기'와는 관계없다. 즉 신내림은 신내림을 받은 특수한 신분 계층인 무당에게만 가능한 게 아니다. 이 점에서 신내림이라는 특이한 현상 자체도 여러 형식일 수 있음을 알 수 있다. 따라서 세습무를 포함해서 누구나 본질적으로는 신내림 과정을 체험할 수 있다. 다만 차이가 있다면 '무병을 앓느냐, 그렇지 않느냐'일 뿐이다.

작두 위에서 춤출 수 있다?

무당과 관련하여 늘 풀리지 않는 또 다른 의문점 하나가 작두 타기다. 시퍼렇게 갈아놓은 작두날, 무당은 버선을 벗고 맨발로 작두날 위에 오른다. 큰무당에게 물어보지만 '신령님 덕분'이라는 대답뿐이다. 그러나 그 답변 가지고야 시원한 설명이 되겠는가. 멍석 깔린 마당에 작두탑을 쌓는 다. 장군탑, 장군단, 칠성단이라고도 부르는 작두탑은 무당이 작두를 타는 대를 말한다. 드럼통을 세우고 그 위에 떡을 칠 때 쓰는 안반을 놓고 밥상, 물동이, 송판, 양푼의 순으로 올린다. 드럼통이 없던 예전에는 절구통을 세웠고, 양푼에 쌀을 넣는 대신에 둥근 모말을 올렸다. 물동이 안에는 조 기를 한 마리 넣어두기도 한다. 작두탑 양옆에는 승전기(혹은 장안기)를 세 워서 나중에 무당이 붙들고 중심을 잡게 한다.

굿에서 작두는 신성한 영물이다. 시퍼렇게 날이 서게 갈아 붉은 치마로 감싸서 부엌의 조왕에 모셔둔다. 조왕은 전통적으로 가정신이 자리 잡은 곳이다. 무당은 조왕에게 제를 지낸 다음 작두를 둘러메고 나온다. 이때부 터 '작두 어르기'가 시작된다. 치마를 걷고, 시퍼런 작두날을 허벅지에 가져 간다. 푸른 핏줄이 팽팽히 돋아난 살갗에 작두를 심하다 싶을 정도도 들이 밀어도 살은 베이지 않는다. 팔은 물론이고 뺨과 혓바닥에도 날을 대본다.

두 개의 작두날을 작두탑 위에 올려놓고 천으로 움직이지 않게 고정한 다. 운이 나빠서 액땜을 하고 싶은 이들이 작두날을 붙잡고 있으면 액이 사라진다고 하니, 누구에게나 작두의 영험은 강하게 작용하는 셈이다. 굿 이 무르익어 장단이 거칠어질 무렵, 무당은 신명이 올라 춤을 추다가 순 식간에 작두 위로 오른다. 작두 위에서 삼현장단에 춤을 추고, 둘러싼 사 람들에게 차례차례 공수를 내린다. 무당이 인간이 아닌 신의 매개자가 되 는 순간이다. 이때의 무당은 장군신으로 변신했으니 인간의 소원을 성취 시켜주는 것은 당연한 일이다. 작두 타기에서 가장 많은 돈이 쏟아진다.

작두 타는 무당, 개성 덕물산, 송석하 자료, 일제강점기

무녀와 잽이, 국립중앙박물관, 1913
제주도 집안굿, 김태곤 사진, 1960년대

무당의 권위가 가장 높게 드러나고 기세등등해지는 순간이다. 열두 굿거리의 절정이다.

실험을 해보았다. 작두날로 신문지를 베어보니 면도칼 이상으로 썩썩 베어진다. 놀라운 일이다. 오히려 날을 날카롭게 세워야 발을 베지 않는다? 무당은 작두를 타는 순간에 발바닥이 뜨거워진다고 말한다. 오히려 작두날이 제대로 서지 않아 고르지 못하면 발을 벨 수도 있단다. 여기서 하나의 단서가 잡힌다. 사람의 몸이 내리쏟는 무게중심은 발바닥으로 몰린다. 두 개의 작두날과 발바닥은 일직선을 중심으로 만난다. 이때 작두날은 반듯하고 날카롭게 그어져 있어야 한다. 그래야 날 위에 선 사람의 무게를 분산할 수 있다.

다음으로 몸이 최대한 가벼워야 한다. 작두날이 살을 벨 수 없을 정도로 가벼워야 한다. 신명이 실리면 무당은 몸이 가벼워진다. 춤꾼이 신명나게 춤을 추면 몸이 가벼워져 날 듯이 춤판을 누비는 것과 같은 이치다. 신명이 중요하다. 그래서 굿판의 신명이 최고조에 이를 때 작두에 오른다. 그러나 몸무게가 내리누르는 중력을 아예 없앨 수는 없다. 그래서 중력을 일직선의 칼날이 받을 정도로 힘의 균형이 필요하다. 작두를 타기 전에 '작두 어르기'를 통해 무당은 다리와 팔, 뺨과 혓바닥에까지 작두를 들이민다. 이때 살은 팽팽하게 긴장해 칼날을 물리친다. 신명이 실린 무당이 작두에 올랐을 때 팽팽한 긴장이 발바닥과 칼날 사이에 흐른다. 둘 사이의 균형에 만약 한 치의 오차라도 있으면 실패로 돌아간다.

어느 무당이나 작두 타기를 앞두면 긴장하게 마련이고, 굿판의 주위 사람도 모두 긴장감에 빠져든다. 굿판의 공동체적 긴장감이 작두탑에 쏠릴 때, 명실공히 굿판의 주역이 된 무당은 신명에 팽팽한 긴장감을 실어 작두 위로 오르는 것이다.

　그러나 여기까지의 설명만으로는 아무래도 불충분하다. 무당의 작두 타기뿐 아니라, 차력사가 자신의 배 위로 자동차가 지나가게 하는 것은 어떻게 설명할 수 있을까? 이 문제는 아무래도 기氣로 해석할 수밖에 없을 것 같다. 무당의 신명은 신기神氣라고 하거니와, 신기는 신명나는 기의 표출일 것이다. 그렇다면 신기는 과학적으로 해명이 가능할까?

　오늘날까지 우리가 받아들인 과학적 명제는 데카르트와 뉴턴 이래 근대 자연과학의 분석적, 기계적 환원주의에서 나온 것이다. 그들 과학적 사실은 부분에서는 전적으로 옳지만 전체적으로는 중대한 문제점을 안고 있다. 특히 생체 에너지의 문제에서는 그런 경향이 강하다.

　기는 서구에서 말하는 과학으로는 설명하기 어렵다. 중력의 법칙에 따르면 작두날에 가해지는 인체의 힘으로 당연히 발이 베이게끔 되어 있다. 그러나 작두 타기에서 무당의 발은 전혀 탈이 나지 않는다. 결국 기의 규명이라는 새로운 패러다임으로 인간의 의식과 생명과 물질을 통합적으로 연구하는 총체적인 방식이 아니고는 이 현상을 설명할 길이 없다. 오늘날 신과학운동이 말하는 인간의 초능력과 생체 에너지에 대한 규명으로 해결할 수 있는 문제일지도 모른다.

　작두 타기는 어디까지나 우리나라에만 있는 접신 현상이며, 이런 특수한 무당문화가 형성된 데는 그 나름의 이유가 있었을 것이다. 나는 그것을 농경문화와 굿거리의 발전 과정에서 나온 신神과 기氣의 결합 현상이라고 본다. 작두는 원래 소 같은 가축에게 먹이를 주기 위해 사용하던 도구다. 이런 작두가 무당의 굿거리 마당에 쓰이면서 무당의 권위를 높이는 도구로 변용된 셈이다. 섬뜩한 작두날 위에서 춤을 춘다고 하면 사람들은 누구나 감탄할 것이고, 그에 따라 무당의 권위도 올라갈 게 아닌가.

무당신으로 모셔진 예수

무당 이야기를 하다 보면 "그건 미신 아니에요?" 하는 질문도 꼭 나온다. 단정적으로 묻는 그들에게 앞에서 잔뜩 설명한 시베리아 샤머니즘이 어떻고, 인류학자 시로코고로프의 명저 《퉁구스의 기원》을 읽어보라든지, 신내림은 비단 북아시아뿐 아니라 전 세계에 널리 퍼진 현상이니 조금만 공부해보면 생각이 바뀔 것이라는 따위의 설명은 해줄 겨를도 없다.

'굿은 미신 아니냐'는 질문에는 사실 '굿→무당→샤머니즘→미신→미신 타파'라는 일련의 연상이 담겨 있다. 즉 '굿→미신 타파'로 귀결된다. 굿은 부정적이고 역사 진보에 역기능을 초래한 면이 많았기 때문에 철저히 박멸해야 한다는 주장이다.

사실 무당은 늘 미신을 퍼뜨리는 주범으로 조준사격을 받아왔다. 고려시대에 이규보는 〈노무편老巫篇〉에서 기꺼이 '무당 저격병'의 선두로 나섰다.

내가 사는 가까운 동린東鄰에 노무가 있어 날마다 사녀士女가 모이고 음가괴설淫歌怪舌이 귀에 들려와 심히 언짢았다. 국가가 칙勅을 내려 무당을 멀리 이사시키고 개경에는 오지 못하게 했다. 내가 비단 동쪽의 음탕함이 씻은 듯 적연

만법통일도, 윤열수, 〈한국의 무신도〉

해짐을 기뻐함만 아니라, 서울 안에 다시는 음사가 없이 세상 백성이 질박, 순후하여 장차 태고太古의 풍風이 복구될 것을 축하하여 시를 짓는 것이다.

(……)

나라에 무풍巫風이 사라지지 않아
여자는 무당, 남자는 박수가 되네
자칭 몸에 신이 내렸다고 하지만
내가 들을 땐 우습고 서글플 뿐이네
굴속에 든 천년 묵은 쥐가 아니라면
틀림없이 숲 속의 꼬리가 아홉 되는 여우일레

여기서 '태고의 풍'은 '공자 말씀'을 말하는 것이다. 이뿐만이 아니다. 후대에 민중 신앙을 바라보는 지배 집단의 비판적 입장을 강하게 보여준 하나의 사례가 있다. 신당을 파괴해 변방 지역 제주에 유교적 봉건체제를 확립하려던 조선시대 이형상 제주목사다. 1702년(숙종 28) 제주목사로 부임한 그는 3읍(제주·정의·대정)의 음사淫祀와 불사佛寺 130여 개소를 파괴하고, 무격 400여 명을 귀농시켰다고 한다.

무당은 예나 지금이나 정당한 평가에서 제외됐다. 조선 사회에서는 팔천의 무리로 하대됐고, 음사를 일삼는다며 공격받았다. 장희빈이 왕비 민씨를 저주하기 위해 화상을 그려놓고 화살을 쏘는 식의 흑주술도 무당의 부정적인 면을 더욱 부각하게 만들었다. 근대로 들어와서는 기독교 신앙의 대척점인 '미신'으로 치부되면서 늘 음지에서만 존재했다.

고대 사회에서도 미신으로 공격받았을까? 그런 것 같지는 않다. 이미

청동의기 팔주령과 쌍두령, 국립중앙박물관, 철기시대

청동기시대 출토품에 팔주령 따위의 방울 같은 제의 도구가 보이거니와 제정일치 시대의 흔적을 알려준다. 《삼국사기》에는 신라의 시조 박혁거세의 적자인 남해차차웅에 대해 김대문이 "방언으로 무당이라 불렀다. 세상 사람이 무당으로서 귀신을 섬기고 제사를 지냈다"라는 기록이 나온다. 중세 사회로 접어들면서 무당의 지위는 하락한다. 유교적 세계관이 지배했기 때문이다.

조선 말기의 선교사 호머 헐버트는 1903년 《코리아 리뷰》라는 영문판 잡지에 "무당의 무란 '속이기 위함to deceive'이고, 당이란 '무리company'를 뜻한다"라고 썼다. 무당이 과연 속이는 사람일까? 종교적 편견이나 잘못된 개화주의, 서구 중심주의 사고방식이 오늘에까지 영향을 미쳐서 무당을 올바르게 이해하는 데 장애가 많다. 무당과 기독교와 관련해 재미있는 이야기가 하나 있다.

어느 서양인 선교사가 평안도를 돌아다니고 있었다. 무당 집에 들어가게 됐는데, 무당을 만나자마자 성경을 꺼내들고 예수가 얼마나 좋은 분인지를 잔뜩 설교했다. 그러자 무당이 "그렇게 좋은 분이라면 오늘부터 당장 신단에 모시겠다"라고 했다. 그날로 예수의 사진을 받아서 굿당에 걸었음은 물론이고, 아침저녁으로 치성을 드렸다고 한다. 말하자면 예수굿을 해준 셈이다. 그 무당에게는 예수나 부처나 관우 장군, 백마 장군, 칠성신장, 도당 할아버지 모두가 만신의 대열이었을 뿐이다. 우리의 전통적 신관은 다신교적 만신을 섬기는 것이었다. 그래서 무당을 만신이라고도 한다.

1996년 여름, 세계적인 신학자 하비 콕스가 우리나라에 왔다. 나 역시 《세속도시》, 《바보제》 같이 널리 알려진 그의 책을 두어 권 읽은 터라 그의 방한을 관심 있게 지켜보았다. 신문을 보니, 그가 "한국 기독교가 폭발적으로 성장한 배경에 샤머니즘이 깔려 있다"라고 단언했다. 한국 기독교가 샤머니즘적이란 주장은 처음 나온 것이 아니지만, 교계에서는 공식적으로 받아들이기를 꺼려하는 것 같았다. 기독교 신자가 트랜스 상황에서 하나님으로부터 성령을 받아 하나님과 대화한다고 믿는 방언 또는 신자의 영혼이 천상계로 올라간다고 믿는 입신入神 따위는 북아시아 샤머니즘의 트랜스 형식과 비슷하다.

평양 무당이 예루살렘의 예수를 만신의 반열에 올려놓은 것이나, 한국 기독교에서 샤머니즘의 기복적 요소를 도입한 것이나 그 맥락은 같다는 생각을 저버릴 수 없다. 반론이 있을 법하지만, 그 반론에 답을 미리 제시해보고자 한다. 일찍이 민중신학자 서남동은 중국인인 쑹취안성宋泉盛의 신학을 소개하는 자리에서 한국인의 '한'을 모르고 어찌 한국인에게 복음을 전할 수 있겠느냐고 말했다. 그는 쑹취안성의 글을 인용하면서 이렇게 주장한다.

중국과 아시아에 초대 그리스도교 신도의 신은 대체로 우상과 잡귀를 몰아내는 푸닥거리의 신an exorcist God이었다. 선교사는 중국인에게서 그 잡귀 잡신을 몰아내주려고 중국에 온 것이다. 중국의 초대 교인은 새 신앙의 힘으로 악귀만이 아니라 중국 문화까지 몰아내는, 말하자면 푸닥거리의 사역을 위해 임직된 셈이었다. (……) 아시아에서 그 토착문화에 대한 그리스도교의 공포증은 용납될 수 있는 것이 아니다. 그리스도교와 토착문화의 관계가 유럽에서는 그렇지 아니했다. 그 한 예로 크리스마스 축제 행사를 보라. 그것은 시리아·로마의 태양신 숭배 제의에서 유래한 그리스도 탄생 축제가 아닌가.

앞에서 언급한 중국의 경우는 우리에게도 예외가 아니다. 말하자면 우리나라에서도 기독교는 민족문화를 몰아내는 푸닥거리 역할을 충분히 해낸 셈이다. 무당이 단순한 미신으로 내몰리게 되기까지 근 100년의 역사가 바로 이 '푸닥거리'의 역사였던 탓이다. 그러나 사실은 예수 자신이 '예루살렘의 큰무당'이었다고 나는 늘 믿고 있다.

선무당이 사람 잡는다?

문제는 무당 자신에게도 있다. 진정한 무당이 되려면 고난의 길을 걸어야 한다. 강신무거나 세습무거나, 무업에 들어선 사람은 누구나 큰무당을 만나서 굿을 배워야 한다. 무가를 외우고, 제물 차림을 배우고, 굿거리마다 옷을 차려입을 줄 알고, 춤을 배우고, 온갖 의례를 격식에 맞게 배우고, 단골을 조직 관리하는 방법을 알고……. 적게는 몇 년, 많게는 평생 배워도 부족하다. 그러나 오늘날 그러한 배움을 제대로 한 무당다운 무당이 얼마나 있을까.

일제강점기에 독립운동을 도왔다는 큰무당 이야기가 황해도 무당 사이에서 전설처럼 전해온다. 그이는 큰 굿이 끝나면 항상 수많은 제물을 배고픈 이웃에게 돌렸고 늘 함께하는 삶을 살았다고 한다. 그리고 독립운동 자금도 댔다 한다. 굿은 곧 '나눔의 잔치'임을 몸으로 실천한 이다.

전라도의 단골을 생각해보자. 단골은 평소에는 호미를 쥐고 논밭에서 일을 했다. 그러다가 집안에 궂은일이 생긴 사람이 있으면 호미를 집어던지고 땀 흘린 베적삼을 입은 채 굿을 했다. 이들은 굿판에서 직접 돈을 받는 것이 아니라 1년에 한두 번 쌀과 보리로 '연봉' 비슷한 것을 받았을 뿐이다. 그들 자신이 민중임과 동시에 종교적인 사제였다. 시베리아의 샤먼도 결코 제의를 치르고 돈을 받지 않았으며, 가난한 사람의 굿을 더욱 중시했다는 보고서가 많다. 그러나 오늘의 무당을 보고서 이 같은 민중의 무당을 어찌 생각이나 할 수 있겠는가.

강증산도 스스로를 '큰무당'이라고 했다. 그는 "후천개벽을 하는 데 무당을 따라가야 한다", "광대와 무당이 바로 큰 개벽장이다"라고 했다. 혹자는 이때의 무당을 '만신'을 뜻하는 무당이자 동시에 '없을 무' 자, '무리 당' 자 무당無黨, 즉 어떤 당파에도 가담하지 않은 '무당파'의 뜻을 지니고 있다고 해석했다. 오늘날 큰무당은 사라지고, 선무당만 설치는 격이다. 그들에게만 이 모든 책임을 물을 수야 없지만, 오늘의 무당에게는 타산지석의 이야기가 될지도 모른다.

무당의 긍·부정을 떠나서 오늘날도 여전히 무당이 속출하는 현상을 어떻게 설명해야 할 것인가? 무당의 조직인 경신회의 추정에 따르면, '신의 자식'이 무려 10여만 명에 육박한다. 더구나 요즘은 저학력자에서 고학력자로 옮겨가는 추세이며, 대학을 나온 무당도 만만찮은 수를 차지한다. 그렇다고 하여 이들 양산되는 무당을 사회문제로 진지하게 대처한 적이 한 번이라도 있었던가? '무당의 복지', '무당의 사회교육' 따위를 주장한다면 제도종교만을 주무르는 종교문화 정책 입안자 중에서 웃을 사람이 한둘이 아니다.

일찍이 유럽이나 러시아, 미국 등지에서 근 200여 년이나 연구해온 샤머니즘의 내용에 수준 높은 우리 무속은 거의 배제돼 있다. 또 이능화의 《조선무속고》(1927)가 출간된 이래로 90여 년이 흘렀다. 그러나 이후의 성과는 미미하기만 하다. 미국 스미소니언박물관에서 출간한 《대륙을 넘어서Crossroads of Continents》라는 책을 보니, 몽골리안이 베링해협을 건너서 북미로 이동해간 파란만장한 역사와 그들의 샤머니즘이 너무도 쉽고 자세하게 기술돼 있었다. 도대체 우리는 귀중한 자료를 쌓아두고도 왜 이런 성과물조차 없는 것인가. 우리 무당의 온전한 연구는 전 세계적 차원의 샤머니즘 연구, 종교 현상 연구 그리고 우리 민족의 종족 기원을 밝히는 데 중요한 밑거름이 될 것이 분명한데도 말이다.

바위그림,

고래의

울음을 품은

대곡리 반구대 암각화 세부도

그곳에 바위동물원이 있었다

동해로 흘러나가는 태화강가 바위동물원에는 온갖 짐승과 사람이 어울려 살고 있었다. 사람 수가 워낙 적어서 가히 동물의 낙원으로 불릴 정도였다. 서 있는 남자는 '가운뎃다리'를 비쭉 내밀어 '그것'만 두드러지게 보였다. 다른 남자는 활을 든 사냥꾼이거나 고기잡이배를 타고 있었다. 팔과 다리를 벌린 여자도 보였으며, 탈같이 생긴 얼굴도 보였다. 동물원의 주인공은 하늘, 땅, 바다를 망라했다. 정확한 수는 가늠할 수 없지만 당시 동물원을 지키던 사람이 바위에 그림으로 기록한 수는 다음과 같다.

바다짐승: 고래 48마리, 물개(바다사자를 포함했을 것이다) 5마리, 바다거북 14마리,

물고기 14마리, 기타 2마리

뭍짐승: 사슴 41마리, 멧돼지 10마리, 호랑이(표범, 범, 스라소니, 삵을 포함한 것 같은) 14마리, 소(정말 소인지는 불분명하지만) 3마리, 족제비 2마리, 토끼 1마리, 형체를 알 수 없는 동물 17마리

하늘 짐승: 새 1마리

바위동물원이 언제 세워졌는지 정확히 아는 이는 아무도 없다. 문자가 없어 말로 소통하거나 땅에 작대기로 그림 따위를 그려서 의사를 전달하던 시대였다. 사람들은 점점 항구적인 기록 방법을 찾기 시작했다. 어떻게 하면 자신이 품은 생각을 오래도록 남겨둘 수 있을까. 그로부터 사람들은 바위에 무엇인가 그리기 시작했다. 바위에 그림을 그리는 것은 쉬운 일이 아니었다. 단단한 바위 면을 파내거나 선을 쪼는 일이 만만찮았다. 그래서 그 많은 동물을 그리는 데만도 여러 세대가 흘렀다. 한 세대에 다 그리기가 어려웠을 것이다.

세월은 자꾸 흘렀다. 사람들은 동물원 앞 냇가에서 고기도 잡고 제사도 지내고 춤도 추고 노래도 부르면서 대를 이어 살았다. 그러다가 이 바위 동물원을 아끼던 사람들이 어디론가 떠나가야 했다. 그들이 떠난 이유는 아무도 모른다. 그들이 대곡천을 떠날 때 바위 위에 아무런 인사말도 써놓고 가지 않았기 때문이다. 적의 공격을 받고 황망히 떠났거나, 홍수가 밀려와서 높은 산으로 떠났거나, 이제 사냥은 그만두고 농사일에만 전념하기 위해 떠나지 않았을까. 어쨌든 그들은 떠났고, 다시는 돌아오지 않았을 것이다.

대곡리 반구대 암각화

그로부터 억겁의 세월이 흘렀다. 눈 오고 비 오고 꽃이 피길 수천만 번. 신라 화랑이 말에게 물을 마시게 하는 모습도 보았고, 어쩌면 김유신 장군이 동해로 출정하는 길을 지켜보았을지도 모를 일이다. 너무 긴 세월이었나, 그만 지쳐버린 거대한 고래부터 울기 시작했다. 이제는 안 돼, 동물원에 갇혀 살기가 너무 힘들어, 어떻게든 나가야 돼……. 다른 동물들도 저마다 소리를 질렀지만 바위동물원을 빠져나갈 방법은 막막하기만 했다. 동해로 나가는 강물이 차츰 줄어들고, 바위에 갇혀서 나갈 길을 잃은 고래는 큰 몸짓으로 바다를 향해 울부짖기 시작했다. 사슴과 호랑이도 사정은 마찬가지였다. 하지만 어느 누구도 그 고래 울음을 듣지 못했다.

어느 날 바위동물원은 탐욕스러운 인간의 댐 건설로 물에 잠겨버렸다. 어쩌면 물에 잠긴 기간이 그런대로 행복했던 것 같았다. 그러나 인간들은 더 이상 그들이 잠자코 침묵하는 것조차 용납하지 않았다. 물개와 바다거북, 멧돼지, 토끼, 족제비 그리고 선사시대의 사냥꾼과 고래잡이는 모두 새로운 삶에 맞닥뜨리게 되었다.

가뭄으로 물이 빠지면서 사람의 발길도 잦아졌다. 어느 날 동물원에 들이닥친 사람들이 동물의 얼굴과 몸에 먹물을 바르고 흰 종이를 붙여서 탁본이라는 증명사진을 찍어갔다. 고래, 물개, 거북, 사슴 등의 모습이 하나도 남김없이 찍혀서 사람 사는 세상에 공개됐다. 사람들은 아예 '국보 제285호로 임명함' 따위의 엄숙한 선언문을 낭독했고, 바위동물원 가족의 사생활은 여지없이 발가벗겨졌다.

울산시를 가로지르는 태화강의 지류인 대곡천을 거슬러 올라가면 돌병풍에 둘러싸인 절경이 나타난다. 그늘진 곳이기는 하지만 전망이 뛰어나 인근 일대에서 절승으로 소문났던, 울산광역시 울주군 언양읍 대곡리, 일명 반구대盤龜臺라 불리는 깎아지른 암벽이다. 댐이 만들어져 수천 년 간직한 비밀은 영원히 그렇게 물속으로 들어가고 있었다.

1971년도 다 저물어가는 성탄절, 일군의 울주 지역 조사단은 동네 사람의 제보를 받고 태화강가로 나갔다. 이미 1년 전에 인근 천전리에서 기하학무늬와 신라시대의 서각이 발견됐다. 그리고 1년 후 반구대의 바위동물원도 현대인의 방문을 받게 된 것이다. 참으로 오랜 세월, 기다린 보람이 있었는지 '선사시대의 프라이버시'가 신문과 텔레비전에 통째로 공개됐다.

나는 늘 생각한다. 우리에겐 무조건 축하해야 할 만한 '발견'이지만, 그것이 바위동물에게도 축하할 만한 일인지는 모르겠다고. 발견된 이래 이 바위동물원은 학술 연구를 빙자한 무참한 탁본과 모형 뜨기로 형체가 무참히 뭉개졌고, 댐 건설로 물에 잠겼다. 바위동물의 편에서 본다면 불행이었다는 생각을 저버릴 수가 없다. 차라리 그대로 좀 더 있다가 훗날 문화를 진정으로 사랑하는 사람에게 발견됐더라면 훨씬 좋았을 것이라는 생각에는 변함이 없다. 역사는 늘 그랬다. '발견'이라는 이름으로 대량학살을 자행했고, '발견'이라는 이름으로 무참히 파괴했다.

귀신고래와 사슴이 품고 있는
귀중한 단서

학자들은 이 같은 선사시대 바위의 공식 명칭을 암각화巖刻畵, 바위그림, 암벽화, 바위새긴그림 등으로 불렀다. 지명도 높은 명칭은 '암각화'와 '바위그림'이다. 나는 한자식의 암각화보다 바위그림이란 이름이 더 아름답고 어울린다고 생각하기에 늘 바위그림이라고 부른다.

중국이나 멕시코 등지에서는 안료로 직접 바위그림을 그렸다. 지금으로 치면 화가가 야외에서 환경미술을 한다고 할까. 우리 선조는 안료를 써서 그리기보다 선을 긋고 면을 쪼았다. 안료로 그리는 것보다 훨씬 더 힘들었을 것이다.

선사시대인은 현대인과 똑같은 상상력과 표현력을 지니고 있었다. 그림을 그리는 표현 방식에서 약간의 차이가 있을 뿐 감수성은 놀라울 정도로 뛰어났다. 나는 돌을 쪼아 만든 이 바위그림을 보면서 늘 경외심과 공포감을 함께 느낀다. 인간이 손도구를 사용하면서부터 생겨난 인간 예지에 대한 경외감, 또 손도구를 써서 '생산력 발전'이라는 이름 아래 자연을 파괴하기 시작한 것에 대한 공포감. 과학소설가 미하일 일리인은《인간은 어떻게 거인이 됐나》에서 이렇게 말한다.

> 우리 조상은 돌과 막대기를 손에 쥐었다. 이것은 그들을 전보다 더욱 강하고 자유롭게 해주었다. (……) 언제든지 먹을 것을 찾아서 멀리까지 갈 수 있게 된 것이다. 이 숲에서 저 숲으로 갈 수도, 온갖 숲의 법칙을 깨뜨리고 오랫동안 훤히 트인 평지에 머물러 있을 수도, 먹으려고 생각지도 않았던 먹이를 다른 짐승에게서 빼앗아올 수도 있었다. 이리하여 모험에 넘치는 그런 생활을 시작하게 되면서부터 인간은 자연 속에 존재하는 법칙의 파괴자가 됐다.

그렇다. 바위그림은 무문자 사회에서 최초로 쓰인 역사 기록이며, 더할 나위 없이 살아 움직이는 생동감 넘치는 역사의 현장 기록이다. 이와 동시에 노동도구의 발달을 암시하는 사회경제사적 유적이기도 하며, 인류와 자연의 대립이 시작되는 환경문화사적 유적이다. 고래의 등장은 고래 울음소리가 들리던 울산 앞바다의 추억을 되살리기에 충분하며, 동시에 고래사냥의 찬미가 시작되는 최초의 기록이기도 하다.

나는 대곡리 바위그림의 동물 중에서 고래와 사슴에게 특히 관심이 간다. 우리 선사문화의 수수께끼를 풀어줄 귀중한 자료를 품고 있는 동물이기 때문이다. 우리나라 동해안에 자주 회유해오는 고래는 긴수염고랫과(밍크고래, 보리고래, 긴수염고래, 흰긴수염고래), 참고랫과(북극고래, 북방혹고래),

돌고랫과(돌고래, 참돌고래), 향유고랫과(향유고래), 귀신고랫과(귀신고래) 등이다.

바위그림에 그려진 커다란 고래는 귀신고래다. 우리나라 연안에는 예부터 귀신고래가 많아서 19세기 말 일본 선단에 잡힌 고래의 태반이 귀신고래였다. 세계 수십 종의 고래 가운데 우리나라 학명이 붙은 고래는 귀신고래를 뜻하는 'Korean Gray Whale'뿐이다. 귀신고래는 일부일처제로 금실이 아주 좋아 암놈이 죽으면 수놈이 암놈 곁을 떠나지 않아 결국 같이 잡힌다. 또 이동할 때도 가족 단위로 하는데, 새끼가 먼저 작살을 맞으면 암수가 새끼 곁을 빙빙 돌다가 같이 잡힌다. 그래서 나는 '천연기념물 제126호'로 지정된 귀신고래를 보면 늘 안타까운 마음을 저버릴 수 없다.

우리나라 동해 남부는 고래의 보고였다. 동해를 해경海鯨이라 부를 정도였다. 포경업이 국제적으로 금지되기까지 방생포는 고래잡이의 전진기지로 이름을 떨쳤다. 그러나 나는 적어도 그 명성을 '악명'이라고 생각한다. 그렇다고 선사시대의 고래사냥을 마냥 나무랄 일은 아니다. 우리나라의 포경업은 근대에 이르기까지도 간혹 해변으로 몰아서 잡거나 떠내려온 놈을 생포하는 아주 소박한 수준에 불과했다. 동해를 '피바다'로 물들인 광란의 역사는 무능한 조선 정부를 무시하고 몰려들던 일본과 미국, 프랑스, 노르웨이 등의 포경선에서부터 시작됐다.

선사시대에는 이곳 대곡천까지 고래가 왔을까? 반구대에서 바닷가까지 직선거리는 20킬로미터다. 지형이 변하기 전까지만 해도 불과 10킬로미터 근처까지 고래가 들어왔다는 기록이 있다. 태화강가에 그려진 수많

고래 무리
남근을 세운 인물상
귀신고래,
대곡리 반구대 암각화 탁본

은 고래 그림은 아직 풀리지 않는 수수께끼임이 분명하나, 고래가 근처까지 왔다는 증거다.

바위동물원에는 사슴도 여러 마리 있다. 사슴은 때로는 외롭게 떨어져 있기도 하고, 수십 마리가 떼를 지어 달려가기도 한다. 사냥꾼이 따라붙기도 하고, 사슴 혼자 조용히 풀을 뜯기도 한다. 봄이 되면 사슴뿔이 의젓하게 솟는다. 사람들은 예부터 그 뿔을 명약으로 쳤다. 사슴뿔을 자르면 붉은 피가 아니라 흰 피가 솟구친다는 전설 같은 이야기도 있다.

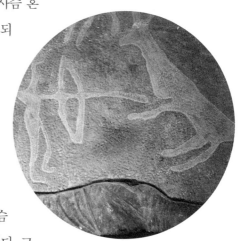

시베리아 바위그림

사슴 의례라고 할 만한 제의적 공간이 바위그림에 엿보인다. 사슴은 하늘과 땅을 연결하는 전령이었다. 그래서 알타이 문명의 다양한 장식품에도 사슴뿔이 등장한다. 나는 사슴뿔을 볼 때마다 저 툰드라 벌판이나 몽골과 만주벌판을 내달렸던 외로운 사냥꾼을 생각한다. 북아시아의 수많은 선사시대인은 사슴을 소재로 무수한 바위그림을 그려왔다. 우리나라도 예외가 아니었다. 다만 남아 있는 바위그림이 적을 뿐, 사슴사냥의 역사는 우리 선조의 출발과 함께 시작되었다. 신라 금관을 볼 때마다 사슴뿔을 닮았다는 생각을 지울 수가 없다. 신라를 개국한 사람은 사슴을 주로 잡던 집단의 후예가 아니었을까.

바위그림은 왜 물가에만 있었을까

선사시대인은 왜 하필 반구대에 바위그림을 그렸을까? 학설은 구구하나 이곳은 지금 보아도 신령한 분위기가 느껴진다. 화랑이 놀았다는 전설도 전해지며, 실제로 인근 천전리에는 신라시대의 옛 글씨도 새겨져 있다. 예나 지금이나 울주군은 감포 바닷가의 길목으로 물산이 집결되는 곳이다. 그러나 이곳에 뭍짐승과 바다짐승이 표현된 이유는 아직 명확하게 풀리지 않고 있다.

역사학자 전호태가 정리한 바에 따르면 대략 다음의 몇몇 견해가 있다. 성역이자 제단(김원룡), 제의와 교육의 터(정동찬), 동물 수호신을 위한 굿터(김열규), 재생과 풍요를 위한 봄의 정기적 의례 장소(임장혁) 등으로 본다. 이러한 견해 사이에도 미묘한 차이가 있다. 바위그림 유적이 신성한 존재가 강림하는 성역이자 이를 모시는 제사 터(임세권)라면 그 주변의 발굴이 필요하다는 견해(장명수)도 나오고 있다.

반구대 바위그림에서 바다와 뭍 동물 그림이 다수를 차지한다고 하여 동물에만 관심을 두면 당대 사회가 수렵사회였다는 그릇된 결론이 나올 수도 있다. 그러나 이 바위그림을 그렸음 직한 청동기 사회는 분명 정착 농경사회다. 그렇다면 이 그림에서 정착농경사회의 흔적을 찾아보아야 한다는 의문점도 제기된다. 그래서 학자에 따라서는 지모신地母神의 풍요 다산과 관련된 남성 성기의 상징, 동물을 사육하는 울타리 등 정착 생활의 흔적을 새삼 강조하기도 한다.

바위그림을 생각하면서 늘 품는 의문 하나. 왜 바위그림은 물가에서 집중적으로 발견되는 것일까? 대곡리 바위그림은 태화강 상류의 냇가와 맞닿은 절벽에 있다. 천전리 것도 개곡천 상류인 사연댐 최상부에 있다. 고령 양전리 알터바위는 고령읍 남동쪽의 낙동강 지류 가천과 서남쪽의 안림천이 합쳐지는 회천 북쪽에 있다. 고령 안화리 바위그림은 양전리 회천의 지류인 안림천 상류 냇가에 있다.

금장대 바위그림

함안 도항리 바위그림은 남강 지류인 함안천 유역의 낮은 구릉지대에 있다. 포항 인비리의 것은 포항시 기계면의 기계천가에 있다. 경주 석장동 금장대 바위그림은 천하의 절경을 품고 있다. 밑으로 형산강 상류인 서천과 북천이 만나는, 높은 산정의 깎아지른 곳에 자리해 인근 일대가 훤히 굽어보이는 전망대다.

영천 보성리 바위그림은 금호강 유역에 있다. 영주 가흥동 바위그림은 영주시 내성천 지류인 서천이 굽이도는 지점에 외따로 솟은 바위산에 있다. 여수 오림동의 것은 여수반도 연등천 지류인 개울이 흐르는 곳에 있다. 남원 봉황대 바위그림은 섬진강 지류인 삼천의 분지에 있으며, 서남쪽에 작은 개울을 끼고 있다. 안동 수곡리는 지금은 수몰되어 사라진 임동면 수곡동 한들마을에 있다. 금산 어풍대 앞에도 금강 상류인 봉황천이

칠포리 바위그림

천전리 바위그림

흐른다.

포항 칠포리는 또 어떤가. 칠포 바위그림을 최초로 발견한 포철고문화연구회의 한형철과 이하우가 출간한《칠포마을 바위그림》에는 칠포를 소개하는 다음과 같은 글이 나온다.

비학산飛鶴山 줄기가 흥해의 넓은 벌판을 열고, 이를 감싸듯 흐르는 지맥이 곤륜산崑崙山으로 높이 솟아 있다. 곤륜산과 마주 보는 오봉산 사이를 소동천 작은 개울이 흘러 이윽고 바다에 닿는 아담한 하구에 칠포마을과 포구를 연다.

이것들이 물가에서 발견된 이유는 하나다. 예나 지금이나 사람들은 물 좋고 산 좋은 곳을 사랑했다는 증거일 것이다. 절경 중의 절경인 반구대 같은 신령스러운 곳에 바위그림을 새겨둔 선사시대인의 마음가짐이 지금 우리에게는 자연에 대한 외경심으로 다가온다.

암호 해독의 열쇠는 기하학무늬에 있다

풀리지 않는 의문은 천전리 바위그림을 세밀하게 분석해보면 곧 드러난다. 천전리는 대곡리에서 불과 2킬로미터 가량 떨어진, 태화강 지류인 대곡천 상류에 있다. 반구대 그림이 동물 위주였다면 천전리의 것은 조금은 복잡하여 대략 세 가지로 정리된다. 사슴 같은 동물 그림, 뜻을 정확히 알 수 없는 기학학적 문양, 역사시대로 접어들어 그려졌을 신라시대의 글씨나 그림 등이다. 미술사가인 문명대는 천전리 바위그림의 목록을 다음과 같이 제시했다.

> 동물 그림: 사슴, 호랑이, 새, 물고기, 기타 알 수 없는 환상동물 등
> 기하학무늬: 마름모꼴(단독 마름모꼴, 종연속 마름모꼴, 횡연속 마름모꼴), 둥근 무늬(홑둥근 무늬, 연속홑둥근 무늬, 포도송이꼴무늬, 겹둥근 무늬, 연속겹둥근 무늬, 타원형 무늬), 굽은 무늬, 가지무늬, 우렁무늬, 기타(화살무늬·쌍십자무늬 등)
> 인물 그림: 탈, 서 있는 인물, 기마행렬도, 기마인물도, 인물 입상, 동물(말·용·새·물고기), 배, 기타 등

왜 반구대와 같은 물줄기에 자리한 천전리 것에서는 기하학무늬가 중

요한 비중을 차지할까? 이 기하학무늬는 무엇을 상징하는가? 정확한 것은 알 수 없어도 이들 무늬야말로 우리나라 바위그림의 수수께끼를 풀어줄 유일한 증거물이다.

기하학무늬는 곳곳에서 속속 발견됐다. 가장 가까운 예로 고령 알터에 있는 동심원, 포항 칠포리에서 무더기로 발견된 문양, 함안 도항리의 동심원 등이 그것이다. 기하학무늬는 신석기시대의 무늬토기인과 관련 있는 것으로 추정되지만, 학자에 따라 견해가 사뭇 다르다.

청동기시대의 바위그림이 후기로 오면서 기하학무늬나 단순한 풍요와 생산을 상징하는 성혈 등의 문양 등으로 그 형태와 대상물이 바뀌었다는 견해도 있다. 동심원만 하더라도 태양을 상징하는 것이라는 일반적인 주장에서부터 재생과 우주의 배꼽, 달이나 강의 물결을 상징하는 것이라는 주장도 있다. 마름모꼴을 여성 혹은 남성을 상징하는 것으로 보기도 하고, 물결무늬는 물과 관련된 풍요의 상징으로 보기도 하는데, 의문점을 풀기 위한 많은 학자의 노력에도 정확한 것은 아직 밝혀지지 않았다.

선사고고학 개론서 1장에 반드시 빠지지 않고 등장하는 몰타의 거석문화에도 동심원이 나타난다. 지중해의 몰타 유적은 영국의 스톤헨지와 더불어 유네스코가 선정한 세계적인 거석문화 유적이다. 특히 몰타 섬의 타르시엔 유적은 복잡다단한 신전의 집합체이며, 기단 벽면에 돌기문양이 아로새겨져 있다. 우리 문화와 친연성이 주목되는 시베리아의 바위그림에도 잡다한 동심원이 새겨져 있다. 유럽과 시베리아의 선사 문명에 모두 동심원이 등장하는 것으로 보아 문명의 원초성을 상징하는 것이 틀림없을 것 같다.

몰타 타르시엔 유적의 기하학무늬

동안리 고인돌의 동심원무늬
몽골의 바위그림, 울란바트로국립박물관

천전리 바위그림의 기하학무늬

재미있는 것은 반구대 이후 추가로 발견된 바위그림이 대부분 반구대의 것과 내용을 달리한다는 점이다. 새 유적에서는 공통적으로 동심원·패형牌形 바위그림이 나타난다. 패형이라 부르는 것도 일부의 견해일 뿐, 역사학자이자 바위그림 전문가 임세권은 사람 얼굴로 본다. 방패형과 청동의기를 연결하는 견해로부터 인면 상징으로 보는 견해까지 다양하다.

그동안 관심을 끌었던, 대곡천에 분포된 동물형 바위그림이 사실은 특수한 것이고, 이후 발견된 바위그림이 오히려 보편적인 것이라는 점에서 바위그림을 바라보는 시각에 변화가 생겼다. 기하학무늬가 전국에 걸쳐 보편적인 것으로 보아 우리나라 선사시대 바위그림의 전형은 기하학무늬로 상징화된다.

그렇다면 왜 반구대 바위그림에만 유별나게 많은 동물이 등장할까? 혹시 반구대 바위그림을 제작한 선사시대인은 한반도로 진출한 어떤 별난 종족이라도 되는가? 그들은 어디로 사라졌을까? 우리나라의 다른 곳에서는 반구대 형식의 그림이 발견되지 않았다. 그러나 동북아시아의 여러 종족 사이에서는 비슷한 동물 그림 형식을 흔히 볼 수 있다. 그들 종족과 어떤 연관성이라도 있는 것일까?

지금 정확하게 말할 수 있는 것은 하나다. 이들 기하학무늬를 올바르게 해석하는 날, 우리나라 바위그림의 수수께끼가 풀릴 수 있다. 그래서 나는 천전리 바위그림 앞에서 사람들에게 설명할 때마다 "우리나라 바위그림 암호 해독의 키는 기하학무늬다"라고 단언한다.

마지막 의문은 이들 바위그림이 왜 하필이면 경상도 지방에 집중되었느냐는 점이다. 반구대나 천전리에서 바위그림이 발견된 이래로 더 많은 바위그림이 발견됨으로써 상호 비교 방식을 통한 문제의 실마리가 엿보인다. 남원 봉황대, 여수 오림동, 남해 평리, 고령 양전동·안화리, 함안 도항리, 포항 칠포리·인비리, 안동 수곡리, 영천 보성리, 영주 가흥동, 경주 금장대·상신리, 금산 어풍대 등 남부 지방에서만 여러 곳에서 발견됐고, 지금도 속속 발견되고 있다.

대부분의 바위그림이 경상북도 내륙에 분포하는 것도 풀리지 않는 의문점이다. 그렇다고 이를 기정사실화하는 데는 어려움이 있다. 바위그림을 연구 조사한 역사가 워낙 일천한데다 다른 지역에서는 아직 발견되지 않았을 뿐이라고 생각할 수도 있기 때문이다. 그러나 현재까지의 연구 조사 결과만 놓고 본다면 영남 지방이 중부의 기호 지방이나 호남 지방보다 바위그림이 밀집해 있는 것은 사실이다. 왜 그럴까? 민족 이동 시절에 경상도 방면으로 진출한 일군의 세력이 바위그림 문화를 지닌 세력이었을 가능성이 높다. 이 역시 단정적으로 이야기할 수는 없다. 여수나 남원 같은 전라도 지역에서도 부분적이나마 발견됐기 때문이다. 만약 김제, 무안, 목포 같은 지역에서도 새롭게 발견된다면 이 가설은 완전히 무너질 것이다.

보편적인 기하학무늬가 다른 지역에서 발견될 가능성은 높지만, 반구대 같은 동물 그림이 집중적으로 발견될 가능성은 매우 희박하다. 그러한 연유로 아직은 경상도 집중이라는 가설도 유효하다. 이 가설을 완전히 깰만한 또 다른 바위그림이 우리나라 어느 곳에선가 나타날 것이라는 기대, 특히 북한 지역 어딘가 있으리라는 기대를 함께한다.

가장 생생한 삶의 흔적을 찾아서

1993년, '한국암각화의 세계' 심포지엄에 참석해 포항 칠포리와 인비리, 경주 금장대까지 함께 공동 답사를 하면서 토론을 벌이던 기억이 새롭다. 결론은, 바위그림에 관한 연구는 어느 일개 학문 분야의 몫이 아니고 고고학, 역사학, 민속학, 인류학, 종교학, 신화학, 고생태학, 지질학, 천문학, 고생물학 등 인문사회과학과 자연과학 각 분야의 학제 간 연구를 통하여 진척시켜야 할 분야라는 데 암묵적으로 합의했다.

풀리지 않는 것은 여전히 수수께끼일 수밖에 없다. 바위그림의 풀리지 않는 수수께끼를 찾아 많은 학자가 몽골과 만주, 시베리아로 향하기 시작했다. 동아시아적 보편성과 한국적 특수성의 가려진 비밀이 언젠가는 드러날 것을 기대하면서, 동북아시아 전반의 연관성을 비교문화사적으로 추적하기 시작한 것이다. 이래저래 바위그림은 풀리지 않는 선사시대인의 수수께끼를 지니고 지금도 속속 새롭게 발견되길 기다리는 중이다.

문자가 없던 시절 선사시대인이 남긴 바위그림이야말로 가장 생생한 삶의 흔적이다. 신학자이자 언어학자인 월터 옹이 들려주는 다음의 구절을 음미해보자. 그는 《구술문화와 문자문화》 서문

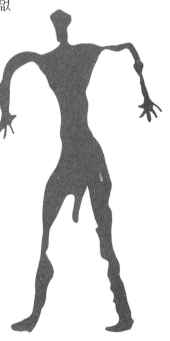

시베리아 바위그림

몽골의 하난하드 지방 바위그림, 장석호 사진, 러시아과학아카데미 역사문화재연구소

새 머리 사냥꾼이 그려진 바위그림, 시베리아, 3000년 전

사슴 가죽을 입고
춤추는 샤먼

금문, 청동기, 중국 상·주시대

모흐소꼴뿐흐야 지방
바위그림

에 이렇게 적었다.

최근 몇 년 사이에 일차적인 구술문화—즉 전혀 쓰기를 알지 못하는 문화—와 쓰기에 깊이 영향을 받고 있는 문화 사이에는 지식을 다루는 방법과 그것을 말로 표현하는 방법에 어떤 기본적인 차이가 있다는 사실이 밝혀졌다. 이 새로운 발견에는 놀라울 만한 것이 함축되어 있다. 즉 문학, 철학, 과학 등의 사고와 표현에서 당연한 것으로 여겨온 많은 특징이, 그리고 문자에 익숙한 사람들 사이의 구술 담론에서 당연한 것으로 여겨온 많은 특징조차 결코 인간에게 천성적인 것은 아니라는 것이다. 쓰기라는 기술을 통해 인간의 의식에 유용하도록 작용하는 여러 자질 때문에 생겨난 것일 뿐이다. 우리는 이제 인간의 정체성에 대한 기존의 견해를 수정해야 한다.

어쩌면 바위그림에 관하여 내가 쭉 늘어놓은 여러 해석상의 문제도 결국 문자문화에 익숙한 사람의 한갓 '길들여진 자질' 때문에 생겨난 판단일 것이다. 어린아이의 순진무구한 그림에서 많은 깨달음을 얻듯이 문자 없이 단순한 그림으로만 표현했던 선사시대인에게서 문명의 원초성 따위를 배워야만 할 것 같다. 우리가 잃어버린 원초성, 선사시대인은 바로 그것을 간직하고 있었을 것이다.

배꼽,

혁명

혹은 구멍

아기 안은 여인, 신윤복,
국립중앙박물관

배꼽에서 자궁을 생각하며   12

배내옷, 배냇냄새, 배냇니, 배내털, 배냇머리, 배냇짓…… '배'에 얽힌 토박이말이다. 누구든 국어사전을 펼치면 배로 시작되는 무수한 토박이말을 찾을 수 있다. 배에 얽힌 풍부한 어휘는 우리 민족에게 '배꼽문화'가 일찍부터 있었다는 확실한 증거다. 갓난아기는 세상에서 처음 입는 옷인 배냇저고리를 입는다. 아기가 입을 벌려 소리 없이 가볍게 웃는 것을 '배식배식' 웃는다고 한다. 어머니의 자궁에서 놀던 '배냇짓', 아기를 임신했다는 뜻인 '배슬리다' 혹은 '배임胚姙'이라는 말, 이 모든 게 배꼽과 연결된다.

옛사람은 태교를 중시했다. 그래서인지 대다수의 어머니는 태몽을 꾸었으며, 때로는 배꼽을 보고 태아의 성별을 점치기도 했다. 대충 다음과 같은 속신이 전해진다. '임부의 배꼽이 튀어나오면 딸, 들어가면 아들. 임부의 배꼽이 단단하면 딸, 물렁물렁하면 아들. 태동이 심하면 아들, 얌전하면 딸.' 아기가 자라서 뛰놀 만한 어린이가 되어서도 증거물은 남는다. 탯줄을 자른 유일한 증거물인 배꼽만큼은 출생의 비밀을 간직한 채 일생 동안 남게 된다.

태아는 탯줄로 생명을 유지한다. 탯줄은 자궁 속 태반과 이어져 있다. 어둡고 비밀스러운 자궁은 태초의 숨결을 머금고 신화를 창조하는 역할을 부여받는다. 자궁의 숨결을 '태동胎動'이라 불렀으며, 그래서 새로운 움직임을 태동이라고 표현한다. 어머니는 태동을 통해 새 생명의 출산을 예감하며, 인류 역사는 늘 새로운 태동을 통해 변화, 발전해왔다.

인간이라는 존재는 모두 어머니의 자궁과 연결되며 탯줄을 통해 지금에 이르렀으니, 인류의 역사를 탯줄의 이어짐으로 풀이해도 틀린 말은 아닐 것이다. 배꼽은 바로 이 탯줄의 출구다. 태아를 세상과 이어주는 구멍이다. 또한 배꼽은 생명의 근원지 그 자체다. 어두컴컴한 자궁에서 탯줄을 따라 생명은 숨을 이어왔다.

우리의 탯줄은 어디에 있을까

지리산 노고단 남부 능선이 이어지는 수려한 계곡, 마을 앞으로 섬진강 줄기가 흘러가는 구례 운조루雲鳥樓에 가면 유구한 역사를 자랑하는 '배꼽문화'를 볼 수 있다. 운조루 주인인 문화 유씨 집안에서는 장손의 태를

태워서 남은 재를 단지나 옹기 같은 태반에 담는다. 태반은 사당의 숲 그
늘에 소중하게 묻어둔다. 장손이 죽으면 태반에 넣어두었던 재를 꺼내어
관 속에 함께 넣는다. 새 생명을 지켜준 탯줄은 장손과 함께 평생을 한 집
에서 살다가 마지막에는 그의 죽음에 동행한다.

　민간에서는 흔히 태를 태우거나 물에 떠내려 보냈다. 그래야 좋다고 믿
었다. 어렸을 적 한강변에 살던 시절의 이야기다. 늘 강가에 나가서 노는
일이 우리 '악동'의 일과였다. 검정고무신으로 송사리를 잡거나 조그만
조개를 줍는 일, 하얀 물새 떼를 쫓아다니거나 강변에서 뗏목을 구경하는
일 따위는 일상이었다. 그런데 물에 떠운 탯줄이 모래톱에 걸리는 일이
종종 있어 우리를 놀라게 했다. 그때는 그게 왜 그렇게 징그러웠던지. 탯
줄을 강물에 떠워 보내는 일은 서울의 보편적 풍습이었고, 내 탯줄
도 아버지가 한강에 떠워 보냈다고 한다.

　서민의 탯줄 처리는 그렇다고 치고, 구중궁궐에
서는 어떻게 했을까? 왕실의 태실胎室로 대표되
는 배꼽문화는 가히 통치권자만이 누리는 특권
이었다. 왕족이 태어나면 태를 태우지 않고 태
항아리에 담아 태실에 모셨다. 태실에 모신 태
의 주인 중에서 왕이 되는 이는 특별대우를 받
아, 태봉胎封이라고 하는 또 하나의 '왕릉'을 차
렸다. 태는 태아에게 생명을 부여한 것이라 보
았기에 국운의 흥망성쇠와도 연관 지었다.

　왕릉은 왕궁에서 100리 안쪽에 써야 했으나 태

세종의 태내항아리,
국립고궁박물관

실만큼은 거리 제한을 두지 않았다. 아무리 멀더라도 명당을 찾아 태의 거처를 정했으니, 한양에서 멀리 떨어진 경상도 성주군 월항면 인촌리에 는 무려 13위의 조선 왕족 태실이 전해질 정도다. 인촌리의 서진산이 명 당이기 때문이었다. 당연히 그 산은 태봉으로 봉해졌다.

태실의 사방 300보(약 500미터) 거리에는 금표禁標를 세워 강력히 보호 했다. 모든 일은 관상감에서 관장했고, 태의 호송과 태실의 역사는 선공 감에서 도맡았다. 태를 봉송하는 책임자로 안태사 같은 벼슬을 내려 관리 를 특별 파견했을 정도였다. 또한 석물을 설비하고 봄가을에 제사를 지내 는 등 왕의 위엄에 걸맞게 태봉을 모셨다.

국가에서 중요하게 생각한 태를 일제가 그냥 둘 리 없었다. 조선 600년 간 왕족의 배꼽이 들어 있는 수많은 태실을 마구잡이로 서삼릉에 모아들 였다. 태실을 명당에서 뽑아내 민족정기를 진압하려는 가증스러운 작전 은 빈틈없었다. 서오릉 바로 옆 서삼릉에 집결된 태실은 일본식 담장과 문으로 봉쇄됐다. 태실을 표시하는 비석은 일본을 뜻하는 일日 자로 배치 됐다. 명산의 정기마다 쇠말뚝을 박았던 식이다. 일제의 식민 지배가 우 리의 배꼽에까지 뻗쳐온 것이다.

세상의 중심, 삶의 중심

배꼽은 세상의 중심을 뜻한다. 배는 삶의 중심이다. 인간사에서 배고픔보 다 절박한 것이 있을까. 배고픔이란 세 글자는 인생살이에서 고통의 상징

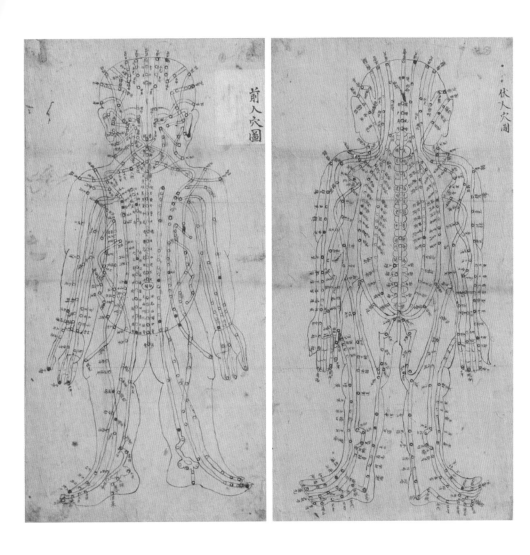

경혈도(전인혈도와 복인혈도), 경희대중앙박물관

이다. 제대로 먹지 못하는 일뿐 아니라 가난한 삶 자체를 배고픔으로 표현하니 말이다.

배꼽은 의학적으로도 중심이다. 한의학에서 제臍라고 부르는 배꼽은 신체의 정중앙과 무게중심에 해당한다. 단전을 세 군데 꼽는데, 상단전은 눈썹 위, 중단전은 명치, 하단전은 흔히 말하는 단전으로서 배꼽 밑 2촌 4푼 거리를 가리킨다. 손을 배꼽에 놓고 2촌 4푼만큼 아래로 내려가면 틀림없이 하단전에 당도할 것이다. 따라서 배꼽은 호흡에서도 기준이 되는 위치에 자리한다. 단전호흡에서 중요한 호흡법인 태식법胎息法은 태아가 숨 쉬는 방법을 재현한 것이다. 탯줄에 매달린 아이의 호흡이 가장 원초적인 힘을 지닌다는 믿음에서 비롯됐을 것이다.

민간 상식으로도 단전 아래가 차면 안 좋은 것으로 본다. 목매달아 자살한 사람을 포도청의 나졸이 나와서 검시할 때 배에 온기가 있으면 되살릴 수 있는 것으로 여겼을 정도로 배는 생명의 원천이다. 무더운 여름 잠자리에서도 배만큼은 덮고 자야 한다고 이불을 챙기던 어머니의 손길에서도 그 중요성은 확인된다. '배앓이'라는 말이 적용되는 포괄성을 상상해보라.

배꼽은 정기의 근원이기도 했다. 과거에는 배꼽을 먹는 매우 오래된 풍습도 있었다. 아기의 탯줄을 잘못 잘라서 덧난 태독에는 배꼽 떨어진 것을 말렸다가 다려서 먹이거나, 태를 태운 재를 가루 내어 발라주기도 했다.

배꼽은 웃음과 시기 질투의 중심이기도 하다. 심하게 우스울 때 누구나 '배꼽 뺐다', '배꼽을 쥐었다'고 말한다. 우스울 때 왜 배꼽이 연상될까? '골

때린다'는 비속어가 등장하기 전까지 적어도 웃음만큼은 배꼽의 전유물이었다. '사돈이 땅을 사면 배가 아프다'는 속담에서처럼 시기 질투에서도 중심이었다.

배꼽은 심지어 동네에서도 중심이었다. 예전에는 동네 한가운데 중심이 되는 큰 마당을 배꼽마당이라고 불렀다. 이동하는 소설 〈우울한 귀향〉에서 배꼽마당을 이렇게 썩 잘 표현해놓았다.

올망졸망 늘어서 있던 아이들의 그 조그만 머릿속에 오만 가지 기묘한 상상을 불러일으켰던 그 배꼽마당의 진상은 곧 뜨거운 뙤약볕 아래 환하게 드러나고 말았다.

배꼽은 인간, 아니면 여타 포유동물의 전유물일까? 물론 아니다. '식물의 사생활'을 잘 들여다보면 식물에게도 배꼽이 분명하게 드러난다. 꽃받침이 떨어진 자리가 유난히 볼록 튀어나온 배꼽참외를 연상해보라. 식물에게도 배꼽은 생명의 근원인 셈이다.

세상의 중심인 배꼽은 우리 민족에게만 적용되는가? 멀리 북쪽 시베리아 사하로 가보자. 시베리아인은 '세상의 황금 배꼽'에서 가지가 여덟 개인 나무가 자란다고 믿는다. 바로 그곳이 원초적인 낙원이다. 최초의 남성이 태어나 나무둥치에서 상체만 내민 여성의 젖을 먹고 자라는 그런 땅이다.

이번에는 멀리 남쪽 태평양에 자리한 신비의 섬 이스터로 가보자. 이스터의 원래 이름은 폴리네시아어로 테피토테헤누아인데, '섬들 중의 배꼽'

이스터 섬의 황금 배꼽

이란 뜻이다. 폴리네시아인의 말을 빌리면 이스터 섬에 붙여진 가장 오래된 이름이다. 문명 이동의 흔적을 찾아서 콘티키라는 뗏목을 타고 남태평양을 건넜던 토르 헤위에르달은《콘티키》라는 책에서 이런 기록을 남겼다.

　이 섬의 동쪽 최초의 장이족이 상륙했다는 곳 근처에는 '황금의 배꼽'이라 부르는 잘 다듬은 둥그런 돌이 놓여 있다. 또 이곳은 이스터 섬의 배꼽으로 알려져 있다. 시를 알았던 폴리네시아인의 조상이 섬 동쪽 해안에 섬의 배꼽을 조각해놓고 페루에서 가장 가까운 섬을 이보다 서쪽에 있는 여러 섬의 배꼽으로

택한 것은 상징적인 의미가 깃들어 있다. 폴리네시아의 전설은 '섬의 발견'을 '섬의 탄생'이라고 말한다. 이 전설을 생각할 때 이스터 섬을 여러 섬의 탄생 표시인 배꼽이라고 부르는 것은 그들의 애초의 고향을 이어준 점이 되고 있음을 암시한다고 보아 마땅할 것이다.

배꼽에서 혁명을 생각하다

1892년 임진년 여름, 임진왜란이 일어난 지 꼭 300년 되던 해다. 세상에는 무언가 큰일이 벌어질 것이라는 소문이 자자하여 민심이 흉흉했다. 그때 선운사 석불의 배꼽 비결秘訣 사건이 기름에 불붙이듯 민중혁명에 불을 붙였다. 영광 접주로서 실제 현장에 있었던 오지영은《동학사》에서 당시 정황을 소상히 알려준다.

그해 8월의 일이다. 석불 배꼽에 신기한 비결이 들어 있어 그 비결이 나오는 날은 한양이 망한다는 말이 떠돌았다. 무장현의 손화중 접중에서 농민군이 백주 대낮에 횃불을 들고 선운사를 들이쳤다. 석불의 배꼽을 도끼로 부수고 그 속에 있는 무언가를 꺼냈다. 세상이 뒤바뀔 만한 비결을 꺼냈다는 소문이 꼬리를 물고 호남 일대에 퍼져 나갔다. 소문이 확산되자 고창·고부·무장·부안·영광·장성·흥덕·정읍 등 전북 우도 일대에서 수만 명이 모여들기 시작했다. 비기가 드디어 민중의 손으로 들어갔음은 곧바로 한양의 기운이 그 명을 다한 것으로 판단된 까닭이다.

왜 하필이면 선운사 마애불의 배꼽이었을까? 선운사 석불을 보면 정작 어디에도 배꼽은 없다. 실제로 동학도가 비결을 꺼냈는지, 어떤 비결이 있었는지 확인된 것도 없다. 아니, 동학도는 비결을 꺼내지도 않았으면서 그런 일을 꾸몄는지도 모른다. 훗날 그 비결은 다산 정약용의《경세유표》나《목민심서》였을 것이라는 설도 전해졌다. 세상 갈아치우는 혁세革世의 한마당에서 판을 새로 짜기 위한 통과의례가 없어서야 되겠는가. 비결 탈취 사건은 세상을 뒤집어엎는 '좁은 문' 혹은 '구멍' 같은 것이었다.

동학 지도부가 연출했음 직한 이 사건의 불가사의는 배꼽의 비결에 있다. 새 생명은 배꼽으로 연결된다. 새로운 세상을 꿈꾸던 이들에게 변혁으로 나아가는 출구로 배꼽을 선택한 것은 바로 이 상징때문이 아니겠는가. 중세 사회를 마감하면서 민중의 혁세사상을 펼치고자 한 동학농민전쟁의 불꽃이 바로 생명의 상징인 배꼽에서 당겨졌다.

'배꼽 섹스어필'의 시대

거리에서 배꼽티 입은 여성을 보는 것은 흔한 일이다. 어느 곳에서나 여성의 배꼽을 마주할 수 있다니, 수영장이나 대중목욕탕이 아니면 동성 간이라도 누군가의 배꼽을 보기는 어려운 일이었는데, 세상이 '확실히' 변했다. 그렇다. 지금은 배꼽 자체가 하나의 화두로 등장한 '배꼽문화'의 시대다. 서양 풍습을 따른 배꼽 노출 패션이 장안을 메운다. 코걸이, 귀고리처럼 배꼽에 장신구를 매단 패션도 흔한 일이 됐다. 우리는 '배꼽 섹스어필'

선운사 마애불의 배꼽

시대를 살고 있다.

조선시대 여인의 저고리는 조금만 올리면 젖무덤을 보여줄 수 있었다. 조선 말기 외국인이 찍은 사진에서 아들을 다산하여 '당당한 자격증을 얻은' 서민 여성이 과감히 젖무덤을 드러낸 모습을 보기란 그다지 어려운 일이 아니다. 양반 부녀자가 너울로 얼굴을 가리고 다니던 유교 사회라서 퍽이나 엄격했을 것 같지만, 정작 서민은 운신의 폭이 넓었다. 물론 이런 여성을 보고 섹시하다는 생각은 하지 않았다. 그러나 배꼽 노출은 어떤 경우에도 상상하기 어려웠다.

혹자는 배꼽을 여성 성기의 또 다른 상징물로 보아, 그야말로 '구멍'을 드러내놓고 다니는 '말세'라고 논박하기도 한다. 이 주장의 타당성 여부를 떠나서 분명한 것이 하나 있다. 선운사 마애불의 '배꼽'에서 동학농민군이 새로운 세상을 엿보았다면, 오늘의 우리는 육체의 열린 '구멍'을 통해 또 다른 세상의 문을 들여다본다. 하긴 언론인이자 작가인 장뤼크 에니그는 전 유럽에서 베스트셀러가 됐던 《엉덩이의 역사》에서 엉덩이 하나만 가지고 역사를 풀어냈다. 그러니 누군가 배꼽의 역사를 통해 '구멍' 이야기를 쓴다 한들 말릴 수 있겠는가.

오늘의 배꼽문화는 성적 훔쳐보기를 유도한다. 그래서 살짝살짝 은근히 드러내야 더욱 아름다운 것으로 인정된다. 은폐된 어두컴컴한 밀실에서 벌어지는 '하수구' 차원의 넘치는 성문화가 있기도 하지만, 공개적으로는 유교적 잣대가 준비되어 있다. 정작 은근히 드러내는 배꼽문화를 요구하는 것이다. 패션디자이너는 속도감 있게 다양한 배꼽 패션을 선보인다. 그에 맞춰 젊은이는 앞다투어 배꼽에 투자하며, 배꼽을 아름답게 만들기

위해 성형수술까지 마다하지 않
는다.

남성도 성적 훔쳐보기를 유도
하는 배꼽문화에 동참한다. 남
성 인기 연예인은 저마다 옷을
열어 배꼽을 예사로 드러낸다.
그렇다고 일반 젊은 남성 사이
에 배꼽문화가 정착된 것 같지
는 않다. 아직은 젊은 여성의 전
유물인 셈이다. 그렇다면 여성
만 집중적으로 노출시키는 성적
훔쳐보기에서 배꼽이 차지하는
역할은 그야말로 또 하나의 '구
멍'이 아니겠는가.

경우에 따라서 젖무덤은 보여
주어도 되는데 배꼽만은 안 됐
던 전통사회, 배꼽은 보여주되
젖무덤 노출은 너무 과한 것으
로 치부하는 오늘의 사회, 100년
이 조금 넘는 사이에 노출의 개
념부터 달라졌다. 배꼽이 자궁
으로 연결되고, 배가 차가우면

미인도, 작자 미상, 19세기
동아대박물관

채반을 인 조선 여인, 내셔널 지오그래픽 소사이어티, 1910
다림질하는 여인, 연세기록보존소, 19세기

함지박을 인 여인, 국립중앙박물관

불임의 원인이 될 수도 있다는 상식을 생각해보면 배꼽 노출이 어쩐지 격 정도 되지만 그것이 무슨 문제겠는가.

다시 혁명을 들여다보며

동학농민전쟁이 터진 1894년에서 꼭 1세기 뒤에 배꼽문화가 시작됐다는 것! 이것은 무슨 암시일까. 열망과 욕망의 정도 차이는 있을지 모르지만 오늘이나 배꼽에서 혁명을 꿈꾸던 그 시절이나 하수상하기는 마찬가지다. 지금 여기서 배꼽 노출에 관한 도덕적 반대론이나 암묵적 지지 혹은 적극적 지지 따위의 객설을 늘어놓으려는 것은 아니다. 배꼽 노출을 바라보면서 나는 혁명·혁세, 그런 것부터 떠올렸다. 배꼽과 혁명 혹은 혁세……, 어울리지 않을 것 같은 둘 사이의 친연성을 따져보니 오늘의 배꼽문화를 다시 생각하지 않을 수 없다.

동학혁명과 배꼽 노출의 시대. 이 '부조화의 기묘한 일치'를 보며 문화의 패러독스를 떠올리지 않는다면 그것이 도리어 이상한 일이다. 나는 새삼 문화의 천변만화를 보는 것 같아 마음 가득 씁쓰레함을 느낀다. 어쩌면 배꼽에서 태실이나 생명 탄생 혹은 혁명을 읽는 내 의식 구조에 문제가 있는지도 모르겠다.

생명나무,

황금가지의

수수께끼

문명세계에 보내는 편지 13

나는 지금 역사의 무대에서 사라져간 북미 인디언 수와미족의 추장 시애틀이 쓴 〈문명세계에 보내는 편지〉를 읽고 있다. 1855년 피어스 대통령에게 이 편지를 보냈으나 미국 정부는 한참 세월이 지난 뒤 미국 독립 200주년을 기념하여 뒤늦게야 공개했다. 편지는 이렇게 끝을 맺었다.

백인이 언젠가는 발견하게 될 한 가지 사실을 우리는 알고 있습니다. 즉 당신네 신과 우리의 신은 같은 신이라는 사실입니다. 당신들이 우리 땅을 소유하고 싶어 하는 것처럼 당신들은 신도 소유하고 있다고 생각할지 모릅니다. 그러나 그럴 수는 없습니다. 그것은 인간의 신입니다. 그리고 신의 연민은 백인에게 동등합니다. 이 대지는 신에게 소중한 것입니다. 그리고 대지를 해치는 것은 조물주에 대한 모독입니다. 백인도 역시 소멸할지 모릅니다. 다른 종족보다 먼저 소멸할지도 모릅니다. 당신의 잠자리를 계속해서 오염시켜 나간다면 당신은 어느 날 밤 자신의 오물 속에서 질식하게 될 것입니다. 들소가 모두 살육당하고 야생마가 모두 길들여지며 성스러운 숲 속이 인간의 냄새로 꽉 찰 때 그리고 산열매가 무르익는 언덕이 수다스러운 부인네에 의해서 더럽혀질 때 숲과 독수리는 어디서 찾겠습니까? 그리고 이동과 사냥이 끝장난다는 것은 무엇을 의미합니까? 그것은 바로 삶의 종말이요, 죽음의 시작입니다.

우리 숲도 인간의 냄새로 가득 찼다. 아니, 냄새를 가득 채울 만한 숲조차 이미 사라졌다. 참으로 위대한 자연의 선물, 숲과 나무에게 위대하다는 말밖에 달리 붙여줄 말이 없다.

그러나 대지는 모욕당했고 숲은 능욕당했다. 동물은 숲에서 쫓겨났고, 어린 잡목은 인간의 발자국에 뭉개졌으며, 숲은 수다스러운 음성으로 가득 찼다. 마을을 지켜주는 당수나무는 '미신나무'로 내몰려 금줄이 벗겨졌고, 심지어 전기톱에 잘려 바둑판이나 장식용 나무 등걸이 됐다. 인간의 역사, 마을의 역사를 간직한 당수나무의 나이테는 무늬목 장식 이상의 아무런 의미도 지니지 못하게 됐다. 왜 사람들은 이들 나무를 이 땅에서 추방해버렸을까? 그리고 그러한 가혹한 추방은 우리에게 어떤 결과를 낳았을까?

사람들은 마을에 신성 공간을 설정하여 당숲, 당산, 당섬 따위의 명칭을 붙였다. 숲이 아니라면 나무 몇 그루를 심어서 신성 공간을 연출했으

니 정자나무, 당산나무, 당나무, 당목, 신목 따위가 그것이다. 이들 나무와
숲의 역사는 언제부터 시작됐을까?

이탄층의 꽃가루 화석을 찾아내 당대의 식물군을 재현하는 고생물학 연구에 따르면, 인류 탄생 이전의 지구는 전부 숲으로 뒤덮여 있었다. 숲에 대한 인간의 투쟁은 신석기시대에 시작됐다. '신석기혁명'은 농경 정착으로 나타났고 이때부터 숲과의 투쟁이 시작됐다. 그러나 인류는 숲을 장악하기는커녕 극히 일부만을 쓸 뿐이었다. 적어도 중세까지 이러한 상태가 이어졌다.

애초에 숲과 인간은 어떤 관계였을까? 흔히 말하기를 인간은 원래 숲에서 왔다고 한다. 원시 선조가 숲에서 생활터전을 닦았고, 나무열매를 따먹었으며, 고기를 얻기 위해 숲 속의 야생 조수를 쫓아다녔고, 나무를 연료로 삼았으며, 숲 그늘 아래서 추위와 더위를 피했다는 주장이다. 그러나 사실은 이와 전혀 다르다. 저술가 펠릭스 파투리는 역저《숲》에서 이렇게 이야기한다.

인간이 원래 숲에서 왔다고 하는 것은 단지 그런 주장을 하는 사람의 바람일 따름이고 사실은 전혀 다르다. 다시 말하면 우리 인간은 숲에서 나오지 않았다. 빙하기 이전의 숲은 인간이 쉽게 접근하기 어려웠다. 인간이 뚫고 들어가 살기에는 아주 위험하기 짝이 없는, 늘 생명의 위협을 느껴야 하는 무서운 존재였을 뿐이다.

인류의 문명이 발전하던 시기에도 숲은 만만한 대상이 아니었다. 숲은

신앙의 대상으로까지 정착됐다. 산림자원을 한없이 이용하면서도 숲에 대한 외경심은 결코 사라지지 않았다. 그러나 인류는 어느 날 갑자기 비약적으로 발전해('비약적 발전'이라는 표현을 허락한다면) 숲을 지배하기 시작했다. 숲을 독점적으로 지배하게 되자 이제 인간은 숲을 깔보게 됐다. 숲은 집단적으로 능멸당했고, 숲 속의 동물은 추방 명령이나 학살 경고 따위를 받아야 했다.

마을나무의 성스러운 역사

우리 선조는 어떻게 살았을까? 우리의 자연관은 말할 것도 없이 자연과의 친화였다. 집을 짓더라도 자연에 순응해 바람과 물을 다스리는 풍수를 활용했고, 나무와 숲을 두려워할 줄 알았다. 나무가 많은 산을 숭배하여 산신신앙이 지금껏 강하게 이어지고 있다. 마을이 만들어지면 으레 나무와 숲을 정해 마을의 신으로 모셨다. 나무로 땔감을 해야 하는 처지였기에 수많은 나무를 벤 것은 사실이지만 송금령松禁令 따위로 나무를 적절히 보호했다. 또 마을마다 마을숲이 있어 함부로 손대지 못하게 했다.

조선 말기 이 땅에 들어온 열강이 눈독을 들인 것 중 하나가 잘 보존되고 있던 우리의 숲과 나무였다. 결국 제국주의 세력이 이 땅에 들어와서 마구잡이로 나무를 베기 시작하면서 우리의 숲과 나무는 사라졌다. 갑자기 마을나무를 베기 시작하자 업구렁이가 햇빛이 비치는 곳으로 기어 나오는 일이 자주 벌어졌다. 업구렁이의 세상 출현은 신령스러운 나무의 종

광주시 광산구 웃돌마을의 할머니당

말을 의미했다. 이제 사람들은 더 이상 나무에 신성 따위의 의미를 부여하지 않았다. 새마을운동이 시작되면서 무슨 원수를 대하듯이 마을나무를 베어 넘기기도 했다. 마을나무에서 신이 떠나가자 나무는 생명을 잃고 단지 목재 따위의 실용적인 용도만을 위해 존재하게 됐다. 마을나무로서는 대단히 수치스러운 역사가 시작되었다.

마을나무의 성스러운 역사 역시 단군신화로부터 시작된다. 우리의 윗대 할아버지인 단군은 신단수神壇樹를 통해 지상에 나타났다. "무리 3000을 거느리고 태백산 꼭대기 신단수 아래로 내려와 신시神市에 이르렀다"라고 《삼국유사》에 쓰여 있다. 왜 하필 신단수 아래로 내려왔을까?

사람은 오래 산다고 해도 기껏 100세를 넘기지 못한다. 반면에 정상적으로 자란 나무는 1000년을 살아도 울창한 나뭇가지를 드리우고 여간해서 죽는 법이 없다. 사람이 생명력이 강한 나무에 외경심을 갖는 것은 당연하다. 나무를 향한 우리의 외경심은 수직적 우주관과 관계가 깊다. 웅장한 나무는 어머니 대지에 뿌리박고 서서 우주를 바라본다. 나무는 땅속 깊이 파고드는 뿌리로 지하계까지 잇고, 솟아오르는 식물의 생장력으로 하늘 꼭대기까지 뻗어 오르는 상징성을 유감없이 과시한다. 천계와 지상, 하계를 연결하는 우주의 축으로 나무만큼 적합한 것은 없으리라.

스스로 살아 있는 나무, 생명나무

나무를 통해 하늘에서 땅으로 내려온 민족은 우리 민족뿐일까? 국문학자 박시인이 엮은 《알타이 신화》는 시베리아 신화의 한 대목을 잘 보여준다.

하느님이 만드신 하얀색의 사람은 세상이 어떻게 생겼는지 구경하며 걸어다녔다. 동쪽에 가보니 넓고 밝은 벌판에 높은 산이 있고, 그 산꼭대기에는 큰 나무가 있었다. 나무 꼭대기는 일곱 층의 하늘 위에까지 솟았고, 뿌리는 땅 밑에 있는 깊은 나라까지 내려갔다. 나무에서 흐르는 진이 나무 아래에 괴어 있는데, 아주 맑고 향기로웠다. 그 나무는 생명의 나무였다. 마르는 일이 없고 사시로 청청한 잎사귀는 하늘나라 신령님들과 살랑살랑 속살거리고 있었다. 하얀 사람은 동쪽을 떠나 남쪽, 북쪽, 서쪽으로 갔다. 그리고 사방을 살펴본 후에 생명의 나무에게 말했다.

"나무의 신령님, 땅의 신령님, 숨 있는 모든 것이 짝지어 살며 가지를 치고 있는데, 사람인 저만은 짝이 없이 혼자 외롭게 살고 있습니다. 이게 어디 사는 것이라고 하겠습니까. 이렇게 머리 숙여 무릎 꿇고 비오니 제게도 짝을 보내주십시오."

그러자 생명의 나뭇잎이 속삭이기 시작하더니, 젖빛 비를 내려주었다. 향기로운 바람이 감도는 그 나무가 딱 하고 갈라지더니, 나무 속에서 아름다운 여자가 나와 유방을 드러내고 젖을 먹으라고 했다. 그것을 먹고 나니 원기가 샘솟는 기분이었다. 나무에서 나온 신령님은 이 사람에게 온갖 복을 주고 물, 불, 쇠 등 모든 것을 이용할 수 있는 능력을 주었다.

젖과 꿀이 흐르기에 일명 생명나무 혹은 우주나무, 세계수라고 부르는 나무다. 영원불멸의 나무로 '스스로 살아 있는 나무', '생명을 주는 나무'인

사자와 생명나무, 이집트 제12왕조 분묘

것이다. 시베리아의 사하족은 '세상의 황금 배꼽'에 가지가 여덟 개인 나무가 자란다고 믿는다. 이 낙원은 최초의 남성이 태어나 나무둥치에서 윗몸만 내민 여성의 젖을 먹고 자라는 그런 땅이다. 시베리아인에게 세상은 천상, 지상, 지하 3층으로 나뉜다. 생명나무는 이들 세계를 통하는 우주의 축으로 작동한다. 시베리아 무당인 오윤의 성스러운 주거처에는 신수인 캐리약스 마흐(위대한 오윤나무)가 서 있다. 오윤나무에 달린 아홉 개의 가지는 하늘로 뻗어 있어 우주로 통한다. 이 같은 신화는 인도나 이란은 물론이고 고대 동방의 문화권에서 두루 발견할 수 있다.

유럽에서도 생명나무는 자라났다. 북유럽 신화에 등장하는 '이그드라실'이라는 이름의 양물푸레나무가 그것이다. 유달리 흰빛을 띤 양물푸레나무가 지닌 생명의 환희가 지금도 북유럽인에게 각인돼 있다. 유럽의 축제에 등장하는 '5월의 나무'도 생명나무다.

이그드라실, 에다 필사본 삽화, 1680년대

나는 여기서 인류학자이자 민속학자인 제임스 G. 프레이저를 생각하지 않을 수 없다. 그의 방대한 학문적 결정인《황금가지》를 떠올린다. 그는 이탈리아의 성스러운 숲, 한 그루의 나무를 둘러싼 신화를 연구해 무려 열세 권의 노작을 완성했다. 일설에는 그가 네미의 호수 근처에 있는 디아나 신전을 묘사한 로마의 시인 오비디우스의 시에서《황금가지》에 대한 착상을 얻었다고 한다.《황금가지》는 우리 자신의 당나무를 깊이 성찰할 것을 요구하는 듯하다. 왜 우리는 자신의 것을 포기하거나 침묵하는 것일까? 내가 그의 황금가지를 끌고 온 이유는 바로 우리의 황금가지가 자라나기를 기다리는 마음에서다.

종교학자 미르체아 엘리아데는 1949년 신화학자 조르주 뒤메질의 서문이 붙은《종교사개론》에서 '식물 숭배 의식'이라고 부를 만한 것을 다음과 같은 그룹으로 분류했다.

1) 돌-나무-제단의 집단: 이 유형은 종교 생활의 가장 오래된 층에서 실제적 소우주를 구성한다(오스트레일리아, 중국·인도차이나·인도, 페니키아·에게해)

2) 나무-우주의 이미지: 인도, 메소포타미아, 스칸디나비아 등

3) 나무-우주적 신의 현현(顯現): 메소포타미아, 인도, 에게해

4) 나무-생명, 무궁한 풍요, 절대적 현실의 상징: 대여신이나 물의 상징과 관계를 가지며, 불멸의 근원과 동일시된다.

5) 나무-세계의 중심이며 우주의 버팀목: 알타이, 스칸디나비아 등

6) 나무와 인간의 신비한 관계: 인류의 선조로서의 나무, 조상 영혼의 집적소로서의 나무, 나무의 결혼, 통과의례에서 나무의 존재 등

엘리아데의 친절한 분류는 전 세계적으로 생명나무가 자랐다는 것을 잘 보여준다. 그는 인간을 호모렐리기오수스(종교적 인간)로 파악했다. 온갖 종교가 공생하고 있어 가히 '종교 박람회장'이라고도 부를 만한 우리나라 역시 호모렐리기오수스의 전형이라 할 만하다.

마을나무의 영검을 믿다

우리나라 마을나무 중에서 가장 많은 비중을 차지하는 나무는 느티나무다. 괴목槐木이라고도 하는데, '괴槐'라는 말 자체가 이미 나무木와 귀신鬼의 만남을 뜻한다. 이들 나무는 금기의 대상이며, 숲은 성역이 되어 마을 지킴이라 불리게 된다. 마을나무를 꺾거나 조금이라도 손상을 입히면 벌을 받는다. 이들 지킴이에는 마을굿이나 개인 의례를 통해 지전紙錢이나 물색을 걸어 모시기도 한다. 특히 서낭당이나 제주도의 마을굿에서 헌납하는 화려한 물색은 민중의 소박하면서도 원초적인 미적 감동을 여실히 보여준다. 제주도의 신목에 널브러진 화려한 물색의 민중적 미의식을 이해하지 못하고서 어떻게 마을 지킴이에 대해 올바르게 이해한다고 말할 수 있겠는가! 이렇듯 사람들의 정성 어린 대접을 받은 나무는 더욱 영검을 지니게 된다.

역사 속에서 나무의 영검을 증명하는 구체적인 일화는 셀 수 없이 많다. "도둑이 들어 소를 끌고 밤새 도망을 쳤는데, 날이 새어 아침에 보니 은행나무 주위만을 맴돌고 있었다. 임진왜란 직전에 나무가 크게 울어 국난을 알렸다. 일제강점기에도 할머니 당산의 힘이 작용해 마을에 일본 사람이 사는 것을 아예 막았다. 한국전쟁 때도 마을나무를 모신 마을에서만큼은 한 명도 죽지 않았다. 병이 전국을 휩쓸어 여러 마을의 소가 떼죽음 했는데, 어떤 마을의 소는 마을나무의 가호로 아무 탈이 없었다. 마을나무에 소를 매두었다가 돌아가면 병이 씻은 듯이 없어지자 소를 나무에 묶어두려는 행렬이 장사진을 쳤다. 수많은 사람이 이름 모를 전염병으로 이웃 고을에서 죽어나갔으나, 어떤 마을에서는 한 사람의 환자도 없었다. 아무리 세찬 바람이 불거나 비가 내려도 나뭇가지가 부러지는 일이 없으며 개미나 뱀이 나무 밑에 나타나는 일도 없다. 나무에 올라가서 놀던 아이가 떨어져도 상처를 입지 않는다. 대홍수로 보가 넘쳐흘러 마을이 떠내려갈 지경에 이르렀지만 마을나무가 구해주었다." 마을나무의 영험을 인식하는 민중의 이해 방식은 대충 이런 식이다.

또 마을나무는 농사의 풍흉을 점치는 바로미터다. 파릇파릇 돋아나는 새봄의 잎사귀를 바라보면서 사람들은 한 해 농사를 이렇게 점쳤다. "나뭇잎이 한목에 피면 풍년이고 여러 번 나누어 피면 흉년이 든다. 잎이 나무 밑쪽에서 먼저 피면 그해는 조생종 벼가 잘 되고 위쪽에서 먼저 피기 시작하면 만종 벼가 잘 된다." 해마다 꽃이 필 때 위아래 할 것 없이 한꺼번에 피면 풍년이 든다고 기뻐하고, 꽃이 밑에서부터 피기 시작하면 흉년이 든다 하여 미리 식량을 절약하고 준비한다.

그렇기 때문에 해코지를 하면 반드시 그 대가를 치르게 된다. 절대로

제주시 조천읍 와흘리 본향당의 물색

썩은 나뭇가지도 잘라서는 안 된다. 얼마나 많은 사람이 이들 마을나무를 잘못 대하여 벌을 받았던가.

"어떤 사람이 나무에 신이 없다며 먹물을 뿌렸으나 그날로 집에 불이 났고 마침내 미쳐버렸다. 당산나무를 무시하고 그 옆에 정미소를 차렸는데, 어느 날 갑자기 벼락을 맞았으며 아들도 눈이 멀었다. 장터에서 당산나무에 바칠 제물을 사오다가 맛을 본 죄로 입이 퉁퉁 부어버렸다. 예전에 어떤 사람이 금줄 친 마을에 들어와서 사냥을 하다가 죽었다. 왜병이 마을을 급습하여 마구 나뭇가지를 잘라냈는데, 잘린 나뭇가지가 땅에 떨어지면서 왜병이 깔려 죽었다. 새마을운동 당시에 당산제를 모시지 못하게 하려고 일꾼을 시켜 나뭇가지를 베게 했는데, 그날로 일꾼이 죽고 말았다. 언젠가 어떤 사람이 나뭇가지를 조금 다치게 했더니 뱀이 쏟아져 나와 어디론가 사라졌다."

이런 예를 통해 우리는 '마을나무에 손을 대면 아주 안 좋거나 마침내 죽는다'는 결론에 이른다. 이렇듯 나무의 영험성을 늘 강조했다. 그래서 수몰 등으로 마을을 떠나야 할 때 당산나무도 함께 모셔가는 경우마저 생겼다. 제천시 청풍면 도화리의 충주호 언덕에 자리한 당나무는 1984년 수몰로 마을이 이주하면서 풍장을 치고 제를 지낸 후 서낭신으로 모셔왔다. 연기군 서면 용암리 주민은 1985년 마을 저수지가 완공되자 다른 곳으로 이주해야 했다. 물이 차오르고 있을 때 마을의 동구나무가 윙윙 우는 소리가 날마다 들렸다. 그래서 그해에는 제사를 한 번 더 지내면서 동구나무를 위로했다. 송기숙의 소설 〈당제〉를 읽어본 사람이라면 누구나 이들 수몰 지구의 마을나무가 처한 상징적 지위를 쉽게 이해할 수 있을 것이다.

　미신 타파 등으로 마을나무를 모시지 못하게 되자 마을에 변고가 잇따랐다는 이야기는 헤아릴 수 없이 많다. 동네 청년이 이상할 정도로 많이 죽어나간다거나 마을에 되는 일이 없다는 식이다. 그러면 마을 사람은 이러한 일이 마을나무를 제대로 모시지 못해 생긴 변고로 믿고, 그동안 소홀했던 마음을 반성하고 다시 정성을 들여 집단의 위기를 해결하려고 한다. 모두 마을나무의 영검을 믿는 소박한 신심이다.

천상과 지상을 연결하는 신간

신령스러운 나무는 살아 있는 나무 자체로만 존속하는 것이 아니다. 움직이지 않는 나무 자체라는 원초적 형태로서만이 아니라 이동이 가능한 신간神竿으로서도 존재했다. 신간은 매우 폭넓고 다양하다. 대표적인 사례로 솟대를 꼽을 수 있다. 처음에는 가지와 잎이 그대로 있는 산 나무가 생명나무로서의 역할을 하다가 차츰 나무의 생장력만이 상징적으로 옮겨진, 즉 가지와 잎이 제거된 나무 기둥이 대신 생명나무로서 자리를 잡아갔던 것으로 보인다. 곧 나무 기둥은 단순한 기

진도 씻김굿의 신대

農者天下之大本

부산 송정 별신굿의 신대
농신을 받는 농신대

무당의 신간, 경남 창령읍
제주큰굿 큰대

경기 도당굿의 신대, 구리시 갈매동

둥이 아니라 나무의 생장력을 그대로 지닌, 살아 있는 나무의 대용품이
었다.

장대가 신간으로 쓰이는 가장 좋은 실례는 제주도굿에도 있다. 큰 굿에
큰대라는 긴 신간을 세우고 제상과 신간 사이를 다리라고 부르는 긴 무명
으로 연결해서 신을 청하게 된다. 신이 큰대를 통해 강하고, 큰대와 제
상 사이의 무명 다리를 건너서 온다고 여긴다. 천상과 지상을 연결하는
신간 역할을 하는 셈이다.《동국세시기》에는 "2월 초하룻날 귀덕, 금녕 등
지에서는 장대 열두 개를 세워놓고 신을 맞이해 제사를 지낸다"라고 하여

볏가리대, 충남 당진군   꿩장목

제주도의 신간이 잘 드러나는 기사가 실려 있다.

기다란 장대를 상징하는 신령성은 두레기에서도 두드러진다. 꿩장목을 위에 달고 기폭을 늘어뜨린 두레기는 농민의 자긍심을 상징한다. 꿩장목은 단순한 꿩 털로서만 머무는 게 아니라 비상하는 인간의 염원을 담고 있다. 새 대신 새털이 장대에 앉은 셈이다.

충청도에서는 볏가리 세우기가 전해진다. 긴 장대에 오곡을 매달아 농사의 풍흉을 점치는 볏가리 풍습 역시 신간의 범주에 들어간다. 서낭대의 신간, 하늘에서 신을 받는 신대 등 이 모든 게 하늘과 땅 사이에서 이루어지는 약속이다.

신간의 형태를 숭상하는 풍습이 비단 우리만의 것은 아니다. 민속학자 이필영이 전해준 이야기가 있다. 칭기즈칸이 13세기에 세운 몽골제국의 수도 카라코룸 왕궁 입구에는 은으로 된 나무가 있었다. 그 꼭대기에는 네 마리의 오리가 앉아 있어서 각각 술, 말 젖, 꿀차, 쌀술을 뿜어냈다. 이 은빛 나무는 북아시아 여러 종족의 세계나무임이 명백하다.

모든 숲 속의 빈터는 이름을 지니고 있다

시베리아 사하족 사회에는 "모든 숲 속의 빈터는 이름을 지니고 있다"라는 속담이 있다. 거의 모든 숲이 그 자신의 이름을 가지고 있다는 말은 땅에 대한 지극한 사랑을 나타낸다. 사하족의 전통적 자연철학의 전형성은 바로 정신에 관한 것이다. 시베리아 사하공화국의 민족지학자 자하로프는 세 개의 정신은 어머니의 혼과 땅의 혼, 공기의 혼을 뜻한다고 설명했다. 전통적인 중부 시베리아 사람은 특수하게도 정신을 세 가지 차원으로 나눈다. 그들이 세상을 전망하는 정보의 주요 원천은 조상의 정신적인 유산 속에 담긴 자연철학적 요소다.

따라서 그들이 위대한 신성거목神聖巨木이란 뜻의 '아리마 마스'를 섬기는 것은 당연하다. 아리마 마스는 주로 길가에 있다. 나뭇가지에 오색 천을 걸어 잡아매고 인생길의 안전과 가족의 안녕을 비는 것이 우리의 서낭목과 너무도 똑같다. 숲 속의 빈터마다 이름을 부여하는 정성 어린 마음

283

으로 나무를 지극하게 모신다.

우리의 마을 나무와 숲에도 저마다 이름이 있었다. 신성한 공간인 마을 나무와 숲은 그 자체가 생태의 보고이기도 했다. 숲과 나무가 마을신앙처로 기능하면서 생태 문제를 해결한 사례는 무수히 많다. 마을나무, 면나무, 군나무, 도나무, 천연기념물 등으로 지정된 수목이나 숲 중에서 상당 부분이 바로 마을신앙처였다는 점이다. 또한 지정제도의 불합리성 때문에 현재는 대상에서 제외됐지만 상당수의 신목이나 당숲은 공식 지정하여 보호해야 할 만큼 생태적 가치가 높다. 또 현재는 신앙심이 해체되어 단순한 고목으로만 남은 나무도 과거에는 신앙의 대상인 경우가 태반이다. 또 현재는 홀로 존재하는 수목도 과거에는 거대한 숲 속에 자리 잡고 있었다.

제주시 월평동과 영평동에 가면 다라쿳당이 있으며, 지방문화재로 지정된 폭낭(팽나무) 부부신이 자리 잡고 있다. 〈본풀이〉에 보면 남신인 산신백관은 한라산의 토착신으로, 수렵 목축의 신이며 마파람의 신이며 육식을 하는 부정한 신이다. 여신은 강남에서 온 외래신으로 농경신이며 하늬바람의 신이며 쌀밥을 관리하는 깨끗한 신이며 아기를 보살피는 신이다. 이들 폭낭으로 된 남녀 신이 부부의 연을 맺고 좌정하고 있는 중이다.

보길도를 다녀온 사람이라면 예송리의 아름다운 바닷가를 기억할 것이다. 그러나 낮에도 캄캄할 정도로 숲이 깊어서 사람들은 당숲을 미처 알아보지 못하고 지나치기도 한다. 물이 귀한 보길도다. 예송리에서 큰 하천은 산신당고랑, 작은 하천은 우대미고랑이라 부른다. 산신당고랑은 이름 그대로 예송리 당에 인접하여 흐르기에 붙여진 말이다. 바닷가에서

제주시 조천읍의 신목인 폭낭(팽나무)

위로 올라가 작은 계곡으로 들어가면 울창한 숲이 나오는데, 하천에 바로 인접한 나무 중에 거대한 당산나무가 서 있다. 산신할머니가 숲 속에 잠들어 있다. 당할머니가 거주하는 나무 아래로 흐르는 물은 바로 그녀가 내려주는 신성한 물이니 함부로 물을 더럽힌다는 것을 상상할 수 있겠는가.

진도의 상만리 비자나무(천연기념물 제111호)는 수고 9.2미터의 웅장한 거목으로, 천년 세월을 자랑한다. 해마다 정월이면 온 마을 사람이 산등성이를 타고 비스듬하게 눌러앉은 비자나무 아래 모여서 소나 돼지를 통째로 잡아놓고 제사를 지낸다. 진도군의 관매도 후박나무(천연기념물 제212호)도 수령 800년, 수고 18미터의 거목으로 바람을 막아주는 역할은 물론이고 마을성황님으로 정초에 모셔진다. 천연기념물 다수가 마을나무인 것이 하나도 이상할 게 없다. 강원도 원주시 신림면 성남리에 있는 성황림(천연기념물 제93호)도 있다. 성황림은 수림지와 2킬로미터쯤 떨어져 있지만, 이곳 사람들은 수림지와 성황림을 남편과 아내로 비유한다. 숲에 들어가면 해묵은 고목 등걸이 쓰러져 있고, 이끼가 생생하게 자라고 있다. 바로 천년 세월을 버텨온 천연림이다.

생명나무에서 생태환경의 미래를 읽는다

근대 역사가 시작된 이래 우리는 이들 숲에다 '미신'이라는 딱지를 붙이기 시작했다. 마을나무를 '미신나무'라고 구박하면서 학대했다. 도대체 미신이란 무엇인가? '문명인'의 관점에서 '야만인'을 덜 개화된 인종으로 비하해서 보는 것과 같이 미신이란 다분히 제국주의적·인종주의적 편견에서 나온 것이다. 어떤 사회에서 믿음으로 인정되는 것은 그 사회의 구성원에게는 당당한 정신正信이 된다. 이에 반해 바깥 사회의 국외자에게는 미신이 된다. 더욱이 마을나무는 우리에게만 있는 것도 아니고 전 세계적으로 거론되는 것인데, 이를 미신나무로만 몰아낸 우리의 편협한 이해방식이 안타깝다.

이렇게 미신 딱지를 붙이는 데는 서구 문화의 영향이 컸다는 점을 무시할 수 없다. 이 땅을 찾은 서양 선교사는(그들은 대개 애송이 청년으로 타민족 문명을 이해하기에는 턱없이 부족했기에) 마을의 나무와 숲을 그저 '우상 타파'라는 네 글자로만 해석했다. 1992년 가을, 서울시 상도동 장승배기의 장승을 한 종교단체에서 베어버린 사건이 있었다. 한국역사민속학회가 긴급 좌담회를 열었고, 여기에 참석한 소설가 현기영이 이런 말을 했다.

제주도에는 곳곳에 수백 년이 넘은 '팽나무' 등의 신목이 있는데, 이 팽나무를 천주교인과 신부가 파괴했습니다. 적극적으로 미신을 타파한 셈이 된 거죠. 특히 제주도 남쪽 지방에 가면 '뱀신앙'을 볼 수 있습니다. 천주교에서 뱀이라면 사탄 아닙니까? 사탄을 숭배하다니 이건 말이 안 된다며 주민의 머릿속에 들어 있는 미신을 적극적으로 타파해야겠다고 생각했는지는 모르겠습니다만, 하여튼 몇 군데의 신목을 잘라버리고 당을 파괴했습니다. 그리고 그때 잘라버린 나무로 공소를 짓는 데 썼습니다. 그러니까 일거양득이었겠죠. 미신 타파에도 좋고, 공소를 짓는 데 재목으로도 쓰고 일석이조였던 셈입니다.

남해군 물건리의 숲

그렇지만 모든 문제를 기독교 탓으로만 돌릴 수 있겠는가. 근대화, 문명개화, 사회 개조, 구습 타파, 새마을운동 따위의 무성한 구호가 숲을 가득 채워 나갔다. 90여 년 전의 월간《조선농민》(1926)을 들추어보면 이런 대목이 나온다.

> 대개 묵은 고목古木 압헤 가서 제단을 모아놋코 꽤쇠를 치며 술을 부어 절을 한다. 별 기괴망측한 짓을 다하나니 그 따귀신이 나무귀신으로 변하엿다는 것을 의미하는 듯도 보입니다. (……) 야만인종들이 토템을 중심으로 굿센 단결을 짓는 것처름 동신을 중심으로 동네 사람들의 마음을 모우는 것은 꼭갓튼 의미로 볼 수 잇을 줄 암니다. (……) 토템 생할을 하는 그 사람들은 야만인종이라 하는 만치 동신제 지내는 여러분도 야만인종일 것입니다. 자긔도 토템 생할을 하면서도 토템 생활을 하는 야만인종을 비웃을 동신제 지내는 여러 어른님네. 하로 밥비 태고 시절 이약이 생활을 벗어나서 사람다운 의식 있는 생활하기를 몹시도 기대려 말지 안슴니다.

문명과 야만을 편 가르기 하는 잘못된 습성이 매우 오래전부터 있었음을 알 수 있다. 그 결과 우리가 오늘날 보는 것처럼 마을나무와 마을숲은 왜소해졌다. 거대한 나무는 거의 베어져 사라졌고 마을나무, 정자나무 등으로 일부만 존재할 따름이다. 오늘날의 우리는 왜소해진 나무와 숲만을 바라보기에 웅장한 나무와 깊은 숲이 던져주는 신성함을 알아차리기 힘들다.

현지 조사를 다니다 보면 오늘날엔 신앙심을 상실하고 그저 홀로 존재하는 정자나무도 예전에는 거대한 숲 속에 사는 나무였고 마을신앙의 대상이었다는 사실을 자주 확인하게 된다. 그런데 나무와 숲의 변화가 너무나 극심해 과거 사람의 종교적 심성을 흔적조차 발견하기 어렵다.

나는 우리의 생명나무에서 생태 환경의 미래를 읽는다. 전 세계의 숲을 누가 망쳐버렸는가. 오늘날 전 세계 숲의 대부분을 망치는 '아무 대책 없는 과학'은 바로 서구인으로부터 출발했다고 본다. 세계사의 발전은 나무와 숲의 소멸로 이어졌다. 그들의 세계관은 근대화, 선진 과학기술 문명 따위의 방식으로 대지를 오염시켰다. 과학기술 문명의 오염을 그야말로 서구적인 시각에서 극복해보려고 하지만 서구 사회가 주창해온 '무한정발전론'을 바꾸지 않은 상태에서 문제를 해결할 수 있을까? 진보적인 생태론자조차 애써 생태 환경의 미래를 서구적 관점에서만 모색하려고 한다.

이제 우리의 나무와 숲으로 되돌아와야 한다. 나무와 숲을 중심으로 생각하던 공존 방식은 그 자체가 생태 문제를 뛰어나게 인식한 것이기도 했다. 나무와 숲을 사랑하던 살림 방식, 그것은 대단히 오래되고 원초적인 삶의 방식이며, 생태 문제가 바로 우리 문화에 깊숙이 자리 잡고 있음을 말해준다.

성적 제의와

반란의 굿

춘화 뱉전, 국립민속박물관

반란의 제의, 도깨비굿 14

초여름답지 않게 복날 같은 지열이 후끈 달아올랐다. 두어 달 계속된 가뭄으로 논두렁은 거북등이 됐고, 쩍쩍 갈라진 틈새로 일찍 심은 모가 빨갛게 말라붙었다. 마을은 깊은 침묵의 나락으로 빠져들었다. 이따금 끼니를 얻어먹지 못한 동네 개들이 어슬렁거릴 뿐, 누구 하나도 얼씬거리지 않았다.

　무제봉에서 기우제를 지냈건만 감감무소식. 빗방울 떨어질 기색도 비치질 않는다. 가뭄에다 역질이 돌아 벌써 세 사람이 절단 났다. 마을에는 연신 검불을 태우는 냄새만 자욱하다. 그래도 힘이 남아 있는 장정들이 동원되어 시신을 마을 뒷동산에 옮겨놓고 임시방편으로 거적만 덮어놓았다. 누구 하나 거들떠볼 여력이 없다.

기우제를 지낸 지 열흘째 되는 밤. 끼니도 제대로 못 챙겨 부황이 든 아낙들이 누렇게 찌든 낯빛으로 하나둘씩 약속이나 한 듯 정자나무 아래로 모여들었다.

"이자 굿을 내야 우리가 살제. 도깨비를 잡아 족쳐야제."

"암, 도깨비가 날뛰니께 죽을 놈의 가뭄에다 엠병까지 도는 것이제."

"도깨비굿을 내제. 이자 방법이 없지라. 농사일도 절단 났은게."

"그란디, 누구 속곳을 벗기지라?"

"아무렴, 새댁하고 과부댁 서답을 벗겨야 효험이 좋제."

황량한 들판의 어둠을 가로질러 요란한 파열음이 터져 나온다. 숟가락으로 두드리는 양푼 소리, 북채로 두드리는 놋대야 소리, 젓가락 장단의 꽹과리 소리, 온갖 불협화음이 그 자체로 묘한 화음이 되어 마을을 시끌벅적 들끓게 한다. 마을 개들도 황망히 저마다 짖기 시작한다. 오랜 가뭄 탓으로 동네가 시들시들해지자 짖는 것조차 눈치를 보아야 했던 개들이 제철 만난 듯 날뛰었다.

아낙들은 저마다 장단을 두드리거나 외마디 소리를 질러댔고, 긴간대(장대) 끝에 피 묻은 속곳을 내걸어 획획 휘두르며 온 동네를 헤적이고 다녔다. 남정네들은 방 안에 틀어박혀 문고리를 꽉 쥔 채로 나오지 못했다. 속곳 휘두르는 여자들 그림자가 창호지에 어른거리자 남자들은 낯이 뜨거워짐을 느꼈다. 하지만 굿은 그렇게 밤이 이슥하도록 계속됐다.

불볕 가뭄에 겹쳐 역질까지 돈다. 사람의 형편으로는 어찌해볼 도리가 없다. 기우제도 효험이 없고, 무당까지 불러다가 굿판을 열어도 마찬가지.

　드디어 여성이 나선다. 이름 하여 도깨비굿이라 부르는 진도 고유의 풍습. 월경서답을 장대에 내걸고 양푼을 두드리며 한바탕 시위를 한다. 달거리 피를 내보이는 성도착적 데먼스트레이션인데 효과는 만점이다. 역질을 몰고 온 귀신도 여성의 은밀한 그것들이 백주 대낮에 내걸리는 데야 어찌해볼 도리가 있겠는가. 이슥한 밤부터 대낮까지 남자들은 감히 집 밖으로 나올 엄두를 못 내고 방 안에 틀어박혀 꼼짝 못한다. 해방되기 직전, 마지막으로 굿판이 열린 다음에는 영영 사라진 풍습이다.

　기성 질서를 완벽하게 뒤바꾸어버리는 도깨비굿. 평소에 남성 중심으로 사회가 유지 통제되다가 그들이 백기 들고 항복, 방 안으로 도망치자 동네는 아낙들의 점령지가 됐다. 여성은 못내 드러내기 어려운 속곳마저 벗어들고 시위하니 이제 무서울 게 없다. 여성의 힘이 기세등등하게 폭발하는 순간이다. 평소에 남성에게 시달리던 스트레스도 적잖았을 것이다. 차마 내보이기 힘든 달거리 속곳을 장대에 휘두르는 도깨비굿을 한마디로 압축하면 이렇다. '반란의 제의 혹은 제의적 반란.'

　분명한 반란이다. 일상적 엄숙함, 남녀유별, 남성 위주의 가부장적 권위, 남성의 제의 독점……. 이 모든 것으로부터의 반란이다. 영기나 농기가 걸려야 했을 장대에 여성의 붉은 피가 횃불에 번득인다. 반란은 사회를 엎어버리지만, 사회를 지탱하는 힘의 원천이기도 하다. 반란을 거치면 사회는 혼란과 변화를 통해 새 질서를 수립하지만, 반란이 없는 사회는 썩어 더러운 물이 고일 뿐이다.

　그것은 또한 분명한 제의다. 마을공동체 전체가 가뭄과 역질로 위기를 맞았을 때, 공동체는 위기를 모면할 출구를 찾는다. 차마 얼굴을 들 수 없는 제의, 공동체를 살리려는 이 제의에 대하여 나는 최고의 호칭을 써서 엄숙하게 올린다. '화려한 제의, 광란의 제의, 도착의 제의, 되살림의 제의……'

생식의 힘이 곧 주술의 힘

여성의 달거리는 생식을 상징한다. 달마다 여성은 하나의 통과의례를 통해 새롭게 태어난다. 전통시대, 가부장적 사회에서는 여성의 생식조차도 오로지 가부장적 권위에 눌려 쉬쉬해야 했다. 그러나 절체절명의 위기가 남성은 일시적이나마 완전히 철수할 수밖에 도리가 없다. 남성을 대신하여 주도권을 잡은 여성은 그들이 가진 생식의 힘을 주술의 힘으로 바꾸어서 마을공동체의 운명을 구하고자 도깨비굿을 치른다.

인류학자 B. K. 말리노프스키는 뉴기니 북동쪽의 트로브리안드 군도에서 무려 26개월간이나 머물면서 그 조사 결과를 《미개사회의 성과 억압》에 담았다. 그는 이렇게 말한다.

우리의 관심을 끄는 것은, 신화에 나타나나 조상 집단들이 언제나 여자로 구성되어 있으며, 가끔 그들이 형제나 토템, 동물을 동반하는 일은 있어도 결코 남편을 동반하는 경우는 없다는 사실이다. 어떤 신화 속에서는 최초의 여조상女祖上이 자식을 낳는 방식이 분명하게 묘사되어 있다. 그녀는 음탕한 자세로 비

수성노인도, 국립중앙박물관

雨를 향해서 자신의 몸을 노출하거나 동굴 속에 누워 종유석에서 떨어지는 물방울을 맞거나 물고기에 물어뜯김으로써 자신의 후손을 잇기 시작한다. 그녀는 그렇게 함으로써 '열리게 opened up' 되며, 아이의 정령이 그녀의 자궁으로 들어가서 임신하게 된다. 이와 같이 신화는 아버지의 생식력을 대신해 여조상의 독자적인 생식력을 보여주고 있다.

선 자세로 아기낳기, 마야문명

여성이 스스로 생식하는 모권사회의 힘, 그 원시적 힘이 도깨비굿에는 살아 있다. 그렇다면 어째서 유교적 덕목을 높이 산 전통사회에서 도깨비굿 같은 반란의 축제를 묵인할 수밖에 없었을까?

마을의 공동 제사인 마을굿에서 달거리 있는 여성은 부정하다고 생각해 기피 대상 1호다. 그런데 정작 마을이 절대적 위기 상황에 봉착하면 달거리 있는 여성이 해결사로 등장한다. 일상생활에서 억눌리던 여성이 정작 가장 중대한 문제를 해결하는 데서는 주역이 되어 역전의 드라마를 연출한다. 도깨비굿은 평소에는 은폐되어 있던 여성의 성적 상징물이 사회문제를 해결하는 하나의 적극적 통로라는 사실을 드러내고 있다. 모권적 생식의 힘이 다시 등장하는 셈이다.

　도깨비굿이 진도 사회에서 지니는 사회적 의미가 궁금한 사람들은 송기숙의 소설 〈어머니의 깃발〉을 읽어보라. 미륵을 파가려던 여인에게 진도 여인들이 양푼을 두드리면서 이렇게 말한다.

　시방 이 소리가 뭔 소린 중 아냐? 옛날부터 우리 동네서 도깨비 귀신 쫓아낸 소리다. 소작 농간하던 마름귀신, 징용 잡아가고 생과부 맨들던 징용귀신, 공출 뜯어가고 배 곯리던 공출귀신, 생사람 쏴 죽이던 총잡이귀신, 촌가시네 홀려가던 양공주귀신, 장세 폴아묵은 장세귀신, 이런 귀신, 도깨비 다 몰아낸 소리여!

　집단적 환난을 극복하려는 도깨비굿의 사회적 성격을 잘 드러낸 대목이다. 문제는 인간의 성을 통해 사회 문제를 해결하려는 이 같은 풍습이 특수한 것이 아니라 상당히 보편적이라는 데 있다. 엄숙하기만 한 유교적 덕목이 강조되는 분위기에서 감히 여성이, 그것도 은밀한 그곳의 증거물을 백주 대낮에 장대에 매달아 휘두르고 다니는 것을 상상해보라! 성이 개방됐다고 하는 지금 시대의 남성이라고 하더라도 어떻게 감히 얼굴을 들 수 있을 것인가.

　진도 도깨비굿 이야기를 들은 사람들은 이런 풍습을 진도만의 특수 사정으로 몰기도 한다. 하지만 그것은 몰라도 한참 모르는 이야기다. 비슷한 사례를 하나 더 들어본다.

디딜방아 액막이, 반란의 제의에 동참하다

두 갈래로 갈라진 디딜방아를 물끄러미 바라보고 있으면, 춘향 생각이 절로 난다. 이 도령이 춘향을 만나서 취흥이 도도해지자 춘향을 안고서 농탕치면서 〈사랑가〉를 부르던 그 대목에서 방아확과 방앗공이는 성적 은유법의 대명사가 된다. "너는 확이 되고 나는 공이 되어 천년만년 찧고 말고……." 우리의 속담에도 '가죽방아 찧는다'는 말이 있다. 성교 장면을 빗대는 말이다. 그렇듯 디딜방아는 전통시대 성적 상징물의 으뜸이었다.

디딜방아는 두 갈래로 갈라졌다. 갈라진 방앗다리에 각각 한 사람씩 올라가서 방앗소리에 맞추어 힘을 주면 공이가 확으로 내려가 알곡을 찧게된다. 갈라진 다리가 성적 상징물임은 누구나 다 안다. 이 디딜방아도 마을에 위기가 닥치면 반란의 제의에 동참한다. 가뭄이 들면 아낙들이 그디딜방아를 훔치러 간다.

충청도에서는 이를 '디딜방아 액막이'라 부른다. 불볕더위로 가뭄이 계속되면 남자들이 나서서 용두레나 고리박으로 열심히 물을 뿜어본다. 그러나 사람의 힘으로는 더 이상 어찌해볼 도리가 없는 가뭄이 이어지면 여성이 드디어 나선다. 마치 진도의 여성이 그랬듯이.

상복을 차려입고 떼 지어 이웃 동네로 디딜방아를 훔치러 간다. 이웃마을에서는 방앗다리 훔치러 왔음을 뻔히 알면서도 모른 체 묵인한다. 아니, 묵인할 수밖에 없는 상황이다. 고통스러운 가뭄이 줄기차게 이어지는데 이웃 동네라고 무사할 수 있는가. 이웃 마을 여자들이 방앗다리를 훔치러 왔을 만큼 상황이 절박하다는 것을 모두가 알고 있다.

디딜방아 액막이놀이, 무주군 부남면

왜 하필 방아였을까? 여성이 방앗다리를 훔치는 행위에는 집단적 성관계가 은유되어 있다. 여성은 물론이고 마을 전체가 이 집단적 관계의 공범이 된다. 가뭄같이 절박한 상황은 공동체 전체의 위기를 극복하기 위한 비상조치를 요구한다. 그 결과 마을에 일종의 비상사태가 선포된 셈이다.

훔쳐온 디딜방아는 즉각 길거리로 옮겨진다. 가능하다면 삼거리같이 행인이 많이 나다니는 길목일수록 효험이 높다. 방앗다리를 거꾸로 세워서 길거리에 묻는다. 마을의 여성 중에서 몇몇이 선택된다.

그들 선택된 여성은 깊숙이 가리고 있던 월경서답을 벗는다. 피는 짙고 강할수록 좋다고 본다. 아무래도 성관계를 제때 해결하지 못한 과부의 피가 강하다고 모두들 느낀다. 느낌이 그럴 뿐, 실상 과부의 피가 유난히 붉다는 증거는 없다. 속신일 뿐이다. 과부 속곳이 걸쳐지면, 이윽고 여염집 여인도 벗는다. 속곳은 방아다리의 갈라진 곳에 걸쳐놓는다.

하늘이 보고 까무러칠 일이 아닌가. 하늘도 놀랄 지경이라 비를 퍼붓고야 만단다. 방앗다리에 생식을 상징하는 여성의 달거리가 닿았음은 음양이 결합했음을 의미한다. 바로 성적인 주술의 힘으로 집단의 위기를 극복하고자 하는 제의 그것이다. 피 묻는 속곳이 걸쳐진 디딜방아는 심지어 돌림병을 막아주는 힘까지도 지녔다고 믿는다.

이들 주술은 왜 힘을 지니는가? 이미 시대의 고전이 된 《황금가지》에서 인류학자 프레이저는 주술의 기초가 되는 사고의 원리를 분석하면서 두 가지를 제시했다. 그 하나는 닮은 것은 닮은 것을 낳는다는 것. 또 다른 하나는 이전에 서로 접촉이 있었던 것은 물리적인 접촉이 사라진 후 멀리서도 계속 상호작용을 한다는 것. 그는 앞의 것을 '유사類似 법칙' 뒤의 것을 '접촉 법칙' 또는 '감염 법칙'이라고 불렀다. 이 유사 법칙에 기초한 주술을 유감주술 또는 모방주술이라 부르고, 접촉에 의한 주술을 감염주술이라 불렀다. 그의 이론에 따르면, 디딜방아 액막이류는 유감주술에 해당한다.

줄다리기굿, 남녀의 집단 상관

성을 통해 집단 문제를 해결하려는 풍습이 전국적이었을 뿐 아니라 매우 다양하다는 것은 마을 간에 겨루는 대동 줄다리기에서도 분명하게 드러

나무 시집보내기

난다.

  지금은 많이 사라졌으나 중부 이남을 중심으로 한 벼농사 지대에서는 널리 줄다리기가 행해졌다. 줄은 하나의 줄로 된 외줄과 두 개의 줄을 연결하는 쌍줄로 나뉜다. 어떤 경우에도 마을을 동편, 서편으로 가르거나 마을 대항으로 줄을 당기게 된다. 암줄, 수줄로 남녀를 구별한다. 암줄과 수줄 사이에는 기다란 통나무로 비녀목을 지르는데, 누가 봐도 영락없는 남녀 결합의 모양새다. 줄을 결합하려 하면 "좀 더 세게 해!" 하는 따위의 농지거리가 쏟아져 나오고, 한바탕 웃게 마련이다.

비녀목 지름은 남녀의 섹스를 상징하기 때문에 쉽게 응낙하지 않는다. 고의적인 실수를 몇 번이고 거듭하여 쉽지 않음을 암시한다. 부안군 보안 면 우동리 반계마을에서는 아예 암줄과 수줄에 각기 각시, 신랑을 태워서 마을을 한 바퀴 돌게 한다. 사모관대 쓴 신랑, 족두리 쓴 각시를 시각적으로 두드러지게 하여 남녀 결합을 노골적으로 표시하는 사례다.

남녀의 섹스, 즉 암줄과 수줄의 줄다리기에서도 반드시 암줄이 이겨야 풍년이 온다는 속신이 전해진다. 그래서 줄을 당길 때 여성은 부지깽이, 빗자루 따위로 남성 측을 때리거나 일부러 잡아채는 반칙을 해도 짐짓 허락된다. 어린아이는 사내라도 여성 편에 넣는다. 어떻게 해서라도 여성이 이기게끔 되어 있다. 암줄이 이겨야 풍년이 온다는 믿음 속에는 여성을 생산의 상징물로 간주하는 유감주술적인 전통시대의 담론이 담겨 있다.

좀 더 많은 생산을 기원하는 농민의 염원은 줄다리기굿처럼 집단적으로만 표출되는 것이 아니다. 정월 풍습에 '대추나무 시집보내기'라는 속신이 있다. 과수나무의 Y자로 갈라진 틈에 돌을 끼워두는 일이 그것이다. 과수나무가 낮게 양쪽으로 갈라져야 과실이 많이 열린다는 사실은 지극히 과학적인 농법이 아닌가.

옛사람들은 이같이 뻔한 과학 상식을 시집가서 첫날밤을 맞이하는 모습으로 연출했던 것 같다. 그래서《동국세시기東國歲時記》같은 세시풍속지뿐 아니라《산림경제山林經濟》같은 농서에도 당당히 대추나무 시집보내기가 '가수嫁樹'라는 농법으로 등재됐다.

도깨비굿과 디딜방아 액막이굿이 위기로부터의 집단 탈출에 여성의 성적 상징물을 활용한 것이라면, 줄다리기굿은 집단의 풍요를 비는 풍농굿에서 남녀의 상관相關을 적극 활용한 사례다. 어느 경우에도 집단적 공범의식이 담겨 있다. 적어도 의례 기간만은 어떠한 노골적인 성적 표현도 공식화된다. 성적 상징물을 내세운 일탈된 의례를 통해 성숙한 사회집단으로 성장한다는 면도 있는 셈이다.

조선시대 지배층의 의도와는 무관하게 민중은 그야말로 성을 매개로 한 반란의 축제를 곳곳에서 벌였다. 그 축제는 유교적 가치관을 완전히 뒤엎는 것이기도 했으니, 신학자 하비 콕스가 《바보제》에서 말했던 것처럼 세상을 바꾸어버릴 '환상'을 여전히 상실하지 않은 제의라고나 할까.

나는 이들 집단적 행위를 '성적 제의와 반란의 굿'으로 명명하거니와, 우리가 교과서로 배워온 조선시대 성풍속사가 지극히 제한적이었음을 고백하지 않을 수 없다. 조선시대는 엄숙하고 도덕적인 사회라 성적인 것은 늘 '이부자리' 속에서나 가능했다고 여기는 통념에 동의할 수 없다. 무엇이 도덕이고, 무엇이 비도덕인가. 백주 대낮에 여성이 속곳을 빼들고 장대로 휘둘렀

액막이 수살

다는 사실 하나만 가지고도 그렇다. 새삼 민중적 삶의 그 놀라운 반란의
식에 놀란다.

우리는 우리 나름의 전통시대 성 담론을 구축하지 못했다. 일생 동안
《풍속의 역사》를 쓰면서 진정 '성풍속의 사회경제사' 같은 것을 꿈꾸었을
푹스, '음란저속'하다는 이유로 히틀러에 의해 그의 책이 분서갱유당하는
비운을 맞았다. 그러나 정작 푹스 자신은 엄격한 모럴리스트였던 사실을
기억하자. 푹스는 책 서문에서 이렇게 말한다.

> 한 시대의 도덕행위, 도덕관, 도덕률은 어느 시대에서든 그 시대 인간의 성행
> 동의 존재 방식을 좌우하는 근본이 되지만, 한편 성행동은 그 시대의 발전상을
> 인식하는 데 아주 중요한 요소가 된다. 그 속에 그 시대의 특징이 가장 잘 드러
> 나 있기 때문이다. (……)
> 민족의 공공생활이든 개인의 사생활이든 성적인 이해관계와 경향을 내포하지
> 않은 것이 없다. (……) 그런데 중요한 것은 인간의 성행동이 각 시대에 따라 각
> 각 다른 형태로 형성됐고, 그 법칙도 새롭게 변화해왔다는 점이다. 그 변화 방
> 식의 틀은 한마디로 천변만화였다.

성풍속도는 시시각각 변화하고 있지만, 우리는 지난 시기의 성적 담론
조차 미처 정리하지 못했다. 디딜방아 액막이 같은 생생한 성풍속의 현
장 사진조차 제대로 갖고 있지 않다. 푹스가 밀방앗간집 처녀를 묘사하
고 있을 때 우리의 청춘도 보리밭에서 한 폭의 춘화도를 그리고 있었을
것이다.

숫대,

하늘로 비상하는

마을 지킴이

솟아 내린 땅간

신과 인간, 하늘과 땅의 중간엔 늘 새가 있다 15

높다란 장대 끝에 새가 앉아 있다. 바람은 늘 장대에 닿고, 가녀린 장대를 스치면서 잠든 새를 일깨운다. 이윽고 나무새가 하늘로 비상한다. 도대체 어디서 와 어디로 가는 새일까. 이들 새가 올라앉은 내력을 정확히 아는 이는 없다. 그래도 우리나라 마을 곳곳에서 장대나 돌기둥 위에 올라앉은 '나무새'나 '돌새'를 볼 수 있으니, 이름하여 솟대다.

우리 민족은 선사시대부터 새에 관심을 가졌다. 그런 전통은 삼국시대로 이어졌다. 고구려 벽화의 태양을 상징하는 까마귀인 삼족오, 박혁거세를 위시해 개국신화에 나타나는 무수한 '알'도 바로 새의 상징이다. 심지어 혼례식에 올리는 닭도 새를 길운으로 보았던 상징에서 한 치도 벗어나지 않는다. 새는 장대에 앉게 된다.

장대 세우기에 대한 기록은 《삼국지》〈위서〉 '동이전'의 기사를 제외하면 대략 고려시대부터 등장한다. 송나라 사신 서긍은 《고려도경》에 다음과 같이 기록했다.

예부터 창기와 광대가 사는 곳에는 장대를 세워 일반 집과 구별했다고 하는데, 지금 들으니 그렇지 않고, 대개 그 풍속은 귀신을 섬기고 또한 기를 누르면서 기양祈禳을 위한 기구인 것 같다.

아무튼 문헌에서는 대개 돌로 된 석장石檣과 구리로 된 동장銅檣 그리고 나무로 된 목장木檣으로 구분될뿐더러 곳곳에 이런 장대가 세워졌음을 증거한다. 솟대는 그러한 장대의 대표 격이다. 솟대 못지않게 짐대나 오릿대로 부르는 경우도 상당히 많았다. 솟대 집안의 족보에 끼일 만한 이름을 쭉 나열해보자. 짐대·솔대·소주·소줏대·표줏대·거릿대·갯대·수살이·액맥이대·방아솟대·화표주華表柱, 심지어 일시적으로 세우는 장대인 볏가리禾竿·풍간風竿 등등으로 불렸다.

하늘로 향한 인간의 외경심은 대개 장대나 기둥, 당수나무와 연결된다. 단군신화에도 신단과 신수가 결합된 신단수가 나온다. 즉 천상에서 지상으로 내려오는 통로로서 나무가 기능한 것이다. 몽촌토성을 복원할 때 나무로 깎은 새가 발굴됐다. 새 가운데에 장대를 끼운 구멍이 뚫려 있어 한눈에 솟대였음을 말해준다. 울주의 천전리 바위그림을 유심히 본 사람은 알겠지만 '장대 위의 새'가 날카로운 철 끝으로 아로새겨져 있다. 무엇보

다 대전 근교에서
출토된 청동기시
대 의기儀器에는 새
모양의 장대가 뚜렷하
게 새겨져 있다. 한편에서
는 따비로 농사짓고 한쪽에
서는 두 마리의 새가 장대 위
에 앉아 있다. 선사와 고대 사
회에서의 솟대문화를 밝혀주는
유력한 증거물이다.

농경문 청동기, 대전 출토 추정

　장대를 세워 신을 맞이하는 풍습은 후대의 문헌에도 자주 등장한다.
《동국세시기》 '2월조'의 "제주도 풍속에 2월 초하룻날 귀덕歸德·금령金
寧 등지에서는 장대 열두 개를 세워놓고 신을 맞이해서 이에 제사를 지낸
다"라는 기록도 장대가 지닌 하늘과 땅의 통로 역할을 잘 보여준다.

　새는 선사와 고대 사회에서 마을 풍요의 상징물이다. 벼농사를 짓는 농
부에게 비를 몰아주는 농경의 수호신인 것이다. 우리나라는 온갖 철새가
지나가는 징검다리, 그 철새가 마을로 날아들어 보금자리를 틀며 텃새가
됐다. 그래서 우리나라 솟대에는 오리, 갈매기, 기러기, 따오기, 해오라기,
왜가리, 까마귀 등이 등장한다. 거의 대부분 물새이자 철새다. 그 대표 격
이 오리다.

　오리는 물을 상징한다. 수경농업 지대인 우리나라에서 물은 농사에 결
정적인 역할을 한다. 현존하는 솟대는 전국적으로 분포하지만, 벼농사 지

임실 필봉마을 솟대

대인 남부 지역에 더욱 밀집된 이유도 그 때문이다. 오리를 짐대에 올라 앉게 하여 마을의 풍요를 기원하게 된 것으로 짐작된다.

새는 솟대에만 있는 것일까? 새는 늘 날아다녔다. 한민족의 생활이 펼쳐지는 곳이라면 어느 곳이라도 날아다니며 흔적을 남겼다. 하늘에서 새를 통해 농사를 관장하는 신이 내려오기 때문이다. 사람들은 대개 풍물패의 농기 끝에 매단 꿩장목을 무심코 지나친다. 하지만 주의를 기울이면 새의 흔적을 보게 된다. 풍물패는 농기를 돌면서 농기 고사를 올려 농신을 받는다. 마을굿패가 들고 다니는 서낭기 장대 끝에도 꿩장목을 달았다. 은산별신제에서는 농기를 앞세우고 꿩장목에 방울을 달아 방울 울림으로 신의 강림을 알린다. 새가 늘 신과 인간 혹은 하늘과 땅의 중간 지점에 자리했다는 증거물이다.

나무솟대와 돌솟대

이들 문헌과 유물상의 새 그리고 오늘날의 솟대는 직접적인 관련이 있을까? 나는 우리 민족의 집단적 무의식 속에서 '새 상징'이 이어져 솟대문화를 꽃피우다가, 조선 후기 마을공동체문화가 발흥하면서 새롭게 재생의 꽃을 피웠다고 생각한다. 솟대 전문가인 이필영의 견해도 비슷하다.

넓은 개념으로 볼 때 솟대나 소도나 똑같은 입간(장대)신앙이다. 실제로 선사 및 고대 사회의 북아시아 솟대는 모두 발생 기원과 그 기능상의 일치점을 보여준다. 그러나 시베리아의 솟대는 층위별로 계단이 나뉘어 있고, 샤먼의 제의와 밀접한 관련을 맺는다는 변별성을 보여준다. 오늘날 우리가 볼 수 있는 솟대는 바로 마을공동체의 풍요를 기원하는 목적과 발생 기원을 지닌 후대의 시대적 산물로 보인다.

조선 후기는 가히 봇물처럼 마을공동체문화를 꽃피운 시대다. 솟대문화도 공동체문화의 하나로 재등장했다. 솟대는 마을의 안녕과 수호 그리고 풍농을 위해 마을에서 공동으로 세웠다. 그 밖에도 배가 떠나가는 행주형行舟形 지세의 마을에 돛대를 나타내기 위해 풍수상의 목적으로 세우거나, 장원급제를 기념하기 위해 세우는 경우도 있었다.

변산반도가 위치한 전라북도 부안군 읍내에서 조금 떨어진 내요리 돌모산(석제리마을)에는 논바닥에 오리당산이 서 있다. 돌기둥 위에 서북쪽을 향한 오리가 앉아 있는 당산이다. 이를 마을에서는 진대하나씨(짐대)라고 부르는데, 행주형 솟대의 대표적인 예다.

솟대 중에는 심지어 불을 끄는 화재막이 솟대도 있다. 전라북도 고창 신림면 무림리 임리마을에 가면 마을 입구 모정 옆에 서 있는 솟대가 그러하다. 마을 서쪽으로 바라보

부안 돌새

바닷가 솟대, 강화도 동막

솟대쟁이패, 승주 선암사 감로탱화

이는 부안면의 화산봉으로부터 오는 재앙과 화재를 막기 위해 오리를
깎아 솟대를 세웠다고 한다. 오리는 물을 상징하므로 물로 불을 예방하
려는 수극금水克金의 뜻에서다. 대개 이 지역에서 서쪽을 바라보는 마을
은 대체로 화재막이 솟대를 세웠다고 전해진다.

솟대는 마을 입구에 홀로 있기도 하지만 대부분 장승, 선돌, 탑, 신목 등
과 함께 세워져 마을의 하당신 또는 상당신이나 주신으로 모셔지기도 한
다. 그리고 여타 신앙 대상물과 함께 나타나는 복합적인 양상을 보인다.
장승과 솟대가 공존하는 경우가 가장 보편적이다. 대개 솟대는 하위신으
로 자리한다.

솟대는 대개 나무로 만들기 때문에 몇 해 지나면 스러진다. 그런 탓에
조선 후기의 나무 솟대는 증거물을 남기지 못했다. 또한 연대 측정이 애
매하다. 그러나 다행히도 결정적인 증거물을 하나 찾았다. 변산반도 부안
에 가면 동문안과 서문안 당산이 있고 돌솟대가 서 있다. 서문안 돌솟대
에는 숙종 15년(1689)이라는 명문이 새겨져 있다. 명문으로 미루어보아
조선 후기에 열풍처럼 불던 '민중예술운동(?)'의 산물로 보인다. 서문안
당산의 명문은 현존 솟대의 조선후기설을 증명하는 데 결정적인 증거물
이다. 돌솟대가 생성 시기의 수수께끼를 풀어준 셈이다.

솟대가 조선 후기에 널리 퍼졌음을 말해주는 또 하나의 증거물은 유랑
예인 집단인 솟대쟁이패다. 놀이판 한가운데 솟대와 같은 큰 장대를 반듯
이 세우고 줄을 늘어뜨려서 갖가지 재주를 부린 데서 솟대쟁이패라는 이
름이 붙었다. 이 패거리는 곡예를 위주로 했으니, 서커스의 원조 격이다.
주요 레퍼토리인 솟대타기는 높은 장대에 매단 평행봉 너비의 두 가닥 줄

위에서 물구나무서기, 두 손 걷기, 한 손 걷기, 고물 묻히기 따위의 묘기를 부리는 것이다. 당시 대중의 사랑을 받던 예인 집단의 이름에 솟대가 붙은 것으로 볼 때 이 또한 조선 후기에 솟대가 보편적이었음을 암시하는 증거다.

새는 절에도 날아가 앉았으며, 거기에 또한 증거물을 남겼다. 고성 땅 통일전망대를 다녀온 사람은 대개 건봉산의 명찰 건봉사를 들러봤을 것이다. 동부전선 휴전선 근처의 고즈넉한 곳이다. 근세의 명화가 김규진의 글씨가 걸려 있는 불이문을 지나자마자 언덕배기에 사각 돌기둥이 하나 서 있고 그 위에 새가 앉아 있다. '불기佛紀 2955년 무진戊辰' 편년이 뚜렷하다. 옛 불기법으로 따져보니 1928년의 일이다. 숙종조에서 일제강점기에 이르기까지 불과 200년 사이에 솟대문화가 정착되었음을 보여주는 확실한 사례. 이 돌솟대는 민간에 널리 퍼진 솟대문화가 사찰문화에까지 영향을 미쳤음을 확인해준다.

시베리아 레나강가의 아홉 마리 새

1993년 여름 모스크바를 떠난 에어로플로트 항공기는 한국의 역사민속학자 여럿을 싣고 우랄산맥을 넘었다. 엘리아데 같은 서양인 학자의

건봉사 돌대

눈과 글로만 접하던 시베리아 샤머니즘의 실체를 우리 손으로 직접 확인하러 가는 길이다. 흡사 코사크 기병대가 우랄을 넘어 시베리아로 동진을 거듭했듯이 말이다. 바이칼 산지에서 발원한 레나강이 북극해로 흘러들어가는 시베리아대평원의 중심지 야쿠트공화국(현재는 사하공화국)을 향해.

비행기 아래로 내려다보이는 수많은 호수는 늘 그림처럼 잔잔하다. 늙은 오윤Oyun(시베리아의 남성 무당) 미트레비 부에곰. 스탈린 시절 혹독했던 샤머니즘 청산을 피해 간신히 살아남은 몇 안 되는 시베리아 샤먼 중의 하나다. 시베리아 사하공화국 문화성의 도움으로 그를 간신히 찾아냈다.

부에곰의 앙상한 손목이 우리를 호숫가의 소나무 숲으로 잡아끈다. 그의 비밀스러운 숲으로 들어가며 우리는 '신성', '성스러움' 따위를 떠올리며 숨을 죽였다. 나무가 나타났다. 천상에서 지상으로 통하는 세계수cosmic tree. 신과 저승사자는 세계목을 타고 땅 아래로 내려온다. 산 자의 영혼은 그 나무를 타고 하늘로 올라간다. 우주의 가지는 세상 만물의 균형을 잡고 이로써 나무는 우주의 중심이 된다. 세계수는 생명의 나무인 동시에 영원불멸의 나무다.

오윤의 나무는 가지를 하늘로 뻗은 채 우리를 마중했다. 위대한 신수神樹 앞에는 긴 소나무 장대가 걸쳐져 있고, 그 위에 정교하게 깎은 물오리 아홉 마리가 하늘로 비상하는 모습이다. 밑에서 위로 아홉 마리가 차례로 앉아서 날개를 퍼덕이며 솟구친다. 물오리 밑에는 역시 같은 수의 에메겟(가족의 수호신)이 두 손을 벌리고 있다. 하늘로 새를 날려 보내는 것이다.

샤먼은 무복으로 갈아입었다. 시베리아 샤먼의 옷은 새·순록·곰 모양 세 가지가 있는데, 그는 새 모양 옷을 입었다. 새 모양은 가장 특별한 복장

시베리아 샤먼과 새 신앙
시베리아의 세계수,
시베리아 사하민족학박물관

이다. 샤먼은 가능하면 무복을 새의 깃털에 가깝게 꾸미려 애썼다. 부에
곰도 예외가 아니었다. 그는 태양을 향해 두 팔을 벌려 고했다.

> 태양이시여, 우리의 어머니시여
> 당신의 가슴으로 우리를 따뜻하게 해주시고
> 양식을 주시고
> 재앙은 물리쳐주십시오.

시베리아의 샤머니즘과 우리 문화 간에 친연성이 있다면 그 실마리를 풀어줄 수 있는 가장 근접한 사례는 '장대 위의 새'다. 물오리 아홉 마리는 각각 이름을 지니고 있다. 닐거, 가가라, 위러, 드라크허, 곱더, 이그리에, 부리크흐, 직작즈하, 북작자하. 이름만 다른 게 아니라 맡은 일도 달랐다. 이들 오리가 사는 곳에 따라 '숲의 수호신' 가가라, '호수의 수호신' 곱더 식이었다. 그런데 왜 하필 아홉 마리일까?

북아시아의 샤머니즘에서는 세계를 3층으로 나눈다. 각각의 층위는 상·중·하로 갈라지므로 아홉 마리의 새는 밑에서부터 하층, 중층, 상층을 상징한다. 천상, 지상, 지하의 세 구분이 그것이다. 우주를 이루는 세 개의 세계를 새가 연출하는 것이다. 이곳 원주민은 결코 새를 죽이지 않는다. 새는 집을 지키는 가장家長이며 망자의 영혼이기 때문이다. 따라서 새는 조상 영혼의 현신이며 천상과 지상을 이어주는 중개자다. 샤먼은 새를 조상신으로 섬긴다.

영하 60도까지 내려가는 혹독한 북극바람이 지나가고 무려 8개월에

육박하는 겨울이 지나면 짧기만 한 봄과 여름이 온다. 원주민은
봄이 되면 올론코olonkho라는 축제를 준비한다. 마유馬乳로
담근 술인 키위스를 가죽통에 담아서 말에 싣고 와, 들녘에서
축제를 벌인다. 아홉 마리의 새는 봄의 축제에서도 상징물이
되어 비상의 날갯짓을 한다.

모든 문화 현상이 그렇듯이, 독자적인 특수성과 대외적
보편성은 함께 존재한다. 시베리아의 새와 우리의 새가 똑
같을 수 없고 문화적 성격에서도 분명 변별성이 있다. 그러
나 시각을 넓게 동북아시아 전체로 돌리면 우리의 솟대문화
가 이들 동아시아 전역에 퍼진 새문화와 무관할 수 없음을
알게 된다.

1995년 국립중앙박물관에서 열렸던 〈알타이 문명
전〉을 본 이들은 일명 '얼음공주' 미라가 왔음을
기억할 것이다. 산지 알타이 우코크Ukok에서
1993년 발굴된 파지리크 여사제의 복원된 머
리에 생명수를 상징하는 길다란 관과 그 위에
날라앉은 수많은 새가 있었다. 몽골제국의 수
도인 캐라코룸 왕궁에도 은으로 된 나무가 있고
네 마리의 오리가 앉아 있다. 일본의 야요이 시
대 이케가미소네 유적에서도 나무새가 발굴
되었다. 동아시아 전체에 걸쳐 새는 샤머니즘
의 상징 대상이었음을 보여준다.

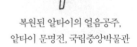

복원된 알타이의 얼음공주,
알타이 문명전, 국립중앙박물관

솟대를 우리의 상징물로

해마다 정월 대보름이 되면 마을 사람은 금기를 행하고 짚을 추렴한다. 줄을 꼬아 암줄과 수줄을 만든다. 암줄이 이기면 풍년이 든다는 믿음은 같다. 줄다리기가 끝난 줄로 깎아 세운 솟대를 겹겹이 감아둔다. '솟대에 옷 입힌다'고 하는 이 의례는 설빔에 해당한다.

 그 밖에도 솟대는 다양하게 모셔진다. 강원도 강릉시 안목에는 진또배기 서낭이 서 있다. 서낭님 예단이라고 하여 흰 종이를 접어서 실로 매어둔다. 진도군 군내면 세등리에서는 솟대의 정상부에 소의 턱뼈를 걸어두며, 해남군 황산면 원호리에서는 솟대 밑에 돼지의 아가리뼈를 묻어둔다.

 솟대는 어떻게 세워질까? 솟대는 신성한 것이기에, 솟대를 깎을 때 제관은 먼저 목욕재계하고 미리 점지해둔 나무 중에서 잘 골라 베어낸다. 제관은 나무를 자르기 전에 간단한 제사를 지낸다. 나무를 옮기는 과정에서도 입조심하고, 일단 마당으로 옮겨놓고도 정성을 다해 깎아야 한다. 껍질을 벗기고 그냥 세우는 경우도 있지만 먹으로 무늬를 그리기도 한다.

 새를 깎는 방식도 가지가지라 정확하게 새 모양을 내기도 하고, 비슷하게 생긴 나뭇

진또배기의 오리떼,
강릉시 강문동

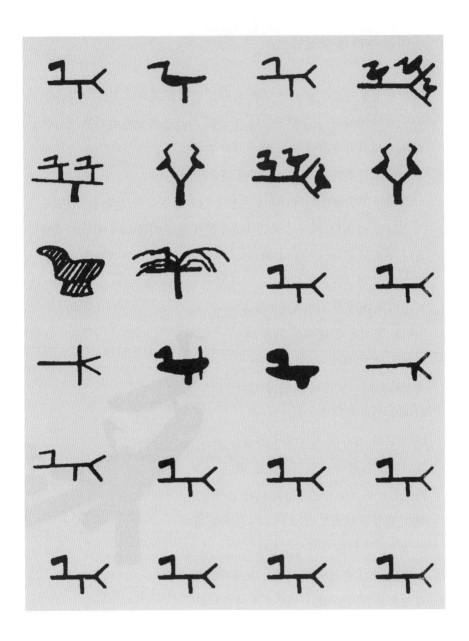

솟대의 다양한 모양을 양식화한 그림, 이필영 제공

가지로 흉내만 내기도 한다. 대나무를 잘게 갈라서 깃털로 달아주기도 한다. 때로는 입에 물고기 조각을 물려 풍농을 기원하기도 한다. 새를 조각하는 소박한 손길은 그 자체가 단순 질박한 농민의 조형예술 세계를 잘 보여주고 있다.

솟대는 긴 장대에 새가 올라앉은 상징성 하나만으로 단순화가 가능하다. 우리나라의 상징물로 꼽으면 좋겠다는 바람이 있다. 새가 훨훨 날아서 만주벌판 광개토대왕릉비 위에도 앉고, 연해주의 옛 발해 땅까지 날아갔으면 좋겠다. 분단의 철조망이 가로막힌 처지에 멀리 나는 새를 통해서라도 비원의 꿈을 풀어야 할 것이 아닌가.

지금도 비바람을 맞으면서 늘 꿋꿋하게 마을을 지켜주는 솟대. 해가 바뀌면 새로운 솟대가 세워져 임무를 교대한다. 1년 동안의 고단한 짐을 내려놓고 멀리 하늘로 돌아가는 것이다. 어렸을 적 문설주에 기대서 저녁노을을 수놓으며 이동하는 철새 떼를 구경하던 추억이 새롭다. 저 새는 어디로 갔다가, 언제 돌아오는 것일까. 바로 그 새가 우리의 나무장대 위에 올라앉았다.

숫자 '3'의

비밀

삼족토기(약탕기, 조선)

신화 속의 숫자 '3'   16

옛날 천하세계 임정국 대감과 지하세계 김진국 부인이 아기가 없다가 공을 들여 미모의 아기씨를 얻으니 자지맹왕이라 이름 지었다. 아기씨의 나이 15세에 이르매, 부모가 하늘로 벼슬살이를 떠나게 됐다. 그동안에 시주 나온 도승이 아기씨의 머리를 '세 번' 쓸어 임신시켰다. 나중에 이 사실을 알게 된 부모가 펄펄 뛰면서 아기씨를 쫓아냈다. 아기씨는 황금산으로 남편을 찾아갔으나 '중이 부부 살림하는 법이 없으니 불도 땅에 가 살라'면서 외면한다. 할 수 없이 아기씨 혼자서 불도 땅에 가서 아들 '세 쌍둥이'를 낳게 됐으니, 9월 초여드레엔 본명두, 열여드레엔 신명두, 스무여드레엔 '삼명두'가 태어났다. 삼명두는 아비 없는 후레자식이라는 구박 속에 온갖 고생을 다한다. 그러나 워낙 총기가 있어 서당

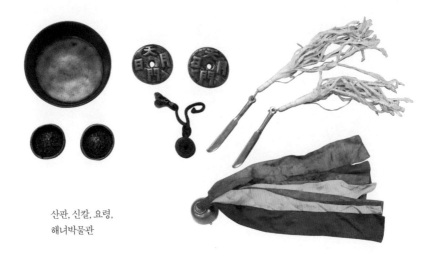

산판, 신칼, 요령,
해녀박물관

의 '삼천선비'가 늘 시기했다. 삼형제는 과거를 보아 모두 장원급제했으나 중의
자식인 탓으로 과거에서 낙방될 위기에 처한다. 그러나 활쏘기에서도 삼형제
가 이기자 결국 모두 장원급제하게 된다. 그러자 삼천선비가 흉계를 꾸며 모친
을 '삼천제석궁' 깊은 곳에 가두어버린다. 집에 돌아온 삼형제는 삼천선비의 흉
계를 알고, 어머니를 찾기 위해 황금산 도당 땅으로 아버지를 찾아 나선다.

　제주도 무당의 조상(무조巫祖)이 탄생하는 내력을 담은 〈초공본풀이〉는
삼명두가 삼천선비의 목을 쳐버리는 데서 이야기의 끝을 맺는다. 그리하
여 삼명두는 제주도 무당의 조상신 격이자 3대 무구巫具인 '천문', '신칼',
'산판'을 일컫게 된다.

　상당히 민중적이다. 삼천선비의 목을 칠 정도라면 민중적이다 못해 혁
명적이어서 프랑스 혁명 시기의 로베스피에르와 단두대가 연상된다. 그

런 삼명두가 제주도 무당의 조상이 되고, 나중에는 천·지·인을 관장하는 자리를 차지한다. 하지만 여기서 이야기하려는 주제는 이 신화의 민중성이 아니다. 앞의 인용문에서 따옴표를 붙인 숫자 3의 비밀이다.

제주도 신화에서 3의 중요성은 삼성신화三姓神話의 본거지인 삼성혈에서도 두드러진다. 삼성혈에 가면 탐라를 세운 고高, 양梁, 부夫 세 성씨가 나왔다는 '세 구멍'이 있다. 고을나, 양을나, 부을나 '세 신인'이 한라산 북녘 기슭의 모흥혈毛興穴에서 솟아났다고 한다.

삼명두나 삼성혈이나 모두 신화 속 존재다. 어쩌면 터무니없는 이야기일 수도 있는 신화야말로 우리 무의식의 소산이자 현실에서는 이룰 수 없는 환상이다. 인류학자 레비스트로스는《신화와 의미》에서 이렇게 말한다.

신화는 인간에게 환경을 지배할 수 있는 좀 더 많은 물리적인 힘을 가져다주는 데 성공하지 못했습니다. 그렇지만 신화는 매우 중요한 것 하나를 인간에게 주었습니다. 그것은 환상입니다. 환상을 통해 인간은 우주를 이해합니다. 물론 그것은 하나의 환상에 불과할 뿐이지만 말입니다. 그렇지만 과학적인 사고관을 가진 우리는 우리가 매우 제한된 정신력을 사용하고 있음을 주목해야 합니다.

우리는 우리 신화에 담긴 3의 의미를 지나치게 간과해왔다. 우리 민족의 탄생신화에조차 녹아 있는 3은 가장 환상적인 숫자인데도 말이다. 민족신화에 3이 수없이 등장한다는 것은 우리 민족의 형성기부터 3이 중요했음을 암시한다. 단군신화는 또 어떤가. 삼위태백, 천부인 3개, 무리 3000명, 3인(풍백·우사·운사), 360여 가지 일, 삼칠일간의 금기……. 모조리

3이다. 실상 환인, 환웅, 단군의 '3대三代'로 이루어지는 '삼신三神' 체계는 고대 신화의 원형이다. 해모수가 동명왕으로 이어지고, 동명왕이 유리왕으로 이어지는 고대 부여족의 신화적 중심인물도 '3대'이기는 마찬가지다. 황해도 구월산에 가면 환인, 환웅, 단군의 '삼신'을 제사하는 '삼성사'가 있다. 고려 말기 이승휴의 《제왕운기》에 "아사달에 입산해 산신이 됐다"라는 기록이 나오는 것으로 보아 삼성사는 오랜 세월 민족의 시조 단군의 본향으로 모셔져왔음을 알 수 있다. 곳곳에 '삼신산'이 퍼져 있는 것도 이 흔적이다.

무속학자 이수자는 "고대 서사문학으로부터 근대에 이르기까지 3대로 이루어진 체계는 하나의 신화적 연속성을 확보하고 있다"라고 설명한다. 심지어 염상섭의 소설 〈삼대〉에서 그 문학적 원형을 같은 맥락으로 파악하기도 한다. '삼대'는 조선 말기 세대의 보수성, 개화기 세대의 정신적 파탄, 일제강점기의 진보성으로 대표되는 조·부·손의 3대를 상징한다. 민족신화의 원형질로서의 '3'이 현대 소설에까지 집단무의식적으로 잠복된 사례로 여겨진다.

삼신할매 점지 받아

단군신화가 생성되던 시대로부터 반만년의 세월이 흘렀고, 우리는 신화를 잃어버렸다. 그러나 신화는 결코 사라지지 않았다. 민족의 신화는 우리 안방으로 들어와 삼신신앙으로 새롭게 태어났다. 산부인과가 드물던 시절엔 아기를 낳을 때 누구나 삼신할매의 도움을 받았다. 어렸을 적 기억이다. 어머니께서 "저분이 널 받아준 삼신할매다" 하고 인사시켰을 때 난 그 뜻을 잘 알아듣지 못했다. 훗날에야 그 뜻을 알아차렸고, 그분이 누군지를 알고 싶었을 때는 이미 그분은 이 세상에 없었다.

우리나라 사람치고 삼신할매를 모르는 이는 없다. 삼신은 어떻게 해서 안방을 점거하게 됐을까? 예전에는 아기 낳으러 안방에 들어갈 때 고무신을 거꾸로 벗어놓았다. 죽을 각오를 하지 않고는 아기를 낳을 수 없었기 때문이다. 오늘날처럼 제왕절개를 해야만 아기를 낳을 수 있는 임신부는 모두 죽을 운명이었다. 얼마나 끔찍한 일인가. 삼신은 바로 이런 여인의 출산을 관장하는 신이다. 나는 민족을 탄생시킨 삼신三神 원형이 그대로 민족 구성원 개개인의 탄생으로 이어져 아기 낳는 안방의 신이 됐다고 본다. 삼신할매가 '빨리 나가라'면서 아기 엉덩이를 차서 생긴다는 몽고반점을 우리 대부분은 가지고 태어났다.

아기의 건강도 만만한 문제가 아니었다. 예전에는 '아기 낳아 반타작'이란 말이 있었다. 아기를 열 명 낳아서 다섯 명 정도가 살아남으면 괜찮은 확률로 보았다. 전염병, 굶주림 등으로 어린아이가 죽는 경우도 많던 당시에 의학으로 해결하지 못하는 일이 있으면 어머니는 삼신에게 기원했다. 아기가 커서 어느 정도 성장할 때까지도 삼신의 배려는 절대적이었다. 아기의 포태, 출산뿐 아니라 15세 정도까지는 양육을 도맡아준다고 믿었다.

삼신은 삼신할매, 삼신바가지, 삼신할머니, 산신産神이라고도 부른다. 대개 태胎를 보호하는 신을 삼신이라 했다. 제주도의 〈명진국 생불할망

본풀이〉에서는 삼신할멈의 탄생 과정을 이렇게 표현한다.

　삼신할멈의 나이가 일곱 살 되던 해 정월 초하루 인시에 옥황상제님이 불러서 '너는 인간세계에 가서 아기를 낳게 하는 삼신할멈이 되라'고 명했다. 그래서 삼신할멈은 옥황상제의 명을 받고 내려오다가, 아기를 낳지 못해 죽어가는 사람을 만나 아기를 낳게 해주었다. 삼신할멈은 은가위로 그 아이의 탯줄을 끊고 석 자 실로 잡아맨 다음, 더운 물로 목욕시키고 유모를 불러 젖을 먹이는 한편, 미역국을 끓여 산모에게 먹였다. 그리고 사흘 후에 산모에게 쑥물로 목욕하게 하고 태를 사르고 아기에게는 배내옷을 입혔다.

　민간에서 삼신을 모시는 과정도 위와 같다. '삼줄(탯줄)'을 끊고 나와 생명이 탄생하면 밥과 국 '세 그릇'을 바치며 '삼칠일'간 금기를 행한다. 신체神體는 안방의 아랫목 시렁 위에 모시는데 '삼신바가지'와 '삼신단지'로 상징된다. 햇곡을 담은 바가지는 한지로 봉해 안방 아랫목 윗벽에 모셔두며, 단지도 알곡을 담아 구석에 모신다. 지방에 따라서는 삼신자루(삼신주머니, 제석자루)라 하여 백지로 자루를 지어서 그 안에 백미 '3되 3홉'을 넣어 안방 아랫목 구석 높직이 매달아놓기도 한다.

　무속에 많이 등장하는 삼불제석三佛帝釋의 성격도 좀 더 분명히 해둘 필요가 있다. 삼신신앙의 확대 과정에서 등장한 삼불제석도 아기를 점지해주고 병에서 지켜주는 수호신이 된다. 삼불의 '불'을 불가에서의 부처로 보는 것은 문제가 있을 듯싶다. 원래는 근본을 뜻하는 순수 우리말인 '부리'에서 나온 것인데, 후대에 불교와 결합된 것으로 보인다.

삼불제석도, 1800년대

삼신신앙은 직접 불교계로 침투했다. 요즘은 많이 달라졌으나, 남아선호사상이 팽배하던 조선시대만 해도 여성이 가장 많이 찾는 곳이 사찰의 삼성각(삼신각)이었다. 산신과 칠성, 독성의 삼신을 모신 삼성각은 토착신앙과 외래 종교인 불교가 만나 융합된 것이다. 어느 나라의 사찰에 삼신신앙이 있던가. 이처럼 3은 신화시대 이래로 가장 원초적인 생명 탄생에서부터 심지어 불교의 토착화 과정에까지 민족 생활 전반에 걸쳐 뿌리를 내렸다.

전 세계적인 절대수라니

동서양을 막론하고 3은 완성·최고·최대·장기성·신성·종합성 따위로 인식되고 있으니, 우리만 3을 중시한다고 볼 수는 없다. 역사학자 프란츠 엔드레스는 《수의 신비와 마법》에서 3을 이렇게 설명한다.

라이문트 뮐러는 1903년 논문에서 설화와 문학 그리고 미술에 나타난 3이라는 수의 중요성을 해명하고자 했다. 그는 자연을 유심히 관찰하면 3으로 이루어진 구조를 체험할 수 있다고 주장했다. 즉 인간은 물과 공기와 흙을 보고 세 가지 형태의 세계가 존재한다는 사고를 발전시켰다는 것이다. 인간은 물체의 세 가지 상태(고체·액체·기체)와 피조물의 세 가지 집단(과일·식물·동물)을 발견했다. 인간은 식물에서는 뿌리와 줄기와 꽃을, 과실에서는 껍질과 과육과 씨앗을 밝혀냈다. 또한 태양은 아침, 정오, 저녁에 각각 다른 모습을 갖는다고 여겼다.

실제로 모든 경험은 길이와 높이와 넓이라는 공간 좌표 안에서 이루어진다. 우리가 지각하는 세계는 3차원이다. 일체의 삶은 생성과 존재와 소멸로 표상될 수 있는 시작과 중간 그리고 끝이라는 세 국면으로 진행되며, 완전한 전체는 정립과 반정립 그리고 종합으로 이루어진다. 그리고 색채의 혼합은 삼원색인 빨강, 파랑, 노랑에서 비롯한다.

오늘날 우리가 익히 알고 있는 이러한 자연현상 속의 3은 동서양을 막론하고 공통적이다. 다만 이를 인식하는 방법에서 차이가 날 뿐이다. 서구의 3개념이 가장 절대적으로 드러나는 부분은 역시 삼위일체다. 삼위일체는 초기 기독교 시대에 등장, 후에 정립된 완벽의 개념이다. 우리나라의 종교관이 3을 중심으로 이루어진다는 것과 비교할 때 유사하다. 전 세계적으로 3과 종교는 연관이 깊은 것으로 보인다.

원시인의 수 이해도를 조사한 인류학 보고서에 따르면 1, 2, 3을 가장 쉽게 이해한다. 이는 3이 작은 수라는 데서도 비롯된

세발솥형기, 국립중앙박물관,
중국후한시대

삼족토기, 대전시립박물관,
백제

청자삼발향로, 일본 오사카
시립동양도자미술관, 고려 12세기

궁예미륵, 안성시 삼죽면 기솔리 국사암

다. 0과 1과 2를 거치면 바로 3이다. 아기가 수 관념을 배울 때도 하나, 둘,
셋…… 이쯤에서 멈춘다. 셋 정도를 다 배우고 나서 다섯 손가락 범주인
5, 그다음에 열 손가락 범주의 10까지 배운다. 3이 어떤 수보다도 친숙하
게 다가오는 것은 바로 인류의 오랜 역사 속에서 무의식중에 각인된 흔적
일지도 모른다.

중국에서도 3이 두루 쓰였다. 중국 청동기 문화의 대표적인 제사 도구
는 대개 세 개의 다리로 되어 있으니 제기祭器를 뜻하는 정鼎이란 글자도
다리 셋을 형상화한 것이다. 고대 동방의 삼재설三才說은 천·지·인 관념을
3에 투영한 것으로 널리 쓰여 왔다.

우리나라는 중국의 한자문화권에 편입되면서 한자식 3개념이 강화됐다. 한자문화권에서는 한자를 풀어서 '一'과 '二'를 합한 것을 '三'으로 보았다. '三'을 거꾸로 세우면 '川[泉]'이 되어 '셋'과 '샘'은 어원도 같고 무궁무진함을 뜻하기도 한다. 문자가 생성되던 상고시대부터 셋은 늘 완벽의 상징이었다. 주자의 가례가 강화되면서 귀착된 삼강오륜三綱五倫, 삼강행실도三綱行實圖, 삼일장三日葬, 삼배三拜, 삼색실과三色實果, 삼탕三湯이 그것이다. 삼황三皇, 삼도三道, 삼족三族, 삼계三戒도 들어온 것이다.

불교에서는 조금 어려운 말로 삼성三性이라고 하여 일체의 세간법世間法을 그 본질 면에서 선, 악, 무기無記의 셋으로 보는 교설이 있다. 이 삼성의 입장에서 관조된 세계는 다만 공空(없음)일 뿐만 아니라 진실한 유有(있음)가 될 수도 있다고 보았다. 세상의 있고 없음이 모두 삼성에 기초한다는 말이다. 불보·법보·승보를 의미하는 삼보三寶, 삼보에 귀의하는 삼귀의三歸依, 순수한 집중을 통해 마음이 고요해지는 상태인 삼매三昧, 중생의 세계를 욕계欲界·색계色界·무색계無色界로 나누는 삼계三界 등은 모두 불교에서 전래되었다.

조선 혈통의 3계보를 찾아서

그렇다면 어떤 것이 우리의 원초적인 '조선식' 3일까? 아무래도 한민족의 기원과 더불어 시작된 3선호도를 규명하자면 앞에서 예시한 신화시대 혹은 신화의 전승체인 무속의 세계로 들어가야만 그 원초적 모습이 보일 것이다.

소주를 마실 때 먼저 조금 뿌린 다음 입으로 가져가는 행위는 기실 오래된 고수레 풍습에서 비롯되었다. 가을 상달 고사를 끝내고 떡을 조금씩 떼어내 멀리 던지면서 "고수레" 하고 외친다. 고수레는 세 번을 해야 한다. 두 번이나 네 번은 안 된다. 왜 세 번을 해야 하는지는 알 수 없다. 그냥 조상 대대로 그렇게 해왔다. 그 때문에 무의식중에 바로 숫자 3의 현실태가 드러나고 있다.

서울 근교인 구리시 갈매동에서는 격년마다 봄이 오면 도당굿을 성대하게 지낸다. 이 굿에는 2월 1일에 삼화주를 뽑으면서 하는 〈부정풀이〉가 있다. 제관을 뽑고 나면 집집마다 무당이 들어가서 부정을 씻어주는데, 주인이 상을 내놓는다. 상에는 막걸리 세 잔, 물 세 잔, 무나물 세 그릇을 올린다. 어느 집이나 마찬가지로 세 그릇씩 아홉 그릇을 내놓는다.

다른 마을굿의 제물 차림에서도 '3말, 3되, 3홉'을 고집하는 경우를 자주 본다. 또한 마을의 신당에 금줄을 치고 황토를 뿌려서 악귀를 쫓을 때는 반드시 황토를 좌우에 세 무더기씩 놓는 것이 원칙이다. 이 역시 토속적인 3개념에 속한다.

언뜻 보기에는 한자식 표현으로 들어온 수 관념으로 여겨지지만 그런 것 중에도 순수 조선식 3개념이 있다. 고려시대의 삼소三蘇가 그것이다. 삼소는 수도 개경에 땅기운地德을 빌어 국가의 번성을 기원하고자 둔 것이다. 좌소·우소·북소라고 하여 좌우와 북쪽에 蘇를 두었는데, 소는 '소리'·'솔'·'솟'을 의미하며 무언가 솟구치는 것을 뜻한다. 3이 솟으면 국가의 흥성을 이룰 수 있다고 생각한 믿음에서 비롯됐다. 묘청이 말한 대로

하늘을 셋으로 나누는 선조의 우주관을 잘 보여준다
천상열차분야지도 탁본, 국립고궁박물관, 조선

주작기, 국립고궁박물관

삼두매, 연세대박물관, 조선후기

국풍國風의 소산이라고나 할까.

고려 왕건이 후백제를 제압하고 고려 개국을 기념하여 옛 백제 땅에 세운 논산군 연산의 개태사에 가면 누구나 단군전을 보게 된다. 그리고 앞마당에 건물 '세 동'이 나란히 붙어 자리한 특이함도 볼 수 있다. 단군신앙에 담긴 3의 형상화로 보인다.

고대 동방의 삼재설三才說의 천·지·인 수 관념은 그대로 한글의 창제 원리로도 적용됐다. 홀소리 글자의 기본을 셋으로 정하여 'ㆍ'는 하늘, 'ㅡ'는 땅 그리고 'ㅣ'는 사람이 서 있는 모양을 본떠 만들었다. 세상은 하늘과 땅, 그 사이에 서 있는 사람으로 이루어진다는 생각이다.

우리의 3을 특징적으로 드러내는 것 중의 하나로 음악에서의 삼박자를 꼽을 수 있다. 이른바 삼박자는 풍물굿의 삼채장단, 세마치에서도 두드러진다. 우리나라 시문학에서의 3이 지니는 음률성은 새삼 강조할 필요도 없을 것이다. 또한 향악에서도 삼분손익법三分損益法이 있어 음의 길이를 3등분하는 법칙이 존재한다.

3은 민간의 주술적 기복과도 결합됐다. '삼재수'가 그것이다. 홍석모의 《동국세시기》에서는 삼재三災 막는 법을 이렇게 설명한다.

사巳·유酉·축丑이 든 해에 출생한 사람은 해亥·자子·축丑이 되는 해에, 신申·자子·진辰이 든 해에 출생한 사람은 인寅·묘卯·진辰이 되는 해에, 해亥·묘卯·미未가 든 해에 출생한 사람은 사巳·오午·미未가 되는 해에, 인寅·오午·술戌이 든 해에 출생한 사람은 신申·유酉·술戌이 되는 해에 각각 삼재가 든다. 세속에서는 이 같은 복설卜說을 믿고 세 마리 매를 그려 액을 막는다. 생년으로부터 9년 만에 삼재가 들기 때문에 이 삼재의 해에 해당하는 3년간에는 남을 범해도 안 되고 모든 일에 꺼리고 삼가는 일이 많다.

오늘날은 이 삼재법을 개인적인 액막이 정도로만 축소 해석하는 경향이 있으나 잘못된 것이다. 개인적인 액막이 외에도 '큰 삼재'라고 하여 국토를 손상시키는 화재·수재·풍재, '작은 삼재'라고 하여 사람을 손상시키는 도병재刀兵災·역병재·기근재 따위를 꼽았다. 비행기가 추락하고, 열차가 탈선하고, 배가 침몰하고, 가뭄과 홍수가 거듭되고, 다리가 무너지고, 백화점이 붕괴되는 식의 재해를 어떻게 개인적인 액막이로 막겠는가. 옛사람은 자연재해와 인위적 재해를 삼재로 본 것이고, 오늘날은 순전히 개인적인 재해만을 점쟁이에게 가서 액땜하고 오는 식으로 바뀌었다.

삼재를 당한 사람은 단순하게 매 '세 마리'를 그려 문설주에 붙인 게 아니다. 조선 후기에 이르면 역동적인 삼두일족응三頭一足鷹 부적을 만들어 붙였다. 자연재해는 물론이고 가렴주구에 시달리던 민중에게 세 개의 머리를 가진 매는 강력한 힘의 상징 그 자체였다. 세 개의 머리로 먹이를 쪼아보는 매서운 눈매를 통해 민중은 자신의 힘을 내보이고자 했다. 민중의 항거를 담은 황해도 장산곶의 장수매 설화도 그 같은 염원을 담았다.

만주와 시베리아에서 찾은 숫자 3

3의 역동성을 찾자면 멀리 만주벌판으로도 떠나야 한다. 지안輯安에 있는

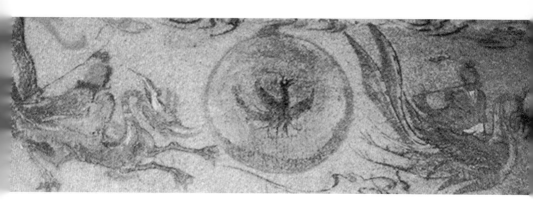

고구려 벽화 속 삼족오

고구려 무덤 각저총角抵塚을 찾아가면 고구려의 상징물 삼족오三足烏를
만난다. 어두운 무덤 안에서 다리 셋에 머리가 하나인 까마귀가 날고 있
다. 삼족오의 비밀은 바로 천제 해모수에게 있으니,《삼국유사》권1에서
는 이렇게 설명한다.

> 천제가 다섯 마리 용이 끄는 수레五龍車를 타고 흘승골성紇升骨城에 내려와서
> 도읍을 정하고 왕으로 일컬어 나라 이름을 북부여라 하고 자칭 이름을 해모수
> 라 했다. 아들을 낳아 이름을 부루扶婁라 하고 해로써 성을 삼았다. 그 후 왕은
> 상제의 명령에 따라 동부여로 옮기게 되고, 동명제가 북부여를 이어 일어나 졸
> 본주에 도읍을 세우고 졸본 부여가 됐으니, 곧 고구려의 시조라 일컬었다.

왜 해모수라고 했을까? 해모수의 '해'는 해解로 표현됐을 뿐, 우리가 구음으로 부르는 '해'를 한자로 표기한 것이다. 따라서 태양신 그 자체를 일컫는다. 이런 해를 상징하는 삼족오는 고대 사회의 태양관을 드러내는 결정적인 증거물이다.

여기서 삼족오가 단지 고구려만의 것이 아니었음을 유의해야 한다. 신라에서도 까마귀는 태양신이었다. 중국의 《시경》에 하늘나라 임금이 보낸 현조玄鳥가 나오는데, 이 역시 까마귀를 뜻한다. 현조는 여느 까마귀가 아니라 태양을 상징하는 까마귀(양조陽鳥, 금조金鳥, 삼족오三足烏)다. 까마귀는 비단 중국뿐 아니라 일본, 심지어 아메리칸원주민에게까지 영향을 미쳤다.

까마귀는 어쩌면 신화시대의 '만국 공통의 태양새'였는지도 모른다. 북유럽의 《시경》이랄 수 있는 《에다Edda》에도 태양의 상징인 까마귀가 등장한다. 국문학자 박시인은 《알타이 신화》에서 까마귀가 중앙아시아, 서남아시아, 이란 그리고 성경에도 등장한다고 하면서 알타이 신화가 이동한 것으로 확대 해석하기도 한다.

어쨌든 우리는 고구려시대에 삼족오를 무덤에 그릴 정도로 까마귀를 확실하게 숭배했다는 증거물을 갖고 있다. 그리고 태양신을 상징하는 삼족오, 오랜 세월 뒤에 제작된 조선시대 서민의 삼두일족응이 똑같이 3에 기초한 제의적 상징물이다. 하나는 머리 셋에 다리 하나, 다른 하나는 다리 셋에 머리 하나다. 상징을 암시하는 것이 뒤바뀌었을 뿐, 고구려로부터 조선 후기에 이르기까지 장구한 세월에 걸쳐 3은 민족사에서 결코 적극적인 역할을 포기하지 않았던 셈이다. 나는 이들이야말로 '조선식' 3이 가장 두드러지는 미술적 상징이라고 생각한다.

북유럽신화 속 까마귀 후긴과 무닌

시야를 넓혀 동북아시아 전체로 확대하면, 시베리아의 3개념이 우리와 일치함을 알 수 있다. 천상·지상·지하로 세상을 3분하는 관념이 있고, 아예 우주를 9로 나누기도 한다. 9단계의 우주는 다시 상·중·하로 각각 3단계로 구분된다. 3·3·3으로 이루어진 각각의 세계는 시베리아인이 꿈꾸던 원초적인 우주관이다. 우리 선조 역시 이런 사고를 지녔을 것이다.

반복될수록 좋은 수

3이 저 홀로만 쓰이는 것만도 아니다. 3이 세 번 반복되어 9를 이루면서 강한 뜻을 나타내기도 한다. 마을굿에서 서 말, 서 되, 서 홉으로 쌀을 준비하여 신성의 의미가 한결 강해진다. 아홉수라고 하여 29세에 결혼을 피하는 관념 속에는 이미 '삼재'라고 하는 액이 세 번 반복된 마지막 해라는 계산법이 숨어 있다. 아기 낳고 금줄을 치면서 몸조리하는 삼칠일(21일간)에도 7이 세 번 반복된 의미가 담겨 있다.

삼현육각이나 삼정승 육판서처럼 3과 3의 배수인 6이 결합되어 강조되기도 한다. 무언가 잘못을 하고서 부지런히 도망을 칠 때 우리는 '삼십육계' 줄행랑을 친다고 말한다. 3이 열두 번이나 반복됐으니 대단한 속도감을 뜻한다. 여기서 열두 번은 대단히 많다는 속뜻을 지니고 있다.

반복은 좋은 것을 더욱 좋게 만든다. 우리는 늘 홀수가 두 번 겹친 것을 선호했다. 1월 1일 설날은 말할 것도 없고, 3월 3일 삼짇날, 5월 5일 단오, 7월 7일 칠석, 9월 9일 중구절을 중시했다. 특히 3은 양수陽數이고 길한 숫자여서 양수가 겹치는 날을 길일로 친 것도 반복의 원리다. 삼진날은 겨우내 얼어붙었던 땅이 풀리며 냇가의 버들강아지도 눈을 트고 모처럼 기지개를 펴게 되는 길일이다. 중국인 최대의 명절인 9·9절도 바로 3·3이 반복된 결과다. 그들은 이날 양기가 그득하여 천지만물이 힘을 얻게 된다고 믿는다.

쌍욕과 쑥떡,

성에 빗댄

야유

모든 것은 배와 넓적다리에서 나온다

'욕쟁이 할머니집'이란 유명세 붙은 집이 전국에 널려 있다. 왜 사람들은 욕 얻어먹으면서까지 제 돈 내고 음식을 사먹는가. 욕설에 어떤 매력이라도 있는 것일까. 나도 자주 욕쟁이 할매 해장국집을 찾는다.

할매의 접대 방식은 손님의 신분 고하를 막론하고 무조건 반말과 욕이다. 깍두기 한 보시기 더 달라고 해도 잔소리, 술 한 병 더 주문하면 아예 그만 가라는 구박이다. 자기 돈 내고 먹는데도 잔소리를 들어야만 한다. 그런데도 연일 사람들로 바글바글 끓고 인근에 널리 알려진 명소가 됐다. 만약 할매의 욕이 없다면 그 집의 매력이 여전할까.

욕에는 나쁜 욕도 있지만 사랑스러운 욕도 있다. 동창생을 만나 "야, 짜

슥아!" 하는 정도는 그야말로 애교에 지나지 않는다. 남성이 가장 가까이 여기는 친구를 '불알친구'라 부르는 이유를 생각해보라. 욕은 사랑 반 미움 반이다. '욕먹을 짓'을 해서만 욕을 먹는 게 아니라 사랑하기 때문에 욕을 하기도 한다. 전혀 모르거나 미워하는 사람 사이에는 욕도 함부로 하기 어렵다. '욕에도 맛있는 욕이 있다'고 했으며, '욕에 정든다'고도 한다. 다산 정약용은 《아언각비雅言覺非》에서 욕을 이렇게 정의 내렸다.

욕이란 부끄럼이고 굴욕이다. 우리나라의 풍속은 추악한 말(醜話)로써 꾸짖는 것(叱罵)을 이름 하여 욕(辱)이라 한다.

욕설의 꽃은 역시 쌍욕이다. 욕은 성을 기호화하여 발전해왔으며, 성을 직간접적으로 암시하는 욕설이 쌍욕의 주종을 이룬다. 그래서 '쌍년', '쌍놈', '쌍소리한다'는 쌍시옷 계열이 주종을 이룬다. 대개 활자문화에서 × ×× 식으로 가려지기 십상이다. 그러나 '문명'의 세계를 떠나간 그 육두문자야말로 욕의 진수다. 그래서 '씹과 좆 빼고 나면 욕할 말 있나' 하는 속담이 전해질 정도다.

왜 그럴까? 작가 에드워드 카펜터가 말했듯이, "섹스가 가장 먼저이며, 손·눈·입·두뇌가 뒤따른다. 배와 넓적다리 한가운데로부터 자아에 대한 지식, 종교 그리고 불명성이 발산돼 나온다"라는 주장을 받아들여야만 할까. 조선은 말할 것도 없이 엄숙한 사회였던 것으로만 여겨진다. 그러나 그럴수록 쌍욕은 더욱 번성해서 가히 '쌍욕의 르네상스'를 구가했다. 잠시 쌍욕의 세계로 떠나보자.

전통시대 '좆과 씹'의 담론

욕설의 백미는 역시 성기 자체를 극대화하는 데서 위력을 발휘한다. 우리의 쌍욕은 남근·여근을 구분하여 욕설화하기도 하고, 통합 상태로 직접적 성관계를 묘사하기도 한다. 전통시대 욕설의 담론에서 가장 많이 쓰인 용례는 역시 '좆'과 '씹'이다. 이를 남근과 여근으로 나누어 살펴보자.

한자어 '남근'은 통칭 불알, 좆, 고추, 자지, 음경 등으로 부른다. 그중에서 '좆'과 '불알'만큼 많이 쓰는 경우도 드물다. 남성 생식기는 태고 이래로 숭배의 대상이었다. 어떤 남성이나 지니고 있는 최소한의 기본을 이야기할 때 "가진 것이 불알 두 쪽밖에 없다"라고 한다. 모든 것을 상실하면 "불알 두 쪽 가릴 힘도 없다"라고 고백한다. 그렇기 때문에 남성답지 못함을 공격할 때 "불알 달린 값을 해라", "불알만 찼다고 다 남자냐", "차라리 불알을 떼버려라" 하는 욕설을 가한다.

남근을 강조하고, 어쩌면 가부장적 권위를 '불알'에 위탁한 남성은 오히려 그것 때문에 많은 노동을 감수해야 하는 비극의 주인공이 되기도 한다. 남성은 오로지 '불알 두 쪽에 땀나도록' 뛰어야 하고, '좆 대가리에서 땀까지 날' 정도로 일을 해야 한

암각화, 하브츠가이드지방,
초기 철기시대

350

남근, 경주 안압지 출토,
통일신라시대

다. 남에게 아부하기 위해 "불알 긁어준다"
는 비난도 마다하지 않는다. 그래서 사람 사
는 게 "좆 나게 힘들다"라는 푸념을 잊지 않
는다. 남성이 도망칠 때는 "불알 두 쪽 덜렁
거리며 뛴다"라는 소리를 들으면서도, "불
알아 앞섰거라" 하고 내뛴다. 상대편을 끝
까지 물고 늘어질 때도 '불알 잡고 늘어져
야' 일이 성사된다.

남근의 '위대한 힘'을 지나치게 믿는 잘못
된 관념은 곳곳에서 남근을 칭송하는 장치
를 만들어놓았다. "가을 좆은 쇠판도 뚫는
다"라고 정력의 위대함을 강조하기도 하고,
"꼿꼿하기는 서서 씹하겠다"라고 힘을 자랑
하기도 한다. 자신의 물건이 "난쟁이 좆만
하다"라고 자조하면서도, "작은 고추가 맵
다"라며 대응책도 잊지 않는다. "남자가 머
리가 좋은 건 대가리가 둘인 탓이다"라는
자부심을 지니면서도, "새벽 좆 안 서는 놈
은 외상도 주지 마라"라는 말에 주눅이 들
기도 한다. 역시 '좆도 좆 나름'이다.

'좆심'이 좋아 일을 잘하는 사람이 있는
가 하면, '좆 빠지게' 일하지만 "좆으로 뭉개

도 그보다는 낫겠다"라는 비난마저 감수해야 한다. "만만한 게 홍어 좆이다"라는 자조 섞인 표현도 자주 나온다. 그리하여 다양하고 푸짐한 욕의 성찬이 '불알'보다는 '좆'에서 나온다. 물론 '좆'이 남성만을 상징하는 것은 아니다. '좆같은 새끼', '좆같은 년'에서 보듯 남녀 공용이다. 그러나 남성용으로 많이 쓰인다. "좆 꼴리는 대로 해라", "좆 까고 있네", "좆도 모르고 탱자탱자하네", "좆만 한 새끼", "좆 먹어라", "좆으로 까라면 까야지", "좆 짜고 있네", "좆통수 불고 있네", "좆나게 팬다", "좆나게 맞는다", "좆도 모르면서", "좆돼부렀구먼" 등등.

여근 쪽 사정은 또 어떤가. 여근은 통칭 씹, 보지, 음부 등으로 부른다. 가장 많이 쓰는 '씹'은 종자를 뜻하는 씨[種]와 입[口]의 합성어다. 남성 위주의 중세 사회에서 여성을 칭송하는 표현은 드물다. 여성을 남성의 성적 대상물로 간주하고 비하하거나 공격하는 식으로 편향적이다. 여성은 수동적이어야 하고, 안방 차지나 하고 있어야 함을 역설한다. '여자와 항아리는 내돌리면 깨지기' 때문에 돌아다녀서는 안 되며, '여자가 말이 많은 건 입이 둘인 탓'으로 돌린다. '여자 셋만 모이면' 어쩌고 하는 식의 여성 비하 시리즈는 욕설에도 그대로 반영된다.

여성의 몸은 늘 탐색의 대상이었다. 욕설에 등장하는 확률이 남성의 몸보다 여성의 몸이 훨씬 잦다. "계집 못난 건 엉덩이만 크다", "계집이 젖통만 크다"라는 식으로 신체 부위별로 비난했다. 지금으로 따지면 글래머에 속하는 여성은 과거에 거의 비난의 대상이었다. 여기에도 남성의 이중적 잣대는 늘 있다. "여자 입이 크면 씹이 크다"라는 표현으로 은근히 큰 여성기를 기대하는가 하면, "씹은 작을수록 좋다"라는 식으로 은근히 작은 여성기를 기대하기도 한다. "여자와 돗자리는 새 것이 좋다"라고 하면서도 "여자는 닳을수록 좋다"라고 하여 경험 있는 여자를 선호하기도 한다. "니글니글할 정도로 요분질친다", "요분질을 쳐서 사내 피를 다 말린다"라고 하면서도 "요분질 못하는 년은 쓸모가 없다"라는 식으로 공격하기도 한다.

여성기 표현의 백미는 역시 '씹'이다. "씹 이야기하면 부처님도 돌아앉아 웃는다"라는 속설이 있을 정도로 남성의 주관심사다. 남성은 여성의 성적 만족도를 예측하거나 여성을 오로지 성적 동물로 여긴다. "사내 싫어하는 계집 없다"라는 관용어 말고도 '성에 굶주렸다'는 뜻으로 "씹구멍에 곰팡이 슬겠다"라는 표현도 등장한다. 워낙 섹스를 즐긴 경우에는 "씹구멍에 불나겠다", "씹두덩에 가래톳 섰다", '사내 받치는 년' 하면서, "씹에는 염치가 없다", "계집은 씹 잘하면 좋은 일 없어도 사흘 웃는다"라는 식으로 비하하기도 한다.

"씹 마르고 눈물 마르면 계집은 볼 장 다본 셈이다"라는 식으로 여성기를 강조하며, "좆도 좆 나름이다"라는 남성기에 대응하여 "씹도 씹 나름이다"라는 표현이 쓰인다. 욕설은 점점 더 점입가경으로 접어든다. "씹창 날 줄 알아라", "가랑이를 찢어 죽일 년", "네년 씹에는 금테 둘렀냐"라는 식으로 쌍욕의 극치를 이룬다.

여성기를 빗댄 욕설에서 중요한 것은 과부에 대한 공격이다. 누군들 과부가 되고 싶어 됐겠는가. "과붓집 가지밭에는 다 큰 가지가 없다", "과부 씹두덩은 과부가 씻는다", "과부는 개를 키워도 수캐만 키운다", "과부 서방질은 삼이웃이 먼저 안다", "과부 아이 낳고 진자리 없애듯", "과부 아이

밴 듯", "과붓집 머슴 행세하듯" 등등. 오죽하면 갑오농민군의 폐정개혁안
12조에 과부 개가 조항이 혁명 슬로건으로 제시됐겠는가.

근친상간 금기의 장막을 걷어라

아주 오랜 옛날 오누이가 고개를 넘고 있었다. 그때 갑자기 비가 내렸다. 뒤를 묵묵히 따라가던 오라비는 깜짝 놀랐다. 누이동생의 흰옷이 비에 젖자 뽀얀 젖무덤이 드러난 것이다. 오라비는 갑자기 성욕이 솟구쳤다. 그러나 누이동생과 할 수는 없는 일. 오라비는 결국 자신의 성기를 돌로 짓이겨서 성욕을 억제하고 그 자리에서 죽고 말았다. 누이동생은 울면서 이야기하길 "그렇게 죽을 바엔 한번 달라고나 해보지"라고 했단다. 그 뒤로 사람들은 오누이를 기려서 그 고개를 '달래나고개'라고 부른다고 한다.

　일명 '달래나보지' 전설에는 근친상간을 할 수 없는 금기가 잘 반영돼 있다. 우리 문화의 욕의 근저에는 바로 그러한 근친상간이 가장 중요한 대목을 차지하고 있다. "니 에미 씹새끼", "니 에미 좆이나 빨아", "니 에미하고 붙을 놈", "니 에미하고 씹할 새끼", "제미 붙을 놈", "제미 밑구멍에 좆 박을 놈" 따위의 쌍욕은 어머니와 아들 간의 근친상간을 잘 표현한다. 반면에 "네 애비하고 붙

신라 토우

은 년"식의 아버지와 딸 간의 근친상간은 상대적으로 덜 드러난다. 물론 오누이끼리의 근친상간도 욕설에서는 귀하다. 왜 근친상간이 욕설에서 주역으로 등장할까?

평상시에 근친상간은 생각할 수조차 없다. 그것을 입 밖으로라도 내놓는 것 자체가 일종의 죄악이다. 그러나 욕을 하게 되는 상황이 오면 사태는 달라진다. 인간의 심층에 가려져 있던 근친상간의 금기가 장막을 과감히 벗기고 본 모습을 드러낸다. 근친상간의 욕설은 사실 하나의 저주, 신화적 모티프를 지니는 신탁의 소리다. 그리스의 비극작가 소포클레스의 《오레스테스》3부작에 나오는 신탁과 같이 어머니와 아들 간의 근친상간은 우리의 욕설에서도 두드러진다. 그러나 우리 신화로 되돌아오면 '달래나고개' 전설같이 오누이 근친상간형이 주종이다.

예전에 큰물이 져서 모든 동식물이 절멸했다. 높은 산으로 올라간 사람 중에서 마지막으로 오누이만 남았다. 그러나 오누이가 상간할 수는 없으므로 신에게 뜻을 물었다. 맷돌을 밑으로 굴려서 짝을 이루면 신의 뜻인 줄 알고 결혼하라고 했다. 실제로 맷돌을 굴린 결과 짝을 이루게 됐다. 오늘의 우리는 그 오누이가 맷돌을 굴려서 낳은 후손이다.

이 홍수신화의 모티프에는 오누이 간 근친상간이 잘 반영돼 있다. 여기서 매개물은 맷돌이다. 암맷돌과 수맷돌로 짝을 이루는 맷돌의 암수 구별은 늘 성적 매개물이 되어왔다. 그래서 욕설에서도 맷돌이 빠질 수 없다. "맷돌 씹하냐", "성미 급한 년이 맷돌거리 한다", "맷돌 씹에 좆 빠지듯"과 같이 되는 일이 없다는 식으로 맷돌이 쓰인다. 맷돌치기, 맷돌거리로 불리는 체위를 빗대어 욕을 한다.

나는 혹시나 좆과 씹 혹은 근친상간 따위의 소제목 자체에서 거부감을 느끼는 이들에게 《현대 사회의 성·사랑·에로티시즘》에서 사회학자 앤서니 기든스가 세세하게 밝혀준 성과학자 빌헬름 라이히에 관한 이야기를 꼭 들려주고 싶다. 라이히는 편집증적 공격성을 보여주었지만 일생 동안 추구한 급진적 사회개혁 사상을 잘 드러낸 〈들어라, 소인배들아〉라는 글을 남겼다. 그는 정신분석학적 성 급진주의자로서 현대 사회의 성이 불행을 초래한 실마리가 생식기의 성(그것의 좌절 혹은 계발) 속에 있다고 보았다. 그가 공격한 소인배란 '불쌍하고 옹졸한, 역겹고 무능력한, 완고하고 활력이 없으며 속이 텅 빈' 사람이다. 다른 사람이 자유를 외치지 못하게 막으려고 안달하면서 자기 자신은 노예가 되는 인간이다. 라이히는 소인배의 신경증이 성적 에너지를 억제하기 때문에 비롯된다고 보았다. 그는 '불쌍한 소인배'가 짐짓 숨기는 것을 이렇게 외쳤다.

> 나도, 당신도 그리고 모든 사람이 다 알고 있다. 당신이 영원한 성적 결핍 상태를 맴돌고 있고, 모든 여성을 탐욕스럽게 바라보며, 사람에 대해서 친구와 더러운 농담을 주고받는다는 것을……. 어느 날 밤 나는 당신이 친구와 함께 거리에서 이렇게 합창을 하고 다니는 것을 들었다. "우리는 여자를 원한다, 우리는 여자를 원한다!"

라이히 자신은 그의 적이 비난한 것과는 달리, 무절제한 성적 방종을 전파한 것이 아니었다. 갈릴레이가 위대한 사람이라는 것은 알지만 그가 사생아를 셋이나 두었다는 사실은 애써 모른 척하는 이들에게 보내는 조

건곤일회첩 중에서, 신윤복, 조선

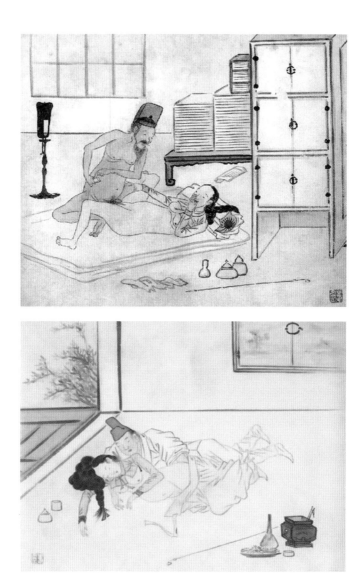

운우도첩 중에서, 김홍도, 조선

운우도화첩 중에서, 최우석, 일제강점기

소였다. '좆과 씹'이란 표현만 나오면 무조건적 반사작용으로 엄숙주의를 요구하는 이들의 상당수가 혹시나 라이히가 말한 소인배가 아닐까.

욕의 극치는 남녀상열지사

때로는 침실에서도 욕을 한다. 이때 욕은 상대를 비난하는 것이 아니다. 남녀 간의 성적 표현일 뿐이다. 상황이 바뀌어 이들 성적 표현을 뒤집으면 그대로 욕설이 되고 만다. 성애의 욕설과 비난의 욕설은 전혀 다른 것 같지만, 하나의 뿌리를 지니는 표리관계다.

정상적인 성관계도 욕설에서 중요한 대목을 차지한다. "사추리 사추리 삿뽀뽀"라는 비어는 삿(샅)끼리 이루어지는 섹스를 뜻한다. '씨팔년', '씨팔놈', '씨팔새끼', '씨팔년놈' 등은 가장 흔한 욕설이다. 남녀가 성관계를 맺는 일은 인간이 으레 하는 일인데도 '씹하기'가 하나의 터부가 된다. 그래서 '씹하기'는 늘 공격의 대상이 된다.

쌍욕은 일반론적 단계를 벗어나서 성관계의 구체적 단계까지 나아간다. "가죽방아를 찧느냐", "디딜방아에 겉보리 찧느냐", "웬 낭자한 감창소리?", "공씹하기냐", "얼마나 급하면 서서 씹하자는 격이냐", "아무리 급하다고 벽치기 하겠느냐", "급하면 벽치기라도 해야지 않겠냐", "먼저 올라탈 년이다" 등등 모두 구체적 성행위를 염두에 둔 말이다. 역시 구체적인 성관계는 "좆이나 빨아라"라는 대목에서 압권이다. 오럴섹스에 관한 표현은 비단 우리나라뿐 아니라 세계적인 욕이다. 이에 덧붙여서 "니 에미

좆이나 빨아라"라는 식으로 근친상간에서의 오럴섹스 단계까지 나아가
면 욕설은 극에 달한다.

수음도 빠질 수 없다. "용두질 안 치는 사내 있더냐", "손가락 안 집어넣
는 계집 있느냐"라고 하여 자위행위가 강조된다. '좆 주무르듯이' 늘 주물
럭거리는 모습이 비판의 대상이 되기도 한다. 성관계에서 동성애도 빠질
수 없다. "비역질이나 해처먹어라"라는 욕은 호모를 뜻한다. "아무리 궁하
다고 밴대질하겠느냐'는 레즈비언을 뜻한다. 호모와 레즈비언도 금기의
대상이지만 막상 욕설에서는 튀어나오고 만다.

마지막 단계에서는 동물과의 변태적 성관계 혹은 막연하게 동물에 빗
댄 욕설이 등장한다. '개년', '개보지 같은 년', '개잡년', '개잡놈', '개좆같은
인생', '개좆같은 새끼', '개자지', '개씹에 보리알', '개씹 같은 년', '개씹으로
낳아도 너보다야 낫겠다', '암내 맡은 수캐 싸대듯' 따위로 단연 개가 수위
를 차지한다. 개는 우리 주위에서 가장 흔히 볼 수 있는 동물이다. 또한 암
캐와 수캐가 하는 관계도 늘 보는 모습이다. 그러한 친근성이 개를 욕설
의 주인공으로 만들었다. 혜원 신윤복은 〈풍속화첩〉에 개가 관계 맺는 모
습을 구경하는 여인 둘을 그려놓았을 정도다.

'말씹', '말자지', '말보지' 식으로 수말의 우람한 성기의 위력을 강조하
거나 '물개 좆' 식으로 비유하기도 한다. 동물에 빗대는 욕설은 '수간獸姦'
이라는 변태적 성풍속에서 비롯됐을 것이다. 당연히 금기시됐을 수간이
욕설로 둔갑해 백주대낮에 위력을 발휘하게 된다.

이부탐춘, 신윤복, 간송미술관

'엿 먹이는' 까닭

우리는 욕설을 할 때 말과 함께 "엿 먹어라" 하면서 '쑥떡질'을 하기도 한다. "엿 먹어라" 대신 "좆 먹어라" 할 때도 있지만, 문제는 직접적인 표현보다 왜 '엿'이라고 하는지가 궁금하다. 하고많은 먹을 것 중에 하필 왜 엿을 먹으라고 할까?

엿은 조선 후기의 유랑 예인 집단인 남사당패에서 여성의 '음부'를 가리킬 때 쓰던 은어였음이 밝혀졌다. 대개의 천민 집단이 자신들끼리만 통하는 기호를 지녔듯이, 남사당패도 다양한 은어를 지니고 있었다. 그중에는 사람 몸에 빗댄 은어도 많았다. 민속학자 심우성이 수집한 목록을 보니 다음과 같은 은어가 눈에 띈다. 애초에는 쑥떡질이라는 행동이 먼저 생겨났고, 조선 후기에 엿이라는 욕설이 뒤따랐을 것이다.

머리-글빡·구리대, 눈-저울, 코-홍대, 입-서삼집, 이(치아)-서삼틀, 배-서삼통, 젖-육통, 손-육갑, 발-디딤, 남성 성기-작숭이, 여성 성기-엿, 뽁

오래전 일이다. 내가 탄 차가 포항시내에서 칠포 쪽으로 올라가다가 다른 승용차와 작은 접촉을 일으켜 시비가 붙었다. 10분 정도 사소한 언쟁이 오간 뒤에 대충 타협이 되었다. 그런데 차가 움직이자마자 상대편 승용차 뒷좌석에 탄 청년 셋이 우리 일행을 향해 일제히 '쑥떡'을 먹이는 것이 아닌가. 기어이 쑥떡을 먹이고서 사라지는 차를 다시 불러 세우고 시비 붙일 수는 없는 일. 아뿔싸! 우리는 기어이 그 쑥떡을 먹고 말았다.

우리 세대는 모두 쑥떡을 먹고 자랐다. 비 오는 날 등굣길에 승용차가 흙탕물을 튀기면서 달려갈 때 말로만 하는 항의는 필요 없었다. 전달되지 않을 게 뻔했기 때문에 일제히 쑥떡을 먹었다. 물론 집에 들어오면 그런 못된 짓은 하지 말라고 단단히 주의를 받았다.

1960년대 후반쯤, 서울 변두리의 아이들도 쑥떡에 관한 한 대단히 다양한 손짓과 표정을 개발했다. 우리는 1960년대에 초등학교를 다녔는데, 인근의 미군부대 병사들이 GMC를 타고 갈 때 껌이나 초콜릿을 주지 않으면 일제히 쑥떡을 먹었다. 나중에는 미군도 되받아서 우리를 향해 쑥떡을 돌려주었다. 입으로 연신 무어라고 영어로 떠들어댔는데 틀림없이 쌍욕이었으리라. 지금 생각해보면 참으로 어처구니없는 일이었지만 휴전 이후 태어난 세대는 그렇게 쑥떡을 늘 먹고 먹이면서 자라지 않았을까.

그런데 왜 하필이면 욕 먹이는데 떡이 쓰였을까? 떡은 성적 행위의 노골적인 암시다. '떡 친다', '떡 치듯 한다', '찰떡궁합' 따위는 남녀의 성적 결합을 노골적으로 암시한다. 따라서 떡 중에서도 강력한 양기가 듬뿍 들어 있는 쑥떡을 먹이는 행위는 성적 공격심을 드러낸다. 행위의 명칭은 쑥떡이고, 먹이는 행위는 여성의 음부를 상징하는 '엿'으로 역할을 분담한다.

쑥떡을 무조건 '교양 없는 짓'으로만 평가절하할 수 있을까? 나는 그렇게 생각하지 않는다. 우리는 '교양'을 빙자한 '길들이기'에 익숙해져 있으나 사람들은 결정적인 순간에 본능적으로 쑥떡을 먹인다. 아무래도 점잖은 사람은 쑥떡을 비천하게 생각할뿐더러 예의에서 벗어나는 저속한 짓으로 비하하기 때문에 쑥떡 따위는 금기시한다.

그러나 마음속으로는 얼마든지 쑥떡을 먹이고 있다. 드러난 손짓과 드러나지 않은 마음 사이의 괴리 현상이 보인다. 나는 오히려 요즘 차츰 사라져가는 '쑥떡문화'를 무한한 애정을 가지고 지켜보는 중이다.

섹슈얼리티의 도발적 표현, 쑥떡

쑥떡은 단순하게 '엿 먹으라'는 욕설을 수행하기 위한 동작만은 아니다. 쑥떡은 전통시대 섹슈얼리티의 도발적 표현이다. 쑥떡의 동작은 이렇다. 주먹을 쥐고 다른 손바닥 위로 불끈 내밀면서 한손은 손목에 가져간다. 아니면 엄지를 제외한 나머지 네 손가락으로 상대 손가락을 잡아서 튕기듯이 들이민다. 남성을 상징하는 손놀림과 함께 여성을 상징하는 "엿 먹어라"라는 말을 함으로써 성적 배설을 퍼붓는다.

상대방이 멀리 떨어져 있어 잘 보이게 동작을 확대할 필요가 있을 때는 팔뚝에 다른 손바닥으로 받치고서 팔뚝 자체를 흔든다. 팔뚝의 흔들림은 남성기의 끄떡거림을 암시한다. 더 과격한 행동도 나온다. 아예 한쪽 발을 기역 자로 꺾은 채로 들면서 두 손으로 무릎을 훑고 난 다음에 손을 뒤로 뺀다. 이 같은 동작은 한 번에 그치지 않는다. 여러 번 반복할뿐더러 차츰 속도를 붙여서 상대방에게 무언의 적의를 전달한다.

자그맣게 하는 쑥떡도 있다. 엄지를 검지와 중지 사이에 끼고서 앞으로 삐쭉 엄지손톱만 나오게 한다. 말할 것도 없이 두 손가락 틈새에 엄지가 들어감으로써 삽입된 남근을 상징한다. 사람에 따라서 하는 동작이 조금씩 다르기는 하나 우리나라 사람이 즐겨 쓰는 쑥떡은 그렇다.

이런 쑥떡은 우리나라에만 있을까? 동물행동학자 데스먼드 모리스의 솔직하면서도 흥미로운 《인간 동물원》을 읽으면서 나는 줄곧 우리 쑥떡과의 관련성을 생각했다. 네 발로 기다가 두 발로 서게 된 인류는 무엇보다 손이라는 유능한 도구를 얻게 됐다. 인간의 '앞발'은 믿을 수 없을 만큼 풍부한 표현력을 가졌다. 모리스가 관찰한 내용에 따르면, 다른 동물의 앞발 동작이 제한적인 데 반해, 인간은 무려 3000여 개의 제스처를 가지고 있다. 손으로 하는 제스처는 모두 인간이라는 동물이 직립하여 앞발로 기는 일에서 해방됨으로써 가능해졌다. 인간은 동료에게 훨씬 더 정확하게 방향을 지시할 수 있게 됐다. 모욕을 주는 손짓도 그중의 하나다.

영국인은 손등을 보이는 V 자를 모욕적으로 생각한다. 이는 본질적으로 남근을 상징한다. 고대 로마에서 기원한 '가운뎃손가락 치켜세우기'도 너무도 유명한 남근 상징이어서 '외설스러운 손가락' 내지 '파렴치한 손가락'으로 알려진다. 손을 모아 쥐고 엄지손가락을 집게손가락과 가운뎃손가락 사이로 내밀어 엄지손톱 정도까지만 내보이는 피그 사인fig sign은 여성의 성기를 상징하며, 방어 의사를 나타내는 고

성기를 벌린 여인,
영국 헤리퍼드셔 킬펙 교회

대의 몸짓이다.

이런 행동은 어떤 특정한 상황에서 사악한 마법을 무력하게 하는 방법의 하나다. 그 기원은 여성의 성기를 내보이는 의식이 치러지던 고대 그리스 시대에까지 소급된다. 자기를 노출하려는 정신의학적 증상인 노출행동은 고대 종교적인 몸짓의 상징적 변형이다. 오늘날 대부분의 사람은 이 몸짓을 성적인 모욕이나 성적인 내용을 표현하기 위해서 사용하지만, 원래 용도인 방어적인 역할에 대해서는 거의 아무도 기억하고 있지 않다.

나는 우리 문화 속에 자리 잡은 "엿 먹어라" 하는 방식의 쑥떡도 실로 오랜 역사를 지니고 있다고 확신한다. 주먹을 불끈 쥐고 상대편을 향해 성적인 동작을 감행하는 우리의 쑥떡은 우리 조상의 어느 시대에선가부터 시작됐을 것이다. 우리는 결과물로 남은 쑥떡의 외설스러움 때문에 오로지 '교양 없는 행위'로만 치부한다. 그러나 '교양'이라는 두 글자의 한계에서 과감히 벗어난다면, 쑥떡이란 행위 속에 '성기 드러내기'라는 외설의 극대화를 통해 현실 세계의 분노, 격정 따위를 풀어보려고 하는 인간 심리의 심층적인 뿌리가 놓여 있음을 잘 알 수 있다. 그러한 집단심리는 매우 오랜 세월 동안 형성돼온 것이며, 아직 밝혀지지 않은 우리 문화의 수수께끼기도 하다.

우리 문화를 어떤 고결하고 엄숙하고 아름다운 것으로만 단정하여 귀족적 취향으로만 재단하려는 대개의 사람에게는 매우 못마땅한 주장일 것이다. 그러나 문화는 늘 그렇듯이 고급이 있으면 저급이 있다. 그리고 고급은 고급대로, 저급은 저급대로 각자의 몫과 임무, 쓰임새가 별도로 존재하는 법이다. 우리가 무조건적인 '교양인'을 추구하는 동안 우리 문화는 쑥떡질을 거의 잃어버렸다. 그러나 우리 마음은 하루에도 열댓 번 쑥떡을 먹이고 있는지도 모른다.

쑥떡을 그대로 드러내던 시대와 쑥떡을 마음속에서만 하는 시대의 차이는 무엇일까? 우리는 '교양인'이 되기 위해 화가 날 때도 쑥떡 따위는 감히 드러낼 수 없어 속으로만 과대 섭취한 쑥떡에 체하여 늘 스트레스를 받고 있다. 우리는 지나치게 신체언어를 통제당하고 급기야는 상실해버린 '권위 통제 시대'에 살고 있는지도 모른다.

모리스는 인간을 동물로 보았다. "우리는 때로는 괴물이 되기도 하고 때로는 숭고해지기도 하지만, 그래도 어쩔 수 없이 동물이다. 아무리 스스로를 날개 잃은 천사라고 생각하고 싶어 해도 우리는 서 있는 원숭이에 불과하다"라고 하면서 '신체언어 통제'를 이렇게 들려준다.

높은 지위에 있는 사람이 가급적 신체언어를 통제하려는 경향을 보이는데, 이러한 경향의 저변에는 생물학적 이유가 깔려 있다. 영장류나 원숭이 그리고 늑대 집단의 우두머리는 자기보다 지위가 낮은 성원에 비해 몸을 훨씬 적게 움직인다. 어떤 집단에서건 우위에 속한 동물은 거의 고요한 정적 속에서 거동하며, 순위가 낮은 구성원이 멋대로 굴 때도 질서를 잡기 위해 한 번 무섭게 노려보는 것 이상의 동작을 하지 않는다. 구태여 신체언어를 사용하느라고 에너지를 소모할 필요가 없다. 우두머리는 단지 그 존재 자체만으로도 충분하다. 인간사회에서 사회적인 '신체언어 통제의 기초'에 깔려 있는 것이 바로 이 우위의 '냉정함'이다. 침묵의 자기 단련은 자동으로 지배와 권력에 이르는 자질을 부여한다. 침묵은 거의 주술적인 자신감을 나타내며, 다른 동료를 선동하거나

그들의 비위를 맞출 필요는 전혀 없다. 371

"오호, 애재라! 육두문자의 소멸을 통곡하노라!"

우리 시대의 문화적 특징은 '대리만족'이라고 할 수 있다. 이에 대해서는 사상가 안토니오 그람시의 어법을 재활용해 이야기해보기로 한다. 우리는 그람시가 민속문화에 무한한 애정을 지니고 있었다는 사실을 자주 망각한다. 민속에 대한 그의 관심은 낭만적인 것이 아니었다. 그람시에게 중요한 것은 현재의 '민속적인' 세계관을 넘어서 대중으로 하여금 독자적인 문화를 생산할 수 있게 해주고, 상부로부터 전달된 지배계층의 문화 기준에서 벗어나는 자발적 요소를 선택할 수 있게 해주는 일이었다. 그런 의미에서 그는 민속적인 것이 지배적인 것으로 되어야 한다고 믿었다.

그람시는 일반적으로 민속이란 '신중히 다루어야 할 매우 중요한 것'이라고 했을 뿐만 아니라, 모든 민속 현상은 다른 세계관과 연관된 사회문화적 상황에 부합하는 '인생관과 세계관'을 포함하거나 나타낸다고 했다. 민속문화의 주역인 인민의 세계관은 문화적 헤게모니를 쥔 공적 세계관과 크게 다를 뿐만 아니라 반대나 모순, 갈등의 관계에 있다고 보았다. 역사적으로 형성된 교양 있는 부류나 지배계층 혹은 국가의 특질인 공적 개념은 일반적인 공적 사회가 그러하듯이 민속과 경쟁하고 갈등한다. 이는 '민속이란 인민의 문화생활 조건의 반영일 따름'이라는 견해에 이른다.

장황하게 그람시의 견해를 끌어들인 것은 우리가 앞에서 살펴본 '욕설'

이라는 것도 하나의 민속으로 볼 수 있다는 사실을 주장하기 위해서다. 욕설은 결코 단순한 욕이 아니라 그 자체가 하나의 문화권을 형성한다. 따라서 욕설은 인간의 심층심리와 행동 방식을 이해할 수 있는 가장 대표적인 민속문화의 하나다.

이제 문화는 더 이상 '생산의 문화'이기를 멈추었다. 문화 자체가 소비 품목이 된 탓이다. 거대 자본주의가 거둔 가장 중요한 전리품의 하나는 바로 문화라는 소비 품목이다. 그 소비품은 더 이상 기존의 일과 놀이 혹은 일과 제의를 벗어난 지 오래다. 오늘의 문화는 배설을 원한다. 그 배설은 포만한 잔치, 끝없는 욕망의 굴레, 되풀이되어 끝내 거부할 수 없도록 포박하는 광고 선전 등 다양한 종류로 특징지어진다. 침실에서의 남녀 섞임도 밤낮 없는 배설의 시대로 접어들었다. 누구나 그 배설의 기쁨, 경건함, 놀라움, 찬란함 따위에 감탄하고 끝내 자신도 늘 배설하고 만다.

대리만족, 그 배설의 시대에 살면서도 정작 우리는 '교양 있는 계급'을 자처하면서 욕설이 지닌 원초성을 깔본다. 모순이 아닐 수 없다. 사람들은 '고운 말 쓰기'라는 도식에만 빠져서 욕에 담긴 원초성을 미처 보지 못한다. 인간이란 그렇게 고상하기만 한 존재인가. 고운 말을 쓰는 것에 반대하지도 않고 반대할 이유도 없다. 그러나 한편으로는 걸쭉한 육두문자의 소멸을 마냥 좋다고만 할 수도 없다. 육두문자가 사라진 그 빈자리를 음란 비디오 따위의 정말 불건전한 매체가 대신하는 것을 보면 쉽게 알 수 있다.

매월당 김시습, 시대를 거역하면서 천하를 주유하던 방랑 시인 김삿갓이 써놓고 간 이러저러한 시편을 들추어보았다. 조선 전기 문학에서 일찍이 그가 이룩한 성애性愛의 당당함과 건강함을 우리는 모두 추방하고, 값싼 포르노 성애문학으로 대체했다. 참으로 참담한 느낌을 내려놓을 수 없다. 우리 문화 곳곳에 깔려 있는 쌍욕도 무참히 버릴 것만은 아니라는 생각을 지울 수 없다.

나는 김시습이 한때 묵었던 부여 땅 무량사를 찾아갔다. 무량사 오층탑 앞에 서서 "오호, 애재라! 육두문자의 소멸을 통곡하노라!" 하고 외쳤다. 서울로 돌아온 날 그의 시편 중에서 하나를 골라 컴퓨터에 옮기고, 누런 종이로 출력해 책꽂이 옆면에 붙여놓았다. 호탕하게 그 시를 읽어본다.

서당은 내좆이乃早知고
방 안은 개좆물皆尊物 같다
생도는 제미씹諸未十이고
선생은 내불알來不謁이다

여신,

버림받은

딸의 반전

맥신할머니, 국립민속박물관

천지창조의 여신, 마고

신화를 단순한 허구나 전설 같은 이야기로 여기는 풍조는 근대 이래의 지나친 계몽주의적 지식관에서 비롯했다. 그런 점에서 우리는 신화학자 쿠르트 휘브너가 갈파한 '신화의 명예 회복'을 꿈꾸며, 우리 신화 속에서 여신과 남신의 자리를 찾아볼 필요가 있다. 신화의 원형이야말로 어쩌면 오늘날 우리 삶의 비밀을 보여주는 '청동거울'이기에.

참으로 오랜 옛날, 신화시대에 마고라는 이름의 거인이 있었다. 그녀는 남해를 뚜벅뚜벅 걸어서 건너가고 있었다. 바람이 고요하여 풍랑이 일지는 않았지만 바다는 생각보다 깊었다. 깊은 곳으로 발을 잘못 내딛어 빠지는 바람에 치맛자락이 살짝 젖었다. 워낙 큰 마고였지만 치맛자락이 젖는 것은 어쩔 수가 없었다. 그녀는 젖은 치마를 벗어서 월출산에 잠시 널어두었다. 그러자 산에서는 난리가 났다. 마고가 치마를 너는 순간 산 전체가 컴컴해져서 갑자기 밤이 찾아온 것 같았기 때문이다.

마고는 북쪽으로 올라오면서 소변도 여러 번 보았다. 마고의 오줌은 물줄기를 이루어 곳곳에 강을 만들었다. 마고가 서해에서 몇 차례 변을 보자 곳곳에 섬이 만들어졌다. 저녁 무렵에 찬이슬을 맞은 마고가 기침을 하자 갑자기 폭풍이 불면서 풍랑이 일었고 산과 들의 나무가 세차게 흔들렸다. 이윽고 밤이 왔다. 마고는 하늘의 별을 만지고 달을 껴안으며 외로운 밤을 지냈다. 아직 사람이 탄생하기 전이라 마고의 친구가 될 만한 이들이 없었던 탓이다.

마고가 얼마나 컸으면 겨우 치맛자락만 적셨겠는가. 거인설화는 단지 마고에 그치지 않는다. 제주도에 가면 마고와 거의 흡사한 설문대할망이 있다. 마고와 설문대할망은 우리 민족의 시작과 더불어 전해져온 가장 오래된 신화 속 여인이다. 최초의 신은 남성이었을 것 같지만 사실은 여성이었다. 적어도 우리 신화의 첫 장을 장식하는 주인공은 모두 마고와 같은 여성이었다.

마고는 서구의 신화학 용어로 지모신이다. 우리말로 적당한 표현을 문헌에서 찾자면 '신모神母'를 들 수 있다. 마고시대까지는 적어도 이들 신모의 독무대였다. 어머니의 힘이 위대하듯, 신화시대의 초기도 여신이 장악했으니, 여성이 헤게모니를 잡았던 모계사회의 흔적일 것이다.

중국 신화에서는 반고盤古가 천지개벽을 이루고 나서, 여와女媧가 인류를 탄생시킨다. 여와는 복희伏羲와 오빠 동생 사이였다고도 하고 혹은 부

제주 여신, 본궁위, 제주시 내왓당, 1800년대

부 사이라고도 한다. 오누이 사이
였는데 부부관계를 맺었다는 설도
있다. 한漢 대의 석각화상石刻畫像
을 보면 사람의 머리에다 뱀의 몸
뚱이를 한 복희와 여와의 그림이
자주 나타난다. 여와는 황량한 대
지를 걷다가 고독을 이기지 못하고
지상의 진흙을 한 움큼 파서 물과
반죽해 어떤 형체를 만든다. 그리
고 만든 물건을 땅에 내려놓자마자
신기하게도 살아 움직였다.

복희와 여와, 투루판 아스타나 무덤,
국립중앙박물관

　이렇듯 중국 신화에서도 여신
의 손을 빌려 인류가 탄생했다. 여
와는 바로 우리의 마고와 다를 바
가 없다. 그런데 마고는 독신이고,
여와는 기혼녀다. 또 마고는 천지
를 창조했고, 여와는 사람만 창조
했다. 서해에 가서 마고가 빚었다는 섬을 바라보면 늘 서해 건너편의 여
와도 떠오른다. 어머니의 어머니, 그 어머니의 어머니를 거슬러 올라가면
어머니가 인류의 역사를 창조했음은 중국뿐 아니라 인도, 그리스, 일본
등 여러 나라의 신화에서 확인할 수 있다. 최소한 신화의 들머리에서 남
성이란 참으로 미미한 존재일 뿐이다. 아버지는 나중에야 하늘의 이름으

로 천신天神이 되어 하늘에서 강림하며, 국가권력과 결합해 헤게모니를 장악하게 된다.

지모신앙의 흔적

단군신화에 이르면 남신이 하늘에서 내려온다. 환인의 아들 환웅이 하늘에서 신단수를 통하여 강림하고, 곰과 범이 사람이 되고자 환웅에게 빈다. 곰은 웅녀가 됐으며, 웅녀가 하늘에서 내려온 환웅과 결혼하여 단군을 낳는다. 동북아시아 전역에서 토템의 대상이었던 곰이 왜 하필 웅녀, 즉 여자일까? 통치적 주권을 상징하는 천제의 아들 환웅과 자연의 신인 웅녀의 결합은 가부장문화와 모계사회의 결합이다. 국문학자 조동일은 웅녀가 단군의 어머니라는 설정을 신모신화의 연장으로 본다.

웅녀가 단군을 낳았듯이 유화는 고주몽을 낳는다. 북부여 왕 해부루의 왕위를 승계한 금와가 태백산(백두산) 남쪽 우발수優渤水에서 한 여자를 만나 누구인지 묻는다. 여자가 대답한다.

나는 하백河伯의 딸로 유화柳花라 하는데, 여러 아우와 노닐 때 한 남자가 나타나 천제의 아들

곰토템, 국립부여박물관

해모수라고 했습니다. 그 남자는 나를 웅신산熊神山 밑 압록강가에 있는 집 안으로 꾀어내 남몰래 정을 통해놓고는 돌아오지 않았습니다. 그래서 우리 부모는 내가 중매도 없이 혼인한 것을 꾸짖어 마침내 이곳으로 귀양을 보낸 것입니다.

금와는 이를 이상하게 여겨 여인을 방 안에 가두니 햇빛이 방을 비췄다. 여인이 몸을 피하자 햇빛이 따라와 다시 비췄다. 그로부터 태기가 있어 알 하나를 낳았는데, 크기가 닷 되들이만 했다. 알에서 나온 사람이 바로 동명왕이다. 《삼국유사》 권1 〈고구려〉에 나오는 동명왕 탄생 신화의 내용이다.

하백은 틀림없는 수신水神이다. 반면에 유화는 고주몽을 낳은 신모로 보인다. 비록 가부장적인 천제 해모수에게 꾀임을 당했고 햇빛을 받아 알을 낳는 식으로 하늘과 결합하나 지모신으로서 신모적 성격을 잃지 않는다. 서긍의 《고려도경》은 신으로 숭배되는 유화를 잘 그려놓았다.

동명사東明祠는 선인문宣仁門 안에 있다. (……) 정전正殿의 방은 동신성모東神聖母의 당堂으로 쓰였는데 장막으로 가리고 사람에게 신상을 보이지 않는다. 아마도 나무를 깎아 여인상을 만들어놓았을 것인데, 혹 부여처夫餘妻인 하신河神의 딸이라고 한다. 주몽을 낳아 고구려의 시조가 되게 했다 해서 이를 제사 지낸다.

지모신앙의 흔적이 국조신화에 남아 있는 것으로 볼 때 미미하게나마

이어지던 여성의 지위를 알 수 있다. 여성학자 최 숙경은《한국여성사》에서 이렇게 언급한다.

여신에게 농사 풍작을 비는 사상은 구석기시대 비너스 이래의 전통을 이은 것이다. 한편 농경에서의 여신 숭배 는 채집에 종사하던 여성에 의해 농경이 시작됐을 뿐 아 니라, 그 뒤 일정 기간 동안 줄곧 씨 뿌리고 밭 갈아 백 배, 천 배의 수확을 올리던 농경의 주인공이 여성임을 시사한다.

여성은 풍요로운 여신 비너스로서만이 아니라 제의를 집행하는 사제권까지도 장악했다. 역사학 자 김두진은 여사제가 고대 사회의 유풍이었다고 지적한다. 가부장적 집단인 유이민流移民이 이주 해오기 이전, 토착 부족 세력은 저마다 지모신 신 앙을 가졌고, 대체로 여성이 그 제사를 주관했다고 한다. 삼국시대까지는 여사제의 유풍이 많이 남아 있었으며, 노구老軀나 노모老母의 존재는 그런 유 풍이었다. 그러나 국조신화로 편입됐다는 것은 새 로운 문명, 즉 철기 문화로 접어들었음을 의미하며 남성이 여성을 모든 면에서 지배함을 의미한다.

비너스상, 구석기시대

산신, 충남 계룡산, 대구 무속박물관, 1933

어느덧 산신이 되다

우리나라에는 참으로 산이 많다. 그래서인지 산신신앙의 역사가 깊고 넓게 분포해 있다. 신모가 산신과 결합하는 것은 당연한 일로, 신모의 흔적은 곳곳의 산신에서도 확인된다. 《삼국유사》권5의 "선도성모가 불교 행사를 좋아하다仙桃聖母 隨喜佛事"라는 기사도 그렇다. 진평왕 대의 여승 지혜의 꿈에 선도산 신모라 불리는 선녀가 나타나는 것으로 신화는 시작된다.

"신모는 본래 중국 황실의 딸이며 이름은 사소娑蘇다. 일찍이 동쪽 우리나라의 변한 땅에 와서 신선의 술법을 체득하여 오랫동안 머물면서 돌아가지 않았다. 어느 날 신모는 소리개를 만난다. 황제가 기르던 소리개가 우리나라까지 날아온 것이다. 소리개의 발목에는 편지가 있었는데, '소리개가 머무는 곳을 따라 집을 삼으라'라는 내용이었다. 소리개가 날아서 산에 앉자 그 산을 서연산西鳶山이라 했다. 신모는 오랫동안 서연산에 자리를 잡고 나라를 보위하니 신령한 기적이 많이 일어났다. 신모가 신령한 아들을 낳아 동쪽 나라의 첫 임금을 삼았으니, 혁거세赫居世와 알영閼英 두 성인의 시초가 된다. 그녀는 일찍이 하늘 신선을 부려 비단을 짜게 하고 붉은 물감을 들여 관복을 만들어 그 남편에게 주었다. 이로 말미암아 사람들이 처음으로 그녀의 영험을 알게 됐다."

여기서 지모신인 신모는 어느덧 산신이 된다. 산신이 된 선도성모는 혁거세와 알영을 낳아 신라를 개국한다. 이것은 신화 체계에서 여성의 힘이 여전히 살아 있다는 증거다. 그러나 《삼국유사》의 다른 편에서는 혁거세가 하늘에서 내려온 알에서 태어났다고 처리하고 만다. 신모의 역할이 거세된 것이다. 같은《삼국유사》의 기록인데도 서로 다른 것은 여신의 존재를 인정하는 신화 체계와 남성을 강조하는 신화 체계가 상호 대립하며 병존했음을 의미한다.

그러나 아직 여전히 여신이 산신도 되고 나라를 여는 주인공으로서의 역할도 잃지 않아서, 산신이 된 지모신이 국가를 창조했다는 신화는《신증동국여지승람》29권〈고령현高靈縣〉에도 나온다.

가야산신 정견모주正見母主는 천신 이비가夷毗訶에 응감하여 대가야 왕 뇌질주일惱窒朱日과 금관국 왕 뇌질청예惱窒靑裔 두 사람을 낳았다. 뇌질주일은 이진아시왕, 뇌질청예는 수로왕의 별칭이다.

기록자는 "가락국 옛 기록의 여섯 알(六卵) 전설과 더불어 모두 허황한 것으로서 믿을 수 없다"라고 마무리 지었다. 그러나 '허황된 것'이야말로 신화의 특징이 아니겠는가. 가야를 개국한 정견모주도 산신이 된 여성이다.

산신이 된 여성인 지리산성모, 치술령신모, 운제산신모 등은 곳곳에서 제 모습을 드러낸다. 나라를 연 신과는 무관하게 단순히 산신이 되어 무속화된 여성 이야기로는 지리산성모가 대표적이다. 1472년(성종 3) 음력 8월 15일 김종직은 제자 여럿과 함께 천왕봉에 오른다. 그리고 천왕봉 성모사 작은 신상 앞에서 제를 올린다. 그 신상이 지리산성모인데, 눈과 눈썹이 선명하고 머리는 쪽을 찌고 화장까지 짙게 했다고 김종직은 기록했다.《유두유록遊頭流錄》에 나오는 기사다.

그로부터 520여 년 뒤 나는 천천히 천왕봉을 오르고 있었다. 한국민속학 중간시험을 답사로 대체해, 90여 명의 대부대를 이끌고 간 산행이다. 성모상은 현재 시천면 중산리 중턱의 천왕사天王寺라는 조그마한 암자에서 쓸쓸이 여생을 보내고 있다. 설명을 들으니 이리저리 옮겨 다니면서 파란만장한 삶을 살아왔단다.

푸른색의 특이한 돌멩이인 작은 성모상은 다부지게 살아온 인생역정을 유감없이 보여주고 있다. 성모상은 여느 불상과 결코 닮은꼴이 아니다. 일설에는 석가의 어머니 마야부인이라고도 하나 김종직은 이미 "서천서역이 우리나라와 천백여 세계나 떨어져 있는데 어디 이 땅의 신이 될수 있느냐"라고 지적했다. 완벽하게 독자적인 조각 솜씨를 보여주는 여신상일 뿐이다.

신모신화를 연구해온 전문가는 이들의 흔적이 다양한 신화 속에 아주 교묘하게 파편 박히듯 각인돼 있다고 본다. 아직 초기의 신화 속에서만큼은 여성의 힘이 여전히 살아 있었다는 증거다. 그런데도 신화시대 여성의 힘이 가려져 있음은 남성 연구자의 시각이 지배적인 상황 때문이다.

지리산성모

우리 모두 바리데기에게 박수를!

본격적인 역사시대가 열리면서 새로운 신을 요구하게 된다. 민중의 세계관에 자리 잡은 신은 주로 무속신이 태반을 차지한다. 기독교가 보편화되면서 헬레니즘적 신관이 쇠퇴한 것과 다르게, 외래 종교인 불교가 토착화에 성공함으로써 오히려 전통적인 토속신앙이 근세에 이르기까지 그대로 이어졌다. 따라서 무속신의 존재는 중요할 수밖에 없다.

　무속신의 반열에도 여성이 대거 윗자리를 차지한다. 무속신이 된 여성, 그 중의 압권은 바리데기나 당금아기다. 일곱 번째 딸로 태어난 죄로 아기는 궁전에서 쫓겨난다. 부모는 생년월일시를 옷고름에 매고 함에 넣어 자물쇠를 채운 후 강가에 아기를 버린다. 아기는 다행히 목숨을 부지하고, 비리공덕 할아비와 비리공덕 할매의 손에서 무럭무럭 자라난다. 어느 날 국왕의 병이 위독하여 백약이 무효라는 소문을 듣게 된다. 바리데기는 비록 자신을 버린 아버지지만 생명을 구하기 위해 약수를 찾아 먼 길을 떠난다. 바리데기가 겪은 고생을 어찌 필설로 다할 수 있으리오. 심지어 무장승을 만나 일곱 아들을 낳기까지 한다. 천신만고 끝에 서천서역에서 얻어온 약수를 부왕의 입에 넣는다. 그 순간 죽었던 부왕이 깨어난다. 그 후로 바리공주는 언월도와 삼지창, 방울과 부채를 손에 든 무당이 되어 죽은 영혼을 저승으로 인도하게 된다.

　딸이 아버지를 구하는 대목은 다분히 효심을 자극하는 묘사일 수도 있다. 그러나 아버지에게 버림받은 딸이 아버지를 구한다는 설정은 영원한 생명수의 원천이 여성에게 있음을 말해준다. 우리는 이 탁월한 서사문학으로서의 바리데기(당금아기) 신화를 그동안 너무 잊고 살아왔다. 어찌 된 영문인지 호메로스의 《일리아드》나 《오디세이》를 읽으면서는 무릎을 치는 사람들이 똑같이 영웅이 겪는 고난의 길을 가는 우리의 딸에게는 박수를 치지 않았다.

우리 모두 바리데기에게 박수를 치자. 그리고 버림받은 딸이 죽은 사람조차 되살리는 무조巫祖의 여신이 되어 우리를 죽음으로부터 구해준다는 아름다운 서사敍事를 사랑하자. 그리스 신화의 방탕한 여신, 남신에게 성추행당하여 가부장적 제우스 독재 체제에 편입된 올림포스의 여신을 기억하고 아낄 것이 아니라, 고난의 연대를 거쳐간 영웅서사시의 늠름한 주인공 바리데기를 사랑해야 하지 않겠는가. 그러면서도 우리는 많이 슬퍼해야 한다. 그녀가 버림받은 이유가 일곱 번째 딸이라는 죄였기에.

남성의 성기를 받던 여신은 어디에

역사시대로 들어오면 신화는 더욱 현실성을 띠게 된다. 마을의 신으로 자리 잡은 마을신은 대개 남녀를 함께 모신다. 수탑과 암탑, 남근과 여근, 천하대장군과 지하여장군, 여서낭과 남서낭, 용왕과 용궁부인 식으로 남신과 여신이 음양 조화를 이룬다. 음양 조화는 할머니와 할아버지 신이 압권이다. 당산할머니와 당산할아버지, 골매기할머니와 골매기할아버지가 그것이다.

부부관계의 친화력은 인격신에도 분명하게 나타난다. 서해 조기잡이

부군당, 송씨부인도, 경희대중앙박물관

의 신인 임경업 장군 옆에는 '임 장군 마누라', 개성 덕물산의 최영 장군 옆에는 '최영 장군 마누라'가 따라붙는다. 신의 세계에서도 부부관계를 반드시 고려했음은 무속의 신관이 그만큼 현실적이었다는 반증이며, 음양의 상생 조화에서 유래했음 직하다. 부부가 금실이 좋은 것은 나무랄 일이 아니다. 부부가 신이 되어 같이 앉아 있게 된 것은 일부일처제의 모습을 잘 반영하는 것이다. 그러나 그 일부일처제는 역시 남성 우위에 기초한 제도로 귀착했다.

조선시대 제의에서 남성 우위는 더욱 확실해진다. 여신보다는 남신이 먼저 상을 받는다. 당산할아버지에게 제상을 먼저 올리고 난 다음에 당산할머니에게 차리는 식이다. 남성 우월 사회에서는 신도 남신에게 우선적이었음을 뜻한다. 신의 세계에도 가부장적 권위가 은연중 반영된다. 심지어 여성 신을 남성 신격으로 바꾸어버리는 일까지 일어난다.

서울·경기 지방에는 부군당府君堂 신앙이 널리 퍼져 있다. 부군당은 예로부터 남성의 성기를 깎아서 여신에게 바치던 곳이다. 실학자 이규경은 《오주연문장전산고》에서 이렇게 말한다.

지금 서울의 음사淫詞 중 각사各司에 신사神社가 있어 부근당付根堂이라 한다. 이것이 와전되어 부군당이라고 하기도 한다. 한 번 제사에 드는 돈은 누백금累百金에 이른다.

《증보문헌비고》에서는 "도하都下 각 관부에 으레 작은 사우祀宇를 두고 여기에 지전紙錢 등을 걸어놓고 부군이라 하여 제사를 지낸다"라고 했으니, 관아에서 모시던 부군당은 사실 민간의 성신앙으로서의 부근신앙을 포섭하여 모시던 것이 이후에 다시금 민간화된 것으로 판단된다.

몇 십년 전까지만 해도 서울에만 한강가인 동빙고동이나 서빙고동, 당산동 등에 부군당이 있었다. 가장 대표적인 부군신앙인 서울 원효로 부군당의 주신이 송씨인데, "부근은 송각씨가 실려 있고 사방 벽에 목경물木莖物을 달아 지나치게 음설淫褻했다"라는 지적과 연결해 생각할 필요가 있다. 남성 성기를 신이 된 여성에게 바치는 것은 남성 위주 사회에서는 용납할 수 없는 일이 아닌가. 그러나 '부근'은 '부군'이 되면서 '관료화'된다. 부근신을 여성의 그림으로 모시는 곳이 없는 것은 아니지만 남성 성기를 제물로 받아오던 강력한 여신은 사라진 셈이다.

여전히 강한 여신의 힘

아, 그러나 여신의 권위가 완전히 사라진 것은 아니다. 강릉단오제에서 모시는 대관령국사성황의 여성황은 절대적 힘을 지닌다. 최영이나 임경업 장군의 '마누라'는 매우 별난 힘을 지녀서 간혹 남편이 미처 챙기지 못한 일도 도와주기에 여성이 끔찍이도 모신다.

변산반도 칠산바다로 나가보자. 나는 변산반도에 갈 때마다 격포의 수성당을 찾아간다. 이곳은 군부대 벙커가 지키던 요새였는데, 전주박물관에서 이곳 일대를 발굴한 결과 마한시대의 제사 터임이 확인됐다. 깎아지른 절벽에 있는 자그마한 당집 수성당에는 수성당할머니 이야기가 전해

제주도 마라도 애기업개당, 젊은 처녀의 죽음을 달래는 신당이다

온다. 수성당할멈은 일명 '개양할미'라고도 부르는데, 딸 일곱을 거느리고 칠산바다를 지켜준단다. 수성당 바로 옆에는 여우골이란 지명이 붙은 협곡이 바다로 치닫고 있다. 임진왜란 때 왜군이 여우골로 몰려오는 것을 할머니가 무찔렀단다. 민중의 수호신이 여신으로 설정된 대표적인 예다.

여신이 노하면 무섭기가 한이 없다. 총각은 죽어서 몽달귀신이 되지만, 처녀가 죽으면 '오뉴월 서릿발'같이 무섭기만 한 왕신이 된다. 삼척 해랑당의 여서낭에게 남성 성기를 해마다 바쳐야만 마을에 아무 일도 없게 된다는 이야기도 처녀귀신이 대단히 무섭다는 것을 잘 말해준다. 현실 세계에서는 약한 여성이 신의 세계에서는 강하게 나타나는 역전의 드라마도 종종 있다. 조선시대 여성은 현실 세계의 한을 풀기 위해 신의 세계에서나마 여성의 위력을 강하게 설정한 것으로 보인다.

여성이 지닌 임신과 출산의 힘은 그대로 세상 창조와 풍요의 다산으로 반영된다. 농사의 풍요와 마을의 안녕을 찾는 사람들의 보편적인 의식은 여성의 승리를 꿈꾸도록 만든다. 줄다리기에서 암줄이 이기도록 하거나 윷놀이에서 여성이 이기면 풍년이 온다고 믿는 점풍占豐 따위가 그것이다. 시대가 바뀐 뒤에도 신모신화는 지속되어 여신에게 힘을 준 것으로 풀이된다.

정신분석학자 진 시노다 볼린은 《우리 속에 있는 여신들》에서 여신을 몇 그룹으로 나누었다. 제1그룹은 자신이 목표하는 바를 추구하는 원형으로서 아르테미스·아테나·헤스티아 여신을 묶었다. 제2그룹은 헤라·데메테르·페르세포네로서 성처받기 쉬운 여신으로 분류했다. 우리의 여신은 어느 유형에 속할까? 애초에는 제1그룹의 세 처녀 여신으로 살다가 나중에는 어머니·딸·아내를 상징하는 제2그룹으로 바뀐 것이 아닐까.

그녀는 다른 책《우리 속에 있는 남신들》에서 남성에 순응할 것을 요구하는 가부장제 문화를 강제로 침대에 키를 맞추는 프로크루스테스 침대와 같은 것이라고 비판한다. 하늘과 땅의 통치자, 올림포스 신들의 왕인 제우스의 가부장제 신화를 우리 역시 답습하는 중이다. 지금, 우리는 새로운 여신은 어떻게 설정할 것인가. 이 땅은 아직까지 '간 큰 남성'이 살고 있는 가부장적 사회다. 물론 조금씩 균열을 보이고 있는 중이기는 하다.

열녀전

끼고

서방질

장옷 입은 여인, 조선풍속도
김준근, 스왈른 수집본,
숭실대학교기독교박물관

수청 들 남자를 원한 전라감사 부인

옛날에 투기가 아주 심한 여자가 있었다. 지아비가 전라감사로 부임하자 그녀도 따라서 임지로 갔다. 도착한 지 며칠 지나지 않아 감사는 수청 기생을 들였다. 화가 난 감사의 부인은 아랫사람에게 감영의 통인 중에서 미남을 골라오라고 지시했다. 감사가 집에 돌아와 부인에게 "미남을 데려다가 어디에다 쓰겠소?" 하고 물었다. 부인이 대답했다. "공께서는 곧 수청 기생을 두어 즐기시면서 어찌 저에게는 수청남守廳男을 허락하지 아니하옵니까?" 감사는 크게 놀라 기생을 물리치고, 다시는 기생을 가까이하지 않겠노라고 부인에게 다짐했다.

국학자 이능화가《조선여속고朝鮮女俗考》에 소개한 옛이야기 한 대목이다. 나는 오래 전에 텔레비전을 보면서 이 이야기를 문득 떠올렸다. 화면에는 남창男娼 노릇을 하다가 붙들린 청년 열댓 명이 경찰서 바닥에 쭈그리고 있는 풍경이 비치고 있었다. 하루도 빠짐없이 남성을 기다리는 '꽃집'이 전국에 즐비하지만 남성들이 모두 잡혀갔다는 소리는 듣지 못했다. 또한 그 '꽃집'을 찾은 남성이 파렴치범으로 사회적 비난을 받았다는 소리도 듣지 못했다. 그래서 나는 어느 여장부가 당당하게 수청남을 청했다는 옛이야기를 문득 떠올린 것이다.

인류의 가족사를 들추어보자. 배우자 선정에서 아무런 제한을 받지 않던, 가장 낮은 발전 단계의 혼인인 집단혼에서 빠져나온 인류는 서서히 대우혼으로 이행했다. 대우혼은 집단혼에서 일부일처제로 넘어오는 과정에서 나타난 과도기적 혼인 방식으로, 남녀 각기 여러 명 중 '본처'와 '본부'를 갖는 것이었다. 대우혼 단계에 이르러 부모와 처자, 형제자매 등 혼인과 핏줄로 연결된 육친 관계가 명백해졌다. 일부일처제 혼인은 부계제도에 기초한 일부일처제 가족을 출현시켰으며, 계급사회의 출현을 촉진했다. 철학자 프리드리히 엥겔스는 이것을 '여성의 세계사적 패배'라고 서술했으며, '가장 심각한 혁명의 하나'라고 했다.

나는 우리 의식을 지배하는 전통적 성관념이 대부분 조선시대의 강력한 부계제도에서 비롯했다고 생각한다. 그러나 오늘날 그러한 방식의 일부일처제는 강력한 도전을 받아 그 위치가 흔들린 지 오래다. 좀 더 정확히 말하면 일부일처제 자체는 그대로 존속될 수밖에 없겠지만 기존의 방식대로 답습되기는 어려울 듯하다.

그 대표적인 사례가 법률적으로 폐기된 간통이다. 간통은 도대체 무엇

월하정인, 신윤복, 간송미술관

일까? 합법적인 매매춘은 간통이 아니고, 비합법적인 남녀관계만 간통일까? 혹시 신성불가침한 것인 양 떠받들어온 일부일처제에서는 간통이 불가피할 수밖에 없는 구조가 아닐까. 풍속사가 푹스가 지적했듯이 유럽에서도 르네상스 시대에 접어들면서 간통이 시민계급에서조차 일반적인 현상이 되었다.

사유재산제를 기반으로 구축된 일부일처제의 모순에서 과감히 벗어나는 행위의 하나로 간통이 널리 퍼진 것이다. 일부일처제 사회지만 남성은 합법적인 매매춘, 즉 합법적인 간통을 허락받고 있다. 반면에 여성은 남성을 위한 매매춘의 대상으로 전락했을 뿐 아니라 똑같이 간통해도 남성과는 비교할 수도 없는 극형을 당했다.

물론 성의 역사 또한 억압과 해방의 오랜 싸움이었다. 사회적 규범이라는 잣대 속에서 체제를 유지하는 거대담론과 인간의 본능에 기초한 개인의 욕망은 불협화음일 수밖에 없으므로 싸움은 이미 예견되었다. 그런 점에서 볼 때 여성은 싸움에서 늘 불리한 약자일 수밖에 없었다. 본인의 선택과는 무관하게 사회적인 선택에 따라 운명이 결정됐다. 때로 그 운명을 거역하려는 시도가 있었지만, 번번이 실패로 돌아갔다.

간통, 정조, 과부 개가, 열녀 등의 언어는 바로 이러한 상황과 밀접하게 관계 맺고 있다. 특히 엄격하기만 했던 조선시대에는 '남녀상열지사'라 하여 함부로 언급하기조차 꺼리던, 이들 '욕망의 본질' 속에서 우리 문화의 숨겨진 상징 이데올로기를 찾는 것은 매우 중요하다.

자유로운 야합의 시대, 고대 사회

《한서漢書》〈지리지〉에는 고조선 여자가 정절을 소중히 여긴다는 기록이
나온다. 아름다운 미풍양속으로 볼 수도 있지만, 그만큼 남성이 여성을
지배하는 것이 확고해진 사회였음을 보여준다. 〈부여〉를 보면 남녀가 음
하거나 부인이 투기하면 다 죽였다고 했다. 질투가 아주 심해 사형을 받
으면, 그 시신을 국남산에 내놓아 썩게 했으며, 여자의 집에서 시신을 찾
아가고자 하면 우마로만 실어가게 했다. 《북사北史》〈백제〉에는 그 형법
에 부녀가 범간犯奸하면 부가夫家에서 잡아들여 종으로 삼는다고 했다.

일단 기록으로만 보면 남성의 범간은 나오지 않고 대개 여성에 대한 처
벌 규정만 나온다. 그만큼 여성에 대한 남성의 우월적 지위가 확고부동했
으며, 여성의 간통은 허락되지 않았음을 말해준다. 또 고대 사회에서 여
성의 간통은 남성의 강간보다도 강한 처벌의 대상이었다.

그렇지만 우리나라 고대 사회의 남녀는 어느 정도 평등성도 보장받은
것으로 보인다. 《동이전》〈고구려〉에 "결혼은 남녀가 서로 좋아하면 성립
된다"라고 했다. 《북사》에서는 고구려의 풍습을 심각하게 공격한다.

풍속이 매우 음란하고 부끄러움을 모른다. 풍속에는 유녀遊女가 많고 남편이 정
해져 있지 않으며, 밤이면 남녀가 무리 지어 섞여서 놀고 귀천의 구분이 없다.

중국인이 보기에 고구려인은 자유연애를 하는데다 남녀관계도 개방적
이었던 모양이다. 우리는 오늘날 야합野合이란 표현을 자주 쓴다. 야합의

원래 뜻은 남녀가 정식 혼인 절차를 밟지 않고 자유의사로 결혼하는 것이다. 유교가 들어오기 전 우리의 결혼은 대부분 야합이었을 것이다. 얼마나 자유로운 결합 방식인가!

《동이전》의 '음란하다'는 표현도 곧이곧대로 믿을 수는 없지만 그만큼 개방적이었음을 암시한다. 그렇지만 유녀가 많은 것으로 보아 일부일처제 사회였음도 분명하다. 일부일처제의 보완책으로 유녀제를 인정하고 있었고, 유녀는 남편 없이 여러 남자를 상대하는 일종의 '프리섹스 전문직'이었을 것이다.

가부장제가 확립된 사회에서 일부일처제는 애초부터 남성의 '완벽한 섹스의 자유'와 여성의 '성적 억압'을 어느 정도는 인정하고 들어가는 제도다. 가부장제도가 강해질수록 매매춘제도는 복잡 다양한 성향을 지니며, 일부일처제의 보완책으로 기능하게 된다. 남성은 합법적인 매매춘을 통해 '일상적 간통'을 허락받게 된 것이다. 매매춘의 역사는 이렇듯 그 뿌리가 깊다.

고구려의 일부일처제는 남녀평등에 가까울 정도로 여성의 지위를 인정했던 것으로 보인다. 따라서 여성의 처지가 조선시대와는 비할 바가 아니었던 것 같다. 신라는 어땠을까? 《삼국사기》와 《삼국유사》를 보면 김유신이 김춘추를 유인하여 누이동생 문희와 야합하게 하는 대목이 나온다. 문희는 오라버니의 묵인 아래 부모 몰래 김춘추와 밀회를 거듭하다가 임신하게 된다. 문헌상으로 보면 임신했기 때문에 죄가 되는 것이지 밀회 자체는 문제가 아니라는 해석이 가능하다. 조선시대에는 생각하지도 못할 대담한 일이다.

《삼국유사》를 보면 문호왕의 동생 차득공이 왕의 밀지를 받고 전국을 미행하다가 무진주에 이른다. 안길이란 자는 그가 비범한 인물인 줄 알고 처첩 세 명을 불러 "오늘 이 손님과 자는 사람은 평생 해로하리라"라고 했다. 두 처는 거절하고 한 처가 받아들였다. 얼마 전까지 에스키모족 사이에 일부 남아 있던 진객 접대 방식으로서의 부인 내주기 풍습이 신라시대까지 남아 있었다는 증거다. 여성은 남편의 권유 아래 아주 합법적으로 '간통 아닌 간통'을 허락받은 셈이다.

신라시대 간통의 역사에서 무엇보다 두드러지는 주인공은 처용이다. 용왕의 아들 처용이 밤새워 노닐다가 들어와 보니 다리가 넷이었다. 자기 처가 외간 남자와 부정행위 하는 걸 목격한 것이다. "본디 내 것이지만 빼앗아간들 어찌하리오" 하고 체념하며 춤을 춘다. 아내를 빼앗은 남자는 역신으로 나타나지만, 이 기록 역시 당대 사회에 간통이 묵인될 수도 있다는 증거다.

신라의 진성여왕은 유모의 남편을 빼앗아 자기 정부를 만들었다. 또 그가 죽자 미소년 두세 명을 끌어들여 음란한 생활을 했다고 한다. 아무리 국왕이라 하더라도 그같이 할 수 있었다는 것은 어느 정도는 열려 있었던 당시의 성풍속을 반영한다.

신라 말 경애왕 때 포석정에서 열린 잔치에 참가한 인물 가운데 비빈, 후궁, 궁녀, 종친, 외척 이외에 내시와 유모도 있었던 것으로 보아 조선조의 폐쇄성과는 거리가 먼 것으로 판단하는 이도 있다. 적어도 신라 여성은 조선시대에 비하면 훨씬 자유로운 분위기 속에서 개방적이었음이 분명하다.

가볍게 만나서 쉽게 헤어지고

고려시대는 어땠을까?《고려도경》을 보면 여름철 시냇물에서 남녀 구별 없이 옷을 벗고 목욕했다는 대목이 나온다. 또《고려사》를 보면, 여성이 절에 가서 술 마시고 춤추며 놀아 풍기가 문란하다고 지적하는 기사가 많이 나온다.《고려도경》에는 아예 '경합이리輕合易離'라고 하여 가볍게 만나서 쉽게 헤어진다는 기사가 나올 정도다. 송나라 사신의 기록이므로 어느 정도 신빙성이 있는지는 몰라도 개방적이었음은 미루어 짐작할 수 있다.

고려시대에는 여성의 개가도 아무런 문제가 되지 않았던 것 같다. 왕이 이혼한 여자와 결혼한 경우도 있을 정도였다. 이같이 쉽게 헤어지는 풍습이 결국 여성에게 불이익을 주었을 것으로 본다. 하지만 어쨌든 조선시대에는 상상도 할 수 없는 일이다.

고려시대의 성풍속에 대하여 궁금한 사람은 누구든지 고려속요의 활달하면서도 건강한 성 노출을 상기하면 될 것이다.《악장가사》에 등장하는〈쌍화점雙花店〉을 보라. 쌍화점은 만두가게 사건, 삼장사 사건, 우물 사건, 술집 사건으로 이어진다. 쌍화점에 쌍화(만두)를 사러 갔더니 회회아비가 손목을 쥔다. 삼장사에서는 주지가 손목을 쥐고, 우물에 물을 길러 갔더니 용이 손목을 쥐는 식이다. 고려속요는 '남녀상열지사가 대부분이 아니라 그 자체가 고려가요의 특색'이라는 주장까지 나올 정도다.

그러나 조선이 시작되자마자 고려속요는 철퇴를 맞고 만다. 어쨌든 고려시대의 자유분방한 성풍속을 이해하는 데는 고려속요보다 좋은 자료는 없을 성싶다.

당시의 일부일처제는 어떻게 유지되었을까?《고려사》〈박유전朴楡傳〉을 보면 재미있는 기사가 나온다. 충렬왕 때 원나라의 축첩제도가 널리 퍼져 있었는데, 이때 박유가 나서서 일부다처제를 왕에게 권한다. 그가 임금을 호위해 연등회를 가는데, 어느 할머니 하나가 나서서 "축첩을 청한 자가 저 늙은이다" 하고 소리쳤다. 이 소리를 듣고 서로 전

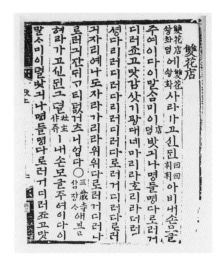

쌍화점, 악장가사, 고려

하여 손가락질하니 온 마을에 붉은 손가락이 다발을 이루었다고 한다.

결국 박유가 건의한 축첩제도는 받아들여지지 않았다. 박유가 뭇 여성의 공격 대상이 됐을 정도로 일부일처제는 그런대로 지켜졌던 것 같다. 《고려사》에는 "귀한 사람이나 비천한 사람이나 부인을 하나만 거느리고, 아들이 없는 자도 감히 첩을 두지 않았다"라는 대목도 나온다.

고려시대의 일부일처제를 놓고 학계에는 두 가지 다른 견해가 존재한다. 기왕의 견해는 고려시대 역시 축첩제도가 발달한 사회로 본다. 그러나 몽골의 압제를 받으면서부터 일부다처제가 발생한 것으로 보는 이도 있다.《고려도경》같은 중국 문헌에는 부유한 집안에서 부인을 여럿 거느리는 축첩 풍속이 나오는 것으로 보아 일부 특권 계급은 축첩을 했을 것

이다.

축첩제가 있다 하더라도 고려시대까지는 어느 정도 남녀관계의 균형이 유지되던 사회였음이 틀림없다. 그러나 조선시대, 특히 후대로 올수록 사태는 역전된다. 우리가 지금껏 알고 있는 상식과는 매우 다른 셈이다. 조선시대 풍습에만 지나치게 매달린 짧은 지식 탓이다.

청상과부에다 마당과부까지

조선의 개국은 남녀평등에 관한 한 최악의 시나리오가 준비됨을 알리는 신호탄이었다. 아무리 좋게 해석을 해도 그런 결론밖에는 나오지 않는다. 조선시대 남녀관계의 특징은 '남존여비'와 '삼종'의 악법으로 대표된다. '암탉이 울면 집안이 망한다'던 사회였다.

대표적인 남녀유별 풍습으로 내외법을 들 수 있다. 내외라 함은 남과 여라는 뜻이니, 내외법은 남녀에 관한 법을 말한다. 그중 우리가 잘 알고 있는 '남녀칠세부동석'은 남녀가 7세부터 만나서는 안 된다는 얘기가 아니다. 여기서 석席은 돗자리, 더욱 좁혀서는 아랫목에 까는 요석 즉 보료 같은 것을 뜻했다. 한마디로 앉은 자리에 거리를 유지하라는 말이다.

또한 삼종지도三從之道라 하여 출가 전에는 아버지에게, 출가 후에는 남편에게, 남편이 사망한 후에는 아들에게 순종해야 했다. 삼종지도의 시절에 내외법은 여성을 구속하는 유효한 불문율로 사용됐다. 쓰개치마를 벗어던지고 신교육을 받은 여성이 늘어난 개화기에 이르러야 내외법이 허

장옷 입은 여인, 신윤복, 국립중앙박물관

물어지기 시작했다. 그러나 워낙 억압의 뿌리가 깊은 탓에 8·15광복 당시까지도 사회적 통념으로 강하게 자리 잡고 있었다.

엄격한 내외법은 당연히 여성의 외출 제한으로 이어졌다. 장옷이나 너울이 발달한 것도 여성의 얼굴 가리기와 관계가 있다. 부득이한 경우에 상면이 허락되는 촌수도 부모형제, 시부모와 백부모, 숙부모, 고모, 이모, 삼촌, 외삼촌 정도의 범위였다. 이래서 반보기라고 하여 시집간 새색시끼리 중간 정도 되는 지점에서 만나는 풍습도 생

삼강행실도 열녀편, 임씨단족도

겨났다. 고려시대에는 사대부집 부녀가 집 밖 출입을 하는 데 아무 탈이 없었다. 심지어 궐문에까지 나아갔으니 외출이 자유로웠던 것으로 보인다. 조선시대와 비교가 되는 대목이다.

조선시대 여성에 대한 비하는 이혼 관례에서 잘 드러난다. 물론 조선시대에는 '조강지처'를 함부로 버릴 수 없는 것이 사회적 관례였다. 이혼법에 해당하는 성문화된 법전은 존재하지 않았다. 그러나 이것은 어디까지나 남성이 여성을 '함부로 버리는' 폐해를 막기 위한 최소한의 방편이었

을 뿐, 남성은 마음만 먹으면 얼마든지 여성을 쫓아낼 수 있었다.

양반 계급이 이혼출처離婚出妻하려면 꽤나 까다로워서 임금께 상세히 아뢰어 명을 청해야 했다. 상민층에게는 사정파의事情罷議, 할급휴서割給 休書 두 가지 방법이 있었다. 사정파의란 부부간에 만부득이한 사정이 있을 때 결별 이유를 말하고 그 사정을 밝히는 것이다. 할급휴서란 이혼문서가 따로 없으니 이혼할 때 지아비가 아내에게 또는 아내가 지아비에게 옷깃의 한 자락을 가위로 잘라주는 불문법이었다. 그 밖에도 이혼은 아니더라도 소박疎薄을 주는 방식도 있었다. 아내가 지아비를 마다하고 받아들이지 않는 것을 내소박, 지아비가 아내를 돌보지 않는 것을 외소박이라 했다.

홀로된 여성의 거취도 문제였다. 내가 보기에 조선시대에 인간으로서 가장 못할 짓을 한 것이 바로 과부의 재가 금지가 아닌가 한다. 더욱이 젊어서 과부가 된 여성의 한을 생각해보라! 과부의 재가 금지는 고려 말에 비로소 시작됐다. 고려 말의 신유학파는 과부 재가 금지를 법령으로 정비했다. 벼슬을 한 사람의 처로서 과부가 된 자는 3년 동안 재혼을 할 수 없었다. 그렇지만 그 법이 서민에게까지 미쳤다고는 볼 수 없다.

조선에 이르면 개가한 자의 자손에게는 현직을 주지 않는 식으로 바뀌는데, 이것이 나중에는 자손 대대로 벼슬을 주지 않는다는 식으로 강화된다. 1406년(태종 6) 사헌부 대사헌 허응 등이 '시무 7조'를 올린 적이 있다. 대소 양반의 정처로서 세 지아비를 섬긴 자는 자녀안恣女案에 올려 부도婦道를 바로잡자고 건의한다. 1477년(성종 8)에는 부녀의 재가를 막는 명을 내려 재가한 집안 자손의 벼슬 천거를 금지하는 내용을 율령으로 선포한

방갓을 쓴 함경도 여인
장옷을 쓴 여인들,
국립중앙박물관

다. 이렇게 날로 강화되니 애초에는 사대부 집에서만 실시하던 재가 금지가 서민층에도 퍼지게 된다. 그리하여 빈궁하고 의탁할 길 없는 여성까지 재가 금지에 묶여서 고난의 나날을 보내게 됐다.

과부 중 가장 '억울한 과부'는 혼약만 하고서 성례도 못한 채 신랑감이 죽어서 평생 수절해야 하는 '마당과부'였다. 청상과부보다 더 억울한 처녀 과부인 셈이다. 혼례청이 차려진 마당에도 서보지 못했으니 그 한을 무엇으로 표현할 수 있으랴.

《해동야서海東野書》에는 시전 상인인 시아버지가 처녀 과부가 된 며느리에게 개가를 권하는 내용이 실려 있다. 음양의 이치를 널리 깨달았던 상인은 며느리로 하여금 권생이란 선비와 성관계를 맺게 한다. 상인은 권생이란 남자에게 이렇게 이야기한다.

"내 자식이 열다섯에 혼인해서 미처 합궁도 못하고 죽었습니다. 저애가 금년 나이 스물넷으로 명색이 성혼은 했다지만 아직 음양의 이치를 모르는지라, 항상 제 심중에 측은한 생각이 떠나지 않았습니다. 무릇 천지간에 사는 만물이 제아무리 미물일지라도 모두 음양의 이치를 알고 있는데, 저애만 유독 모르는지라 내 매양 개가하기를 권했습죠. 하지만 저 아이 말이, 자기가 만약 딴 데로 살러 가면 늙은 이 몸이 의지할 데가 없다고 끝내 듣지 않는군요."

정을 통하게 하는 데는 성공했으나, 과부 며느리를 자살에 이르게 함으로써 소설은 당대의 봉건성 탈피에서 일보 전진에 머물고 마는 제한성을 보여준다. 작가인들 여주인공을 자살시키고 싶었겠는가. 고민하던 마당과부의 방황이 눈에 선하다.

과부는 어떤 길을 택했을까? 말할 것도 없이 열녀문으로 들어가는 길, 아니면 어떻게든 한을 푸는 방식밖에 없었을 것이다. 조선 중기의 문인 조헌의 《동환봉사東還封事》에는 "청상과부로 아들이 있는 자가 아들의 앞길에 꺼림이 있을까 두려워 몰래 간음하여 자식을 낳아 밤에 버리는 경우가 많다"라는 기록까지 등장한다. 또 유몽인의 《어우야담》에는 아예 이런 이야기까지 나온다.

한 유생이 과거에 응시하러 서울에 왔다. 인적 끊긴 밤에 종가鐘街에 이르니 장정 넷이 골목에서 나와 유생을 밟아 땅에 넘어뜨리고 가죽 포대로 그의 몸을 싼 다음에 짊어지고 어디론가 향했다. 한참을 달린 다음에야 포대를 열어주니 어느 담장 높은 집 안이었다. 유생의 옷을 벗기고 목욕을 시켜 다시 새 옷으로 갈아입힌 후에 화려한 벽지를 바른 방 안에 넣었다. 문득 문이 열리더니 연소한 미녀가 시비의 부축을 받으며 나왔다. 의복이 신선하고 용모가 고우나 좀 누른 기가 있었다. 동숙하다가 밤이 되어 정을 다하니 북소리가 둥둥 울렸다. 미인이 일어나 나가자, 장정 넷이 다시 가죽 포대로 유생을 싸서 본디 종가 자리에 부려놓았다.

개가를 금지한 사회에서 일어난 일이다. 1498년(연산군 4) 단성의 훈도 송헌동은 국왕에게 이렇게 상소를 올렸다.

남녀의 음욕은 사람의 대욕大慾입니다. 그러
므로 남자는 살면서 지어미를 거느리고
자 하며, 여자는 살면서 지아비를 섬기
고자 합니다. 이것은 삶이 비롯됨이
요, 인정에 본디부터 있는 바이므로
말릴 수 없습니다. (⋯⋯) 그러나 혹 사
흘 만에 청상과부가 되는 이, 혹은 한 달
만에 청상과부가 되는 이, 혹은 20~30세에
청상과부가 되는 이가 있습니다. 30세 아래 되
는 청상과부로 아들 없는 이는 다 개가를 허하
시어 생계를 이루게 하여 주시옵소서.

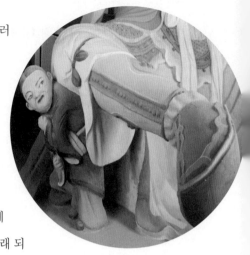

음녀, 고창 선운사 천왕문

　조선시대에 열녀는 지아비를 바꿀 수 없었다. 대개 부인은 한 지아비를
따라 생을 마쳐야 했다. 불과 14~15세에 청상과부가 된 사람이 헤아리기
어려울 정도로 많았으니, 참으로 개탄할 지경이었다. 당시 사회 분위기는
재가를 한 집안은 벼슬길이 끊기고 문벌을 지키기 어려웠다. 따라서 과부
당사자가 수절을 원치 않더라도 부모형제가 굳이 수절을 시켰다. 과부는
깊은 안방에 갇혀 밖과의 인연을 끊었으며 늘 감시를 당했다.

　대개의 여성은 고운 베개를 낭군 삼아 동침하는 일이 많았다. 연암 박
지원의 〈열녀 박씨전〉이 바로 그런 내용이다. 어느 날 어미는 동전을 하
나 꺼낸다. 청상과부가 된 어미는 평생을 방 안에서 동전을 굴리면서 수
절해왔다.

이것이 네 어미가 참은 신부信符다. 참을 수 없는 10년 세월을 만지고 또 만져서 다 닳았다. 대저 사람의 혈기는 음양에 뿌리를 두고 욕정은 혈기로 나타나며 생각은 고독한 곳에서 생기고 슬픔은 생각에 말미암는다. 과부는 유독하고 상하고 슬프기가 말할 수 없는데 혈기가 있어 때로 왕성하면 어찌 과부라고 욕정인들 없겠느냐?

이야기를 들은 아들들은 모친을 붙잡고 함께 울었다고 한다. 청상과부의 설움을 잘 드러내는 얘기다. 오죽하면 청상이 된 딸을 몰래 빼내어 멀리 북방으로 보내 다시 출가시킨 재상까지 있었겠는가.

18세기 야담집《기문습유記聞拾遺》에는 구수훈이 지은 것으로 추측되는 소설(이우성·임형택이 재편찬하면서〈의로운 환관義宦〉이란 제목을 달았다)이 하나 실려 있다. 성불구자인 환관이 오랫동안 데리고 있던 여자의 새로운 삶을 위해 길 가는 선비를 납치하여 정을 통하게 한다. 그리고 그 여인에게 선비를 따라가 살게 한다. 성불구자인 주인공이 여성의 새 인생을 열어주는 이 소설은 진정한 삶이란 규범이나 격식과는 다른 것임을 보여준다. 소설의 말미에 주인공은 이렇게 송별시를 써서 선비와 여인에게 준다. 아무리 엄격하기만 했던 조선시대였지만 인간 본연의 대욕을 꺾기란 불가능했음을 보여준다.

> 만물이 음양을 갖추었는데
> 나 홀로 그렇지 못함을 슬퍼하노라
> 열여섯 춘규春閨의 여자가

탕녀 되기가 열녀 되기보다 어려워라

조선 후기의 문신 홍양호는 《열부정려기烈婦旌閭記》에서 "부인의 행行은 죽음으로써 열烈을 나타냄이니 대개 타고난 천성을 지킴이로다"라고 했다. 물론 우리 역사에서 곽리자고의 아내 여옥(고조선), 도미(백제), 아랑(조선) 같은 열녀가 없는 것은 아니다.

그러나 조선시대의 열녀는 과연 누구를 위한 열녀였던가. 또 그네들에게 그토록 지키도록 강요한 정절은 과연 누구를 위한 정절이었던가. 한마디로 '여성에 대한 비인간적, 반인간적 억압'이었다. 정조라는 것조차도 임진왜란 당시의 이야기를 통해 다시 한 번 생각해보게 된다.

장기간에 걸친 전쟁, 임진왜란으로 인하여 사대부가의 부녀자가 많이 잡혀갔다. 문제는 왜병이 물러간 뒤에 그런 집안과는 혼사를 맺고자 하는 집이 없었다는 것이다. 잡혀갔던 아내는 이미 지아비와 대의가 끊겼으니 집안의 가풍을 어지럽힐 뿐이란 게 사대부의 주장이었다. 차라리 혀를 깨물고 죽었으면 가문을 위한 열녀로 추앙받았을 것이다. 왜적에게 손 한번 잡힌 일을 탓하여 스스로 몸을 던진 여성도 숱하게 많았다. 그녀들은 열녀에 대열에 올라서 집안의 명예를 드높였다. 병자호란 때도 마찬가지였다. 살아 돌아온 환향녀還鄕女는 살아 있다는 것 자체가 죄였다. 훗날 환향녀는 '화냥년'으로 둔갑하고 만다.

그런 점에서 "열녀전 끼고 서방질한다"라는 속담은 열녀의 허와 실을 잘 드러난다. 비록 '열녀전'을 끼고 살아야 했지만 '서방질'을 하지 않을 수 없었던 인간의 욕망에서 우리는 오히려 삶의 진실을 배울 수 있다. 오해가 없길 바란다. 정조를 잘 지켜서 열녀문이 세워진 여성을 탓하려는 것은 결코 아니다. 조선시대에는 탕녀 되기가 열녀 되기보다 더 어려웠음을 실감하면서, 열녀보다 탕녀한테서 민중생활사의 제 모습을 보게 된다.

예전에는 인근에 새 과부가 났다고 들으면 밤에 몰래 업고 나와 가난한 홀아비로 하여금 하룻밤 강겁을 하게 하여 짝을 짓는 습속이 상민 사이에 널리 퍼져 있었다. 하나의 불문이었고 관아에서도 탓하지 않았다. 또 소박맞은 여자가 돌아갈 곳이 없을 경우 으레 서낭당 고갯마루로 갔다. 서

딱지본 오륜행실가, 덕흥서림, 1925

영화 춘향전 포스터, 1955

낭당 옆에 서 있는 여자는 누구라도 먼저 '주워가는 자가 임자'였다. 그 여자가 양반 사대부집 출신이건, 주운 남자가 천하의 불쌍놈이건 그런 것은 아예 문제가 되지 않았다. 소박맞아 내쫓긴 마당에 '정절' 따위가 무슨 의미가 있었겠는가.

청상과부가 된 여인이 남자를 접한 사실을 알고 소문이 날 것을 우려한 친오빠가 직접 나서서 여동생을 연못에 밀어 넣는 일도 자주 있었다. 아니면 청상의 한을 뭇 남자와 정을 통하여 풀어낸 다음에 자살하는 극단적인 경우도 있었다. 물론 수절을 하다가 뭇 남성에게 '강간'이라는 공격을 받고 목숨을 끊는 경우도 있었다. 누가 그네들에게 돌을 던질 수 있으랴.

비슷한 시기에 유럽에서는 여성의 정조가 학문의 대상이었다. 앞에서 언급한 푹스는 《풍속의 역사》에서 이런 견해를 내놓았다.

추녀를 받치고 있는 여인 나상,
강화도 전등사 대웅전

동시대인의 일치된 비판에 따르면 부부의 정조란 아주 희귀한 꽃과 같았다. 희귀한 꽃을 찾아 하루 종일 헤매더라도 그 꽃을 찾는 것은 하늘에서 별을 따는 것처럼 어려운 일이었다. 그 꽃은 '두 번 다시 피지 않는' 잡초로 결혼식 날 심어졌다가 바로 그다음 날에는 시들고 마는 하루살이 꽃이었다. 반대로 '의롭지 못한' 잡초는 모든 사람의 정원에서 피어나고 또 도처에서 번성하는 꽃이며 여름, 가을, 겨울을 가리지 않고 피어나는 꽃이었다.

서방질의 연원을 생각하며

여성의 간통은 흔히 '서방질'이라고 한다. 서방이란 무슨 뜻일까? 함경도 지방에서는 남성이 장가드는 것을 '서방간다'고 한다. 여성이 불의의 남녀관계를 맺는 것을 서방질이라고 하는 속어도 바로 서방壻房이라는 말에서 나왔다. 남성이 여성의 집으로 장가드는 집을 서옥이라고 했으니, 서방질은 남녀가 침실로 감을 뜻한다.

서방질의 '질' 자체가 이미 하대하는 말투다. 전통시대에 여성은 일단 성적 대상물로 간주됐다. 가령 우리말에서 몸을 상징화한 표현을 보면 대개 여성을 대상으로 한 것이 많다. '배 지나간 자리'라는 것도 여성을 염두에 두고 성적 행위의 결과를 판단한 표현이다. 남녀의 상관은 '몸을 섞었다', '정을 통했다'는 표현을 쓰면서도, 여성의 수동성·피동성만을 강조한다. '몸을 바친다', '몸을 빼앗겼다', '몸을 판다', '몸을 주었다' 등은 모두 성에서의 남녀 불균등을 전제로 한 말투다. 여성의 몸은 대개 바치는 대상물로 상대화됐고, 남성의 역할은 대개 '몸을 빼앗는다', '몸을 차지한다' 등의 정복자로 남는다. '몸을 더럽혔다'는 말은 남녀가 같이 몸을 섞으면서도 어느 한쪽만 '더럽혀졌다'는 뜻을 강하게 담고 있다. 그리하여 '이왕 버린 몸'이란 체념 섞인 말도 나온다.

여성의 몸은 보통 때는 금기의 대상이다. 하지만 '계집과 아궁이불은 쑤석거리면 탈 난다', '계집과 옹기그릇은 내돌리면 깨진다', '고운 계집은 바람 탄다'와 같은 표현에서 알 수 있듯이 성적 충동이 유난히 강하다고 여기기도 한다.

여성의 간통 대상은 남성의 매매춘과 달리 합법성을 지니기 어렵기 때문에 '개구멍 서방', '샛서방'이란 별칭이 붙었다. '샛서방 고기 맛이다', '서방질 한 번 하나 열 번 하나 말 듣기는 매한가지다', '말 헤픈 년이 사방질도 헤프다', '미운 년이 벌리고 덤빈다', '밑구멍에 불 나겠다', '바람둥이 여편네 속곳 가랑이 펄렁이듯', '열 서방 사귄 계집 늙어서 서방 한 명도 못 챙긴다', '계집은 상 들고 문지방 넘으며 열두 가지 생각을 한다', '늦바람 난 여편네 속곳 마를 새 없다', '서방질도 하는 년이 한다', '같잖은 서방질에 쫓겨만 났다' 같은 속담이 생겨났다. 서방질을 하게 된 원인을 밝히면서 '골난(속상한) 김에 서방질한다'고도 했다.

이렇듯 당대 사회의 속언을 살펴보면, 여성의 간통이 '서방질'이라는 공격을 받고는 있지만 적잖은 여성이 도리어 '사회 질서 파괴'에 뛰어들었음을 알 수 있다. 당대에는 음란한 여성으로 돌을 맞았을지 모르지만, 인간 본연의 입장에서 본다면 오히려 선구적인 여성일 수도 있지 않은가.

장,

되는 집안의

맛은 다르다

잠에서 덜 깬 장문화

나는 인류학자 마빈 해리스가 쓴 《음식 문화의 수수께끼》를 읽으면서 매우 화가 난 적이 있다. 문화유물론자인 그는 한 지역의 문화 전통에 변화를 주는 가장 큰 힘은 고단백질을 섭취하는 생물학적 강제라고 주장하면서, 줄곧 동물성 단백질이 사회문화를 움직이는 동인이라고 주장했다.

'동물성 단백질 신화'는 잘못된 것이다. 우리는 거의 100년에 이르는 너무나 긴 세월 동안 근육질, 고깃덩어리, 동물성 단백질 따위가 곧바로 힘, 정력, 에너지, 건강을 뜻한다는 묘한 언어마술에 걸려 있었다. 하지만 이제 사람들은 동물성 단백질을 과도하게 섭취했을 때 비만의 고통에 시달려야 하며 심지어 목숨까지 위태로워진다는 사실을 깨닫고 100년 동안의 언어마술에서 비로소 깨어나기 시작했다. 그러나 완전히 깨어나지는 못했다. 우리의 우수한 식문화를 포기하고 햄버거 따위에 매달리는 후진성을 여전히 보여주고 있지 않은가. 천년 세월을 누려온 우리의 장문화醬文化 역시 아직은 잠에서 덜 깨어난 듯싶다.

나는 동물성 단백질 신화에 빗대어 식물성 단백질 문화의 정수로서 장문화를 내세우고 싶다. 장문화에는 비단 단백질만 있는 것이 아니지만 일단은 콩 단백질의 위대한 힘을 내세우고 싶다. 무엇이 콩을 그토록 위대하게 만들었을까? 일찍이 조선 후기 실학자 이익은《성호사설》의 〈대두론大豆論〉에서 이렇게 갈파했다.

> 콩은 오곡의 하나인데, 사람들이 귀하게 여기지 않는다. 그러나 곡식이란 사람을 살리는 것이라고 한다면 콩의 힘이 가장 크다. 후세 백성은 잘사는 이는 적고 가난한 자가 많으므로 좋은 곡식으로 만든 맛있는 음식은 다 귀한 신분의 사람에게 돌아가 버리고, 가난한 백성이 얻어먹고 목숨을 잇는 것은 오직 이 콩뿐이었다. 값을 따지면 콩이 쌀 때는 벼와 서로 맞먹는다. 그러나 벼 한 말을 찧으면 네 되의 쌀이 나오니, 이는 한 말 콩으로 네 되의 쌀과 바꾸는 셈이다. (……) 또한 맷돌로 갈아서 두부를 만들면 얼마든지 찌꺼기가 나오는데, 이것을 끓여서 국을 만들면 구수한 맛이 먹음직하다. 또 싹을 내서 콩나물로 만들면 몇 갑절이 더해진다. 가난한 자는 콩을 갈고 콩나물을 썰어 합쳐서 죽을 만들어 먹는데 족히 배를 채울 수 있다. 나는 시골에 살면서 이런 일을 알기 때문에 대강 적어서 백성을 기르고 다스리는 자에게 보이고 깨닫도록 하고자 한다.

이렇듯 "콩의 힘이 가장 크다"라고 명쾌하게 진술했으니, 더 말해서 무엇 하랴! 콩(菽)의 원산지는 만주 벌판이며 야생 콩에서 비롯했다. 만주라면 부여족의 옛 땅이니 콩은 우리 민족과 함께 살아왔음이 분명하다. 그 콩으로 장문화를 일으켰으니, 우리 장문화에는 고구려의 숨결이 연면히 이어져온다.

곰팡이를 먹다니!

조선 말기에 우리나라를 방문한 서양인은 한결같이 메주에 붙어 있는 흰 곰팡이를 보고 질린 표정을 보였다. 곰팡이를 먹다니! 그들은 손꼽기 어려울 정도로 많은 지면에 애꿎게도 곰팡이를 비판하는 기사를 썼다. 서양인의 눈에는 된장이 숙성돼가는 과정이 오로지 불결하고 비위생적인 식문화로 비쳤을 뿐이었다.

청국장

사람이 음식을 먹는 방법에는 몇 가지가 있을까? 크게 나누어 날로 먹기, 익혀서 먹기가 있고, 발효시켜 먹기를 더할 수 있다. 음식학자는 발효 음식을 가장 선진적이라고 말한다. 된장, 고추장, 간장, 게장, 청국장, 김치, 젓갈…… 우리 음식의 으뜸은 대부분 발효 음식이다. 서양 발효 음식의 으뜸은 요구르트나 치즈 따위의 동물성이지만, 우리나라의 발효 음식은 젓갈 따위를 빼놓고는 식물성이 대부분이다.

발효 음식의 으뜸인 장은 도대체 어떤 것일까? 사람들은 장을 잘 알고 있다고 생각하지만 헷갈리기 일쑤다. 장이란 말이 중국에서는 《주례》의 '장醬 12동'이란 표현에 처음 등장한다. 그러나 중국에서는 우리와 달리 콩이 아니라 고기로 장을 만들었다.

다산 정약용은 《아언각비》에서 "장은 젓갈[醢]이다. 해는 '젓'이라고 말한다. 장은 종류가 여럿인데, 시장市醬(메주로 만든 장)이 그 첫째다"라고 했다. 그리고 처음에는 젓갈과 장을 구별하지 않았다고 말했다. 그는 중국에서 왕충王充의 《논형》에 이르러서야 비로소 콩장[豆醬]이 등장함을 지적하면서 우리나라 사람이 젓갈을 장이라고 부르면 그들은 도리어 믿지 않는다고 했다. 아울러 우리나라에서 콩장[菽醬]만 있는 줄로 알고 있으나 그것은 잘못된 것이라고 했다.

오늘날에도 다산이 지적한 것은 유효하다. 우리는 으레 콩으로 쑨 된장 따위만 장으로 알고 젓갈은 장과 무관하다고 생각한다. 그러나 넓은 범주의 장문화에는 젓갈까지도 포함된다. 된장이 우리나라 장문화의 으뜸인 것은 말할 것도 없지만, 숭어·도미·홍합 같은 생선으로 만든 어육장도 널리 존재했다. 김장에 명태 같은 생선을 넣어서 함께 먹는 풍습도 장문화 범주에 넣어야 한다.

해醢는 소금에 절인 생선으로 만든 음식을 말하는 반면에 혜醯는 시큼

한 초를 뜻한다(식혜食醯란 밥을 섞어서 만든 것을 말하는데, 지금도 우리가 즐겨 마시는 음료다. 흔히 '식혜'와 '식해'를 혼동하기는 한다). 1527년에 나온 《훈몽자회》를 보면 "醯 초→혜, 醢 젓→해, 肉醬" 이라 나오는데, 젓갈을 뜻하는 해도 장에 속한다는 것을 알 수 있다. 또한 이후에 나온 《동의보감》에는 이렇게 기록돼 있다.

장은 모든 어육·채소·버섯의 독을 지우고, 또 열상과 화독을 다스린다. 또 장은 흔히 콩과 밀로도 만들지만 그 약효가 콩장에 미치지 못한다. 그리고 육장肉醬과 어장魚醬은 '해'라고 하는데, 이것은 약에 넣어서는 안 된다.

본디 중국의 장은 '해'란 이름의 육장이고, 우리나라의 장은 시豉란 이름의 콩장이었다. 진晉나라 때의 《박물지》에서 "외국에 시豉가 있다"라고 한 것으로 보아 진秦·한漢 이후에야 외국에서 콩장이 들어왔다는 것을 알 수 있다. 그렇다면 콩의 원산지가 만주라는 사실과 중국에서는 콩장이 늦게 시작됐다는 문헌 기록 따위는 우리 민족이 콩을 주원료로 한 장문화를 독창적으로 꽃피웠다는 것을 증명한다.

우리 문헌에는 일찍부터 콩장이 등장한다. 《삼국사기》〈신라본기〉 '신문왕 3년'을 보면 왕이 김흠운의 딸을 부인으로 맞이해 납채를 수레로 보내는데, 그 목록에 쌀·술·기름·꿀·포 등은 물론이고 장醬·시豉·혜醯 같은 것도 눈에 띈다. 장·시·혜가 따로따로 나온다는 것은 각각을 명확히 구별해서 썼다는 증거다.

어쨌든 지금 장은 된장, 고추장, 간장, 김장 따위가 대표적이다. 그중에

서 '김장김치'에서 보듯이 김장은 다른 장르로 떨어져 나갔고, 된장·고추
장·간장이 장문화의 중심이다.

우리 장은 현해탄을 건너가 일본의 장인 미소가 된다. 우리는 된장을
콩으로만 만들지만, 일본에서는 콩과 쌀누룩으로 빚는다. 조선시대 구황
식품서인《구황보유방救荒補遺方》을 보면, 콩과 밀을 2대1로 섞어서 메주
를 빚는다는 내용이 나온다. "콩 한 말을 무르게 삶고, 밀 다섯 되를 볶아
함께 섞어서 메주를 쑤고……"라고 했으니 일본 메주를 떠오르게 한다.
지금까지 우리는 된장을 콩으로만 빚는 것으로 알았는데, 고대에는 그렇
지 않았던가 보다. 일찍이 우리가 전해준 된장문화가 일본에는 그대로 남
아 있는데 우리 것이 변한 것일까?

장은 나라마다 이름이 다르다. 우리는 '메주'나 '미주'라고 하는데, 만주에서는 '미순', 일본에서는 '미소'라고 부른다. 음식학자 이우성은 생전에 단호하게 이 말들이 같은 계열이라고 증언했다. 아무튼 고구려 땅에서 나서 중국 본토로 들어가고 일본으로 넘어간 장문화는 동양 삼국 식문화의 으뜸이 됐다. 비교문화사를 쓰는 데는 장문화 하나만 있어도 충분한 재료가 된다. 어떤 이는 아예 '곰팡이 문화권'이라고 재미있게 표현하기도 한다.

어떤 사람은 된장의 기원을 유목문화에서 찾기도 한다. 아프가니스탄 북부의 쿠치족에게는 '씌'라는 장문화가 있다. 콩을 삶아 낙타 등에 실은 채 콩에서 하얀 실이 날 때까지 띄운다. 실이 난 콩을 암염가루에 섞은 것이 씌인데, 이것을 된장의 기원으로 보는 것이다. 하지만 이것은 아직 증명되지 않은 수수께끼다.

되는 집안은 장맛도 달다

나는 메주의 흰곰팡이를 '아름다운 꽃'이라고 표현하고 싶다. 칙칙한 검은색의 독버섯 같은 꽃이 피면 안 된다. 순진무구하고 깨끗한 하얀 꽃이 피어야 한다. 꽃이 핀다는 사실은 박테리아가 살 만큼 영양분이 충분하다는 증거다. 메주는 꽃을 피움으로써 새롭게 변신한다. 사람들은 '메주같이 못생겼다'고 말하지만, 나는 하얀 꽃이 핀 메주에게서 매혹적인 냄새를 맡는다. 앞으로는 '메주같이 아름답게 생겼다'고 쓸 일이다.

장맛은 곰팡이가 결정한다. 집집마다, 지방마다 독특한 종류의 곰팡이가 메주덩이에서 번식한다. 그래서 아낙은 장을 담글 때 여간 신경 쓰는 게 아니다. 조선 후기의 《증보산림경제》에서는 장의 중요성을 아예 이렇게 일렀다.

장은 모든 맛의 으뜸이요, 인가의 장맛이 좋지 않으면 비록 좋은 채소나 맛있는 고기가 있어도 좋은 요리를 만들 수 없다. 촌야의 사람이 고기를 쉽게 얻을 수 없을지라도 맛좋은 장이 여러 가지 있으면 반찬 걱정이 없다. 간장은 우선 장 담그기에 유의하고 오래 묵혀 좋은 장을 얻게 함이 좋은 도리다.

친구와 장과 술은 오래 묵을수록 좋다고 하던가. 집집마다 대를 물려서 먹는 장맛은 그 집안의 살림솜씨를 재는 기준이기도 했다. "광 속에서 인심 나고 장독에서 맛 난다", "장맛 보고 딸 준다", "장은 장이다", "고을 정치는 술맛으로 알고, 집안일은 장맛으로 안다", "아이 가질 때 담근 장, 그 아이 결혼할 때 국수 말아준다" 등등. "되는 집안은 장맛도 달다"라는 속담도 있다. 전통의 멋과 슬기를 잘 압축한 속담이 아닌가.

조선시대에도 장 담그기는 중요한 연중행사일 수밖에 없었다. 정약용의 둘째 아들인 정학유가 썼다는 《농가월령가》를 보면 우리 선조가 얼마나 장 담그기를 중시했는지 알 수 있다.

인간의 요긴한 일 장 담는 정사로다
소금을 미리 받아 법대로 담그리라

터주가리, 아키바 사진, 일제강점기
장독대와 버선본, 경성, 송석하 자료, 일제강점기

고추장 두부장도 맛맛으로 갖추하소 (삼월령)

장독을 살펴보아 제 맛을 잃지 마소
맑은 장 따로 모아 익는 족족 떠내어라
비 오면 덮겠은즉 독전을 정히 하소 (유월령)

부녀야 네 할 일이 메주 쑬 일이 남았구나
익게 삶고 매우 찧어 띄워서 재워두소 (십일
월령)

장을 담그기 전에는 고사를 올리기도
했고 장독대에 금줄을 치거나 버선본
을 거꾸로 붙여놓았다. 장맛을 망치는
잡신이 집 안으로 들어오다가 거꾸로
붙은 버선본을 보고 놀라서 도망을 친
다는 속설도 있기 때문이다. 장을 담그
는 동안 주부는 외출을 금했고 여성의
음기가 닿지 않도록 입을 떼지 않고 일
하기도 했다. 장을 담근 지 21일 동안에
는 아기를 낳았을 때처럼 초상집도 가
지 말고 달거리 있는 여자나 낯선 사람
을 집으로 들이지 말라고까지 했을 정

금줄을 두른 장독, 서산 명천포구

도다. 조선 후기의 생활지침서《규합총서》에는 장 담그는 법, 장 담그기 좋은 날, 피해야 할 날, 장 담그는 물 등을 아주 구체적으로 언급한다.

일단 메주를 띄우고 나면 고추와 숯도 함께 띄운다. 살균과 흡착 효과도 있겠지만 주술적 효과도 기대한다. 고추의 독한 맛과 일종의 필터 작용을 하는 숯이 어우러져서 잡신을 쫓아낸다는 믿음이다. 장독대는 아예 신성한 공간으로 존재한다. 칠성님 앞에서 손 모아 비는 칠성단이 바로 장독대다. 마을 풍물패는 집굿을 치면서 으레 장독대로 몰려와 "철륭, 철륭, 좌철륭, 우철륭" 하면서 철륭굿을 쳐준다. 말할 것도 없이 철륭신은 장맛을 지켜주는 신이다. 집안신으로 어엿하게 자리 잡을 만큼 장은 위엄과 격조가 있었다.

된장할아버지, 간장아들, 손자고추장

어린이에게 된장, 간장, 고추장의 관계를 가장 쉽게 설명해주는 방법은 무엇일까? 우리 장문화의 족보를 쉽게 풀면 된장은 할아버지, 간장은 아들, 고추장은 손자뻘로 설명할 수 있다. 그렇다면 젓갈은 작은할아버지, 청국장은 동생뻘쯤 된다.

나는 아이들에게 이렇게 설명한다. 애초에 된장이 있었다. 된장할아버지가 소금물과 만나면서 간장이 탄생했다. 예전에는 소금물로만 먹던 사람들이 메주를 띄운 소금물이 더욱 좋다는 것을 알았다. 조선 후기에 고추가 들어오자 사정이 조금 복잡해졌다. 사람들은 된장을 담그듯이 고추장을 담그기 시작했다. 그리고 메주를 쑬 때 아랫목에 덤으로 불린 콩을 짚에 싸두었다가 청국장을 만들어 먹었다. 그래서 청국장은 동생이 될 수밖에 없다. 젓갈 같은 장은 콩장과 무관하지만 장문화의 원조 격이 분명하므로 작은할아버지뻘이다. 이들은 모두 친족관계이며, 간장처럼 된장이 없으면 태어나지도 못했을 부자관계도 성립한다.

된장 중에는 순전히 된장만을 먹기 위해서 담그는 막장도 있지만, 단기간에 숙성시키는 청국장·빠개장·가루장·빰장·보리장 같은 '즉석 된장'도 있다. 그러나 된장에게 부여된 임무 가운데 가장 절대적인 것은 간장을 만드는 일이다. 호적을 된장에 둔 간장은 곰팡이꽃이 핀 메주와 소금물이 만들어낸 작품이다. 소금물에 띄운 메주는 늘 뚜껑을 열어놓아 햇볕을 쬐어야 한다. 따사로운 햇볕은 간장의 숙성을 촉진하는 주역이다.

간장은 어떤 맛일까? 짜기만 할까? 현대인은 간장이 짜기만 하다고 잘못 알고 있다. 그런데 정작 맛을 보면 짠맛은 물론이고 단맛과 감칠맛이 함께 난다. 오묘한 맛이다. 무조건 짜기만 한 간장은 간장이길 포기한 놈이다. 정정당당한 간장은 열 가지 맛을 내야 마땅하다. 그래야만 양념으로 들어갔을 때 열 가지 맛을 내면서 그 음식의 주인공 역할을 할 수 있다.

간장 맛을 잃어버린 현재 우리 식생활은 '설탕문화'에 압살됐다. 설탕은 확실히 달다. 단맛이 너무 강해 입맛을 죽여버린다. 심지어 한때는 설탕과 비교도 안 될 정도로 단 사카린 같은 메가톤급 당료가 위세를 떨치기도 했다. 설탕문화는 우리 입맛과 건강을 먹어치우는 괴물이다.

우리 선조는 간장을 농도에 따라 진간장, 중간장, 묽은 간장으로 나누고 각각 용도를 달리했다. 담근 지 얼마 안 되는 묽은 간장은 국물을 낼 때

가볍게 사용하나, 5년 이상 오래 묵은 진간장은 약밥 따위의 '진한 음식'을 만들 때 썼다. 그래서 큰집의 장독에는 담근 연도가 다른 간장이 각각 담겨져 있었으며, 쓰임새에 따라 손놀림이 달랐다. 프랑스인이 포도주의 연도를 따지면서 식도락의 묘미를 음미한다면, 우리는 간장의 연도를 따지며 음식의 묘미를 즐겼다고나 할까.

족보를 따졌을 때 된장과 간장의 역사가 깊다면 고추장은 조선 후기에 탄생한 신출내기다. 그렇지만 고추장은 담백한 우리 식문화에 화끈하다 못해 뜨거운 맛을 선사했다. 고추가 조선 후기에 들어와서 김치혁명을 일으켰다는 것은 다 아는 일이다. 혁명이라는 말에 걸맞을 정도로 김치는 우리의 밥상문화를 바꾸어놓았다. 그동안 침채沈菜 같은 김치를 담그며 천초 따위의 향신료에 의존해왔는데, 고추가 매운맛과 붉은 색소로 입맛의 혁명을 예고한 것이다.

고추는 남아메리카가 원산지다. 실학자 이수광은《지봉유설》에서 "고추에는 독이 있다. 일본에서 비로소 건너온 것이기에 왜겨자라 한다"라고 했다. 고추의 캡사이신 성분은 기름의 산패를 막고 젖산균의 발육을 돕는다. 이 같은 고추가 된장과 결합하여 고추장이 됐다. 된장을 모범 삼아 독자적인 고추장 노선을 걷게 된 것이다.

조선 후기의《증보산림경제》를 보면, 메주가루 한 말에 고춧가루 세 홉, 찹쌀가루 한 되를 넣고 좋은 간장으로 개어서 고추장을 담근다고 했다. 분량을 따져보면 맵기는커녕 막장에 가까운 고추장이 아니었을까. 애초에는 된장을 응용한 상태에서 고추장이 탄생했음 직하다. 그러다가《규합총서》에 이르면 사태가 조금 달라진다. 삶은 콩 한 말과 쌀 두 되로 흰무리를 쪄 함께 찧어 메주를 만든 다음에 소금 네 되, 고춧가루 5~7홉을 넣었다고 하니 고추 양이 늘어난 셈이다.

　그러다가 차츰 매운 고추장으로 변해갔다. 조선 후기에 고추와 함께 들어온 담배가 점차 중독성을 띠면서 널리 퍼졌듯이 고추장도 일종의 중독성을 갖기 시작했다. 그리하여 외국인이 늘 놀라듯이 '매운 고추를 매운 고추장에 찍어 먹는' 독특한 풍습이 생겨났다. 얼큰하고 뜨거워서 더욱더 매운 찌개를 먹으면서도 '시원하다'고 표현할 정도다. 서양의 '핫hot'한 음식이 매운맛만 있다면, 우리 고추 음식은 얼큰하면서도 시원하고 단 음식으로 발전했다. 일단 발걸음을 뗀 고추장은 보리고추장, 무거리고추장, 판고추장, 수수고추장, 약고추장, 고구마고추장 따위로 발전했다. 순창고추장처럼 지역적인 명물도 탄생했다.

　고추장이 탄생하자 우리 장문화는 명실상부한 삼총사가 된 셈이다. 그러나 된장, 간장, 고추장 삼총사의 임무는 여기서 끝난 것이 아니었다. 그것들이 찌개, 무침, 볶음, 구이 등 다양한 음식 문화에 침투하여 상호 결합하면서 엄청난 효과를 나타냈다. 우리 음식 문화의 대표적인 특징을 '국물 음식'이라고 압축한다면, 이들 삼총사는 국물을 종횡무진하면서 음식의 가짓수와 입맛을 확대 발전시킨 셈이다.

　또 장아찌를 보라. 된장에 묻어둔 장아찌, 간장에 담가둔 장아찌, 고추장에 박아둔 장아찌…… 보릿고개로 변변한 부식물 하나 없던 시절에 장은 밥상을 지켜준 유일한 밑천이었다. 심지어 된장떡까지 만들어 먹지 않았는가.

'빨리빨리 문화'를 탓하며

팔리는 간장에는 양조간장과 화학간장 두 종류가 있다. 양조간장은 전통적인 방법을 가미하여, 누룩곰팡이를 이용해 발효시킨다. 아무리 빨라도 3~6개월은 족히 걸린다. '빨리빨리'를 '효율과 경영'이라는 구두선으로 외치는 시대에 수지타산이 맞는 것은 아무래도 화학간장일 것이다. 화학간장은 콩을 염산으로 가수분해하여 아미노산으로 만드는 방식이다. 여기에 간장 맛을 내기 위해 맛, 향, 색깔을 합성시키는데, 우리가 왜간장이라고 부르는 것이 그것이다. 재미있는 것은 일본인의 대부분은 양조간장을 쓴다.

우리의 장문화에도 완벽하게 똬리를 튼 '빨리빨리' 정신은 정말 다시한 번 돌아봐야 할 문제가 아닌가 싶다. 우리는 참으로 '빨리빨리' 아파트로 이사했으며, 거추장스러운 애물단지가 된 장독대를 '빨리빨리' 부수고 베란다 문화로 옮겨갔다. 아낙이 신성하게 여기던 장독대가 부서지고 칠성님도 사라지는 그 순간, 우리의 장문화는 마지막 라운드에 오른 기진맥진한 권투선수가 됐다.

대를 이어오는 간장과 프랑스의 포도주, 이 둘이 다를 게 무엇인가. 그런데도 포도주의 수백 년 전통은 한껏 존경하면서도 우리의 간장 대물림은 왜 무시하는가! 요즘처럼 스트레스가 많고 온갖 현대병이 판을 치는 세상일수록 장 같은 것을 듬뿍 먹어야 한다. 예전에는 고기조차 된장을 발라서 구워 먹었다는 기록이 흔하다. 된장을 식문화의 중심에 두고 간장과 고추장을 좌청룡, 우백호처럼 거느릴 일이다.

장례,

놀이와 의례의

반란

방상씨 탈, 경주 호우총 출토,
국립중앙박물관, 신라

작은 반란을 꿈꾸며

사람은 죽는다. 너무도 당연한 일이다. 아침에는 많은 사람이 눈에 띄지만 저 녁에는 어떤 사람의 모습이 보이지 않는다. 저녁에는 많은 사람이 눈에 띄지만 아침이면 어떤 사람의 모습이 보이지 않는다. '나는 젊다'고 생각할지라도 죽 어야만 하는 인간은 누군가에게 자신의 생명을 맡기고 있는 것은 아닌가. 젊은 사람도 죽어간다. 남자도 여자도 차례차례 죽어갈 뿐.

붓다 스스로의 감흥을 적어놓은 《우다나바르가Uda'navarga》에서 이른 말이다. 그렇다. 인간은 차례차례 죽어갈 뿐이다. 죽음은 결코 당사자만의 일이 아니다. 그를 둘러싼 많은 사람과의 인간관계가 끝난다. 따라서 죽음 그 자체는 개인적인 일이지만 어느 죽음도 사회성을 잃지 않는다.

인간이 삶과 죽음의 메울 수 없는 간격을 이해하기 시작했을 때부터 죽음의 강은 늘 무섭고도 경외심이 가득한 곳이었다. 선사시대에는 사람이 죽으면 그대로 내버리는 방법밖에는 몰랐다. 그러다가 차츰 장례라는 절차를 만들기 시작했다. 고대 이집트에서는 내세를 믿어 미라를 만들었고, 나일강의 신 오시리스가 선행과 악행을 저울로 달아 망자를 심판한다고 믿었다. 이렇게 민족마다 그 나름의 죽음 의식이 형성되자 그에 따라 장례법을 만들어 나갔다. 우리 선조는 어땠을까?

중국의 여러 문헌을 살펴보면 다양한 장례 절차가 있었음을 알 수 있다. 동옥저에서는 사람이 죽으면 가매장을 했으며, 나무로 덧널을 만들어 주검을 안치했다. 부여에서는 순장 풍습이 있었고, 장례 기간이 매우 길었다. 고구려에서는 혼인하자마자 수의를 마련했고, 장례 때는 많은 사람이 참여하여 후하게 치렀다. 물론 문헌만 보면 시대가 변함에 따라서 다양한 장례 풍습이 존재했다는 것을 알 수 있지만 죽음을 대하는 의식은 하나였음이 분명하다.

죽음을 달래는 인간의 심성은 어쩌면 이 세상에서 가장 순수할 것일 수도 있다. 그래서 망자를 떠나보내는 마지막 절차인 장례에서만큼은 민족마다 고유한 자기 성격을 드러낸다. 죽은 자에 대한 공경심과 공포심 따위가 어우러지면서 상·장례 예법은 어느 민족에게나 가장 '보수적인 문화'로 자리 잡았다.

그럼 우리 사정은 어땠을까? 전통적 무속이나 불교 의례로 이루어지다가 주자 가례 예법이 덧붙여지면서 어느 시대, 어느 나라의 예법보다도 엄격한 절차를 갖추게 된다. 나는 해마다 명절이나 어른의 제삿날 혹은 주위에 장례가 있어 밤샘이라도 하게 되면 늘 우리의 상·장례에 대한 작은 반란을 꿈꾼다. 좀 더 심하게 말하면 전통에 대한 대대적인 반란, 모반이 필요한 때라는 생각을 지울 수 없다.

"아이고 아이고, 잘 죽었다 잘 죽었다"

여러모로 풍부한 민속유산을 지닌 남도 땅 진도. 유장한 씻김굿이 있는가 하면 질펀한 들노래가 있고, 마을마다 아낙들이 지정된 장소에 모여서 노래하는 우리식 '노래방'이 있어 전통시대의 노래가 아직도 이어지는 섬이다. 장례 풍습도 독특하여 늘 세인의 관심을 끌어왔다. 1979년에 처음 연극으로도 올린 〈다시래기〉의 한 대목을 보자.

> 가상주: 장삿집에서 장사를 하지 않으면 어디서 장사를 하나?
>
> 산받이: 무슨 장사? 뭘 팔아?
>
> 가상주: 장삿집에서 팔 거라고는 뻔하지.
>
> 산받이: 뻔하다니?
>
> 가상주: (비밀 이야기를 하듯이) 애비 송장을 팔아야지.
>
> 산받이: 예끼 천하에……. 진짜 상주가 들었단 말이야!
>
> 가상주: 그건 자네씨가 모르는 말씀이야! 내가 돈을 벌려고 장사를 하는 게 아니라, 우리 아버지 값이 얼마나 나가는지 그걸 저울질해보려는 것이고, 또 하

나는 그렇게 해서 모은 돈으로 아버지 제사 밑천 삼고, 비석도 해드리고, 묘막도 짓고, 그리고 보다 중요한 것은 협조 정신을 시험해보려는 것이니, 얼마나 효성 지극하고 건전한 장사냐 말이야?

'장삿집(상가)'이니 아비 파는 '장사'를 해야 한다? 아버지 영전 앞에서 아비 송장을 장사한다니 엄숙한 유교적 관습에서 보면 놀랄 만한 사건이 아닌가. 그러나 걱정할 필요는 없다. 옛 진도의 풍습에서는 아비와 어미를 늘 장례식 날 팔아왔기 때문이다.

〈다시래기〉는 장례식 날 '아비를 팔 정도'로 웃기는 난장판을 꾸미는 장례놀이다. 예부터 우리에게는 양반집에 초상이 나면 상민을 불러다가 상여를 메게 하고 단골이 소리를 메기는 전통이 있었다. 민촌에서는 마을 사람 모두가 상두꾼(상여꾼)이 되어 상여놀이를 한다. 슬픔에 잠긴 유족을 웃게 하려는 〈다시래기〉를 보노라면 도대체 상갓집에 와 있는 것인지, 아니면 놀이판에 와 있는 것인지 모를 지경이다.

상갓집의 놀이 풍습은 진도만의 독특한 것이 아니다. 섬보다 육지에서 더 일찍 소멸했을 뿐, 장례와 놀이는 하나로 묶여 이어져왔다. 황해도에서는 생여돋음(상여돋음)을 놀았다. 해가 져서 밤이 이슥해지면 풍물을 치며 빈 상여를 메고 집집을 돌았다. 놀이 잘하는 사람을 태우고 우는 시늉, 상제 시늉, 재산 나누는 시늉 등을 하며 사람들을 웃긴다. 상가에서는 이들에게 돈을 내주고, 닭 잡고 술대접을 하는데, 술을 가져오면 안주를 내라는 식으로 아주 짓궂게 군다. 상여놀이로 돈도 벌어들여 모처럼 모여 놀기도 하고, 공동 기금을 조성해 상포계에 보태기도 한다. 상여놀이가

진도 상여
진도 다시래기

상여와 소여, 국립중앙박물관

끝나면 상가로 돌아와 마당에서 시신을 상여에 안치하고, 상포계원들은
다시 선소리를 위시하여 각종 놀이를 한다. 그리고 곱새치기(투전)를 하면
서 밤을 새운다.

경상도의 부유한 집에서는 장례놀이 대돋음을 했다. 출상 전날 저녁에
상두꾼이 모여서 빈 상여를 메고 앞소리를 메기며 출상할 때처럼 상엿소
리를 낸다. '내가 너희들 자랄 때 진자리 마른자리 가려가며 잘 키웠다. 그
러니 너희들이 나를 섭섭히 보낼 수 있느냐?' 하는 뜻으로 대돋음을 한다.
대돋음을 할 때 상주는 '사돈의 팔촌'까지 청하여 밤새도록 음주가무를 즐긴다.

경상북도 안동(서후면 저전동)의 경우 짓궂은 사람은 안상주처럼 삼베 치마를 차려입고 뒤뚱뒤뚱 걸으며 곡하는 척하다가 큰 소리로 넋두리를 하기도 한다.

"아이고 아이고, 잘 죽었다 잘 죽었다."
"아이고 아이고 아이고, 그나저나 잘 죽었다 잘 죽었다."
"아이고 아이고 아이고, 언제새나 병이 들어 그다지도 죽었는고."
"뭐를 많이 벌어놔서 그다지도 잘 죽었노."
"속이 다 시원하지!"

슬픔에 잠긴 초상집에 와서 잘 죽었다니……. 진도의 〈다시래기〉, 경상북도의 〈빈상여놀이〉, 충청북도의 〈대드름〉, 충청남도의 〈호상놀이〉, 경기도의 〈상여놀이〉처럼 우리나라의 장례문화는 원래 하나의 놀이판이 아니었을까.

장례의 축제성

그동안 우리는 주자 가례에 지나치게 주눅이 들어 기죽어 살아왔다. 공자님 말씀만 따지다 보니 우리 민족 고유의 장례 풍습은 철저하게 무시해왔다. 전문 연구자조차 민중의 장례문화 풍습을 도외시해온 것이 사실이다.

446

단적으로 오늘날의 상갓집 풍습은 엄숙한 예법이 분위기를 압도하여 혹시 웃기라도 하면 '불효'로 징벌을 받을 판세다. 인류학자 에릭 울프가 "농민 문화는 축제로 통한다"라고 쓴 글이 떠오른다. 문화인류학자 박현수의 유려한 번역으로 일찍이 1970년대에 소개된 《농민》(1966)이라는 작은 책자에서 그는 이렇게 말한다.

세계 각지의 농민은 여러 가지 축제를 통하여 자기네의 유대감을 앙양하고 이 유대감에 금이 가지 않도록 규율을 지킬 것을 다짐한다. 이런 축제의 형태는 에스파냐의 수호성자 예배로부터 중국 일부 지방의 수호신을 찬양하기 위한 불꽃놀이에 이르기까지 다양하다. 또한 이런 축제 중에는 예컨대 장례식처럼 개인적인 가정 사건을 계기로 열리는 것도 있다. 기어링F. Gearing은 그리스의 카르다밀리 마을 사람이 장례에서 그들의 공동 의식을 다지는 모습을 기술한 바 있다. 장례식에는 죽은 사람의 친지나 친척뿐만 아니라 그의 적들도 참석하며 적들은 정중한 대접을 받는다.

장례식이란 단순하게 죽음을 애도하는 가족만의 통과의례가 아니라, 사회적인 단합과 축제문화의 하나였다는 것을 알 수 있다. 그러나 우리는 '장례의 축제성'을 상실했다. 그렇다면 주자 가례가 강화되기 이전에 이미 성립됐을 것이 틀림없는 축제 형식의 장례 풍습은 어디서 기원하는 것일까?

《수서隋書》〈고구려전〉을 보면 "처음 상을 당했을 때는 곡을 하고 울지만, 장사를 지낼 때는 북을 치고 풍악을 울리며 장례를 치른다"라고 했다.

후대의 유교식 장례와는 완전히 배치되는 민족 고유의 전통이다. 그로부터 1000여 년이 흐른 뒤 조선의 〈태조실록〉에서는 "외방 백성은 부모의 장례일에 인근 향도香徒를 모아 술 마시고 노래 부르며 조금도 애통해하지 않는다"라고 했다. 이것으로 향도의 전통을 잘 알 수 있다. 1504년 성현의《용재총화》에서는 향도를 이렇게 설명한다.

지금은 풍속이 날로 야박해졌지만, 오직 향도만은 아름다운 풍속을 간직하고 있다. 대체로 이웃의 천인이 모두 모여서 회합을 하는데 적으면 7·8·9인이요, 많으면 혹 100여 인이 된다. 매월 돌아가면서 술을 마시고, 초상을 당한 자가 있으면 같은 향도 사람끼리 상복을 마련하거나 관을 마련하거나…… 이는 참으로 좋은 풍속이다.

"인제 가면 언제 오나, 북망산천이 멀다더니, 건너 안산이 북망이로세……" 꽃상여가 서서히 미끄러지듯 간다. '서양식의 차디찬 의례'가 아니라 친척은 물론이고 마을 사람들의 잔치 속에서 죽음을 맞는다.

장례식의 축제성을 알지 못하는 외국인은 우리의 장례 풍습을 이상한 눈으로 보기도 했다. 1902년부터 1903년까지 서울에 주재했던 카를로 로제티 이탈리아 총영사는 1904년 이탈리아에서 출간한《꼬레아 꼬레아니》에서 이렇게 적었다.

장례식의 주된 분위기가 분명 슬픈 것만은 아니다. 이것은 바로 자신의 감정을 가장하려는 극동아시아 모든 민족의 기질이다. 상여꾼은 종종 청중의 웃음을

상가의 초혼의식, Journal des Voyages, 1905

자아내는 노래를 부르며 보조를 맞춰 행진하고, 가족을 둘러싼 친지는 농담이나 웃음으로 가족을 흥겹게 하기 위해 온갖 수단을 다 쓰는데, 우리의 관점에서는 매우 어색하게 보였다.

외국인이 우리 민족 고유의 장례 풍습을 어색하게 보았듯이 현재의 우리도 장례식에서 웃는다는 것을 어색하게 보기는 마찬가지다. 상두 문화가 사라지면서 죽음조차 축제로 맞이하던 우리 선조의 풍습은 영영 사라지고 만 것인가.

상부상조하는 풍습의 전범으로 꼽히는 향도, 성현의 표현대로 '참으로 좋은 풍속'이다. 그 향도에서 놀이하는 장례 풍습과 상두꾼 전통이 나왔다. '향도→향두→상두'로의 변화, 발전이 그것이다. 그러나 조선 초기부터 엄숙하기를 요구하는 유교식 장례가 강요되면서 향도식의 떠들썩한 장례는 거세됐다. 다행히 진도, 제주도 같은 '변방'에 그 전통이 이어진 셈이다.

상두꾼 행렬은 우리나라 사람이 죽음을 대하는 정서를 가장 잘 드러내는 원초적 풍습이다. 함께 어울려 마시고 놀면서 죽음의 슬픔을 털어내는 행위에서 달관의 경지마저 엿볼 수 있다. 그리고 북망산 길로 떠나는 이를 달래는 그 기막힌 가락의 상두가를 들으면 죽음은 두렵고 먼 것이 아니라 우리 곁에 있는 친숙한 어떤 것처럼 느껴진다.

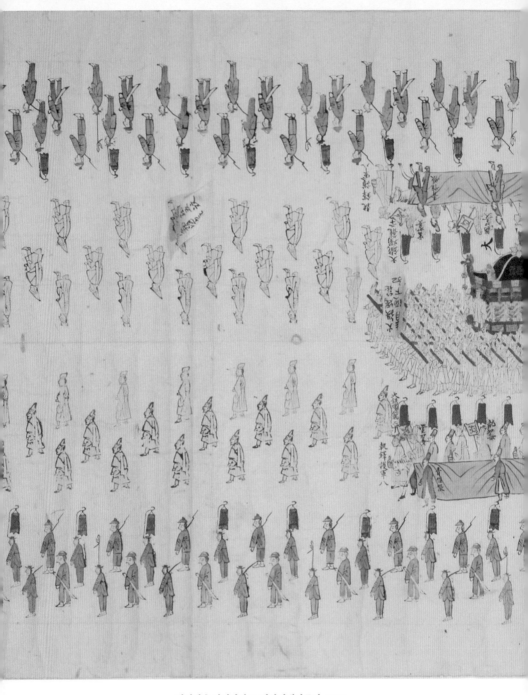

명성황후 발인반차도, 이화여대박물관, 1897

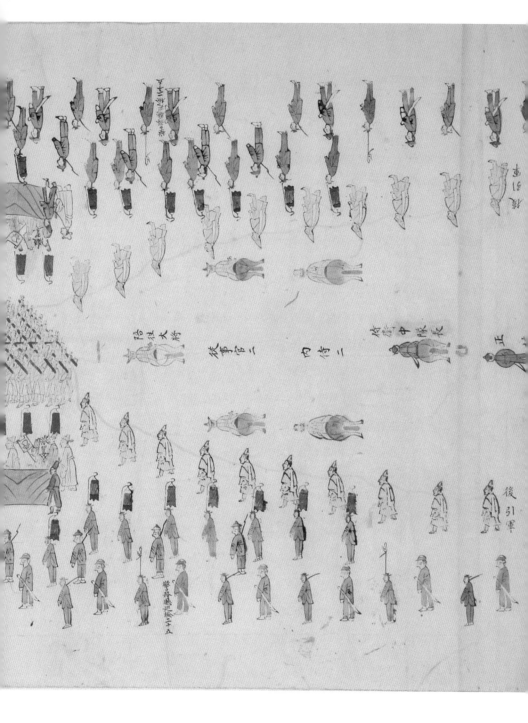

천년의 역사를 지닌 화장

초상만큼이나 중요한 일은 묘지를 구하는 치산治山이었다. 화장하는 비율이 지금은 80퍼센트가 넘지만, 불과 얼마 전까지만 해도 우리는 너무도 당연하게 죽으면 땅에 묻힌다고 생각했다. 화장하면 불효로 취급하기도 했다. 왜 그랬을까? 우선 장법의 역사부터 들추어보자.《맹자》〈등문공장구藤文公章句〉를 보면 장사 제도를 역설한 대목이 나온다.

예전에 부모가 죽어도 장사를 지내지 않는 시대가 있었다. 부모가 죽자 시체를 들어다가 구덩이에 버렸다. 뒷날 그곳을 지나다가 여우와 살쾡이가 시체를 뜯어먹고, 파리와 모기가 엉겨서 빨아먹는 모습을 본 그는 이마에 식은땀을 흘리며 눈길을 돌리고 바로 보지 못했다. 그 식은땀은 사람들의 이목 때문에 흘린 것이 아니라 속마음이 얼굴로 나타나 흐른 것이다. 집으로 돌아간 그는 곧 들 것과 가래를 가지고 돌아와 흙으로 시체를 덮었다. 부모의 시체를 흙으로 덮는 것이 진실로 옳은 일이라면, 효자나 인仁한 사람이 자기 부모의 시체를 장사 지내는 데에도 반드시 법도가 있어야 한다.

우리의 선조 역시 애초에는 시신을 들에 버렸을 것이다. 그러다가 차츰 장례 풍습이 생겨나기 시작했다. 장사 풍습은 유교가 발생하기 훨씬 전부터, 민족 고유의 방법으로 전해오고 있었다. 고인돌 유적은 선사시대의 장례 풍습을 잘 말해주는 증거물이다.

세계적으로 장례 풍습은 매장埋葬, 화장火葬, 수장水葬, 조장鳥葬 등이 잘 알려져 있다. 우리는 대개 매장하거나 화장하는 방식을 택해다. 그러나 시체를 들에 유기하는 풍습이나 나뭇가지에 시체를 걸쳐놓았다가 나중에 매장하는 풍장風葬, 탈육 후에 뼈만으로 다시 장사를 지내는 초분草墳 같은 독특한 풍습도 근대까지 이어졌다.

불교 전래 이후 우리의 장례 풍습에서 일대 변화를 일으킨 것은 화장이다. 동해 감포 앞바다에 가면 그 유명한 대왕암이 나온다. 일명 문무대왕의 수중릉으로 알려진 곳이다. 사실 그곳은 수중릉은 아니고 대왕의 화장한 뼈를 뿌린 산골처散骨處였을 것이다. 《삼국사기》에도 "내가 숨을 거둔 열흘 뒤에 불로 태워 장사지낼 것이요, 초상 절차는 힘써 검소와 절약을 따르라"라고 했다. 토장土葬이 보편적인 풍습이었는데, 불교 전래 이후 토장과 화장이 병행됐다. 화장해도 뼈를 단지에 넣어 무덤에 묻었기에 무덤 풍습은 보편적으로 이어졌다.

고려시대에도 불교식에 따라 화장법이 널리 퍼졌다. 그러나 고려 말에 신진 유학자에 의해 성리학이 새로운 통치이념으로 받아들여지면서 화장법도 변한다. 1290년(충렬왕 16) 안향이 성리학을 도입하면서 성리학적 주자 가례도 들어온다. 그러나 《조선왕조실록》이나 조선 초기의 여러 문집을 보면 화장 풍습을 금지하고 성리학적 상·장례를 권하는 대목이 나온다. 이는 상층부에서는 성리학적 의례가 받아들여졌지만, 민중은 여전히 불교식 화장을 선호했음을 알려준다.

주자 가례가 널리 퍼지기까지는 많은 시간과 노력이 필요했다. 규모와 절차가 복잡하고 비합리적인 요소가 많아 백성은 물론이고 사대부 계층에서조차 실제로 행하는 데 많은 어려움이 뒤따랐던 탓이다. 체제 안정을

선유도, 초분, 2005

지향하는 지배층의 의도에 따라서 민중 교화책의 하나로 주자 가례 보급이 늘 강조됐다. 그러면서 조선 후기에 들어와 화장이 많이 사라지고 매장 풍습이 보편화됐고, 최근까지 우리의 사고를 지배해왔다.

　상·장례의 발자취를 되짚어보면 매장과 화장 풍습은 늘 병존했고, 조선시대에는 화장을 강하게 비판했다. 화장을 비판적으로 바라보는 사고방식의 바탕에는 조선시대 주자 가례의 성리학적 세계관이 뿌리 깊게 도사리고 있었다. 하지만 따지고 보면 신라시대부터 고려시대에 이르는 근 1000여 년 동안 우리는 화장해오지 않았던가.

성리학 해설서인《근사록近思錄》을 보면 승냥이와 물개조차 제사 지내는 시늉까지 한다고 했다. 하물며 사람은 어떻겠는가. 주자는 제사에 관해 이렇게 말했다.

> 오직 이 천지음양의 기氣는 사람과 만물이 모두 얻은 기다. 뭉치면 사람이 되고 흩어지면 귀鬼가 된다. 그러나 그 개체 기는 비록 이미 흩어졌을지라도 이 천지음양의 이치는 생겨나고 생겨나서 궁색한 법이 없다. 조상의 정신과 영혼은 비록 흩어졌을지라도 자손의 정신과 영혼은 스스로 여기 있으니 조금은 서로 이어진다.

조상을 제사 지냄으로써 조상과 후손이 이어지고 있다고 강조했다. 따라서 조상에 대해 공경지심恭敬之心을 발하는 것은 자연스러운 일이다. 문제는 조상을 모시는 것을 모두 유교에서 나온 것으로 착각한다는 점이다.

전라북도 위도에서는 마루방 윗목 시렁에 조상의 위패를 달아맨 모습을 쉽게 볼 수 있다. 이는 기존의 조상신에 대한 제사와 주자 가례가 혼재된 것으로 볼 수 있다. 따라서 명절 차례를 지낼 때도 시렁 앞에서 지내고, 마루의 성주독 위에도 조상상을 차려 올린다. 제주도에서는 심방이 와서 〈조상본풀이〉를 구송하면서 가운가업家運家業의 수호신성을 나타내기도 한다. 유교적인 제사법이 전일적으로 관철되는 것 같았지만 실제 사정은 이렇게 전혀 달랐다. 오늘날까지도 이 같은 토속적인 조상 숭배가 일부 지역에서나마 이어짐은 그만큼 토속 의례의 강한 생명력을 반증한다.

민중 의례를 유교식으로 바꾸려는 노력은 조선 개국과 더불어 본격화됐다. 일찍이 사찰 중심의 불교 의식이나 무가巫家 중심의 음사淫祠를 혁파하기 위한 첫 과제는 집마다 사당을 세우고 신주神主를 만드는 것이었다. 이미 고려 말에 정몽주나 문익점 같은 신진 유학자가 건의하기는 했지만, 고려가 멸망한 뒤 과제는 조선으로 넘어간다.

조선을 세운 지 2개월 후인 태조 원년 9월에 가묘家廟를 세우고 음사를 엄단할 것을 도평의사사의 배극렴·조준 등이 왕에게 건의했다. 그 후 풍속을 규정하는 소임을 맡은 사헌부가 중심이 되어 주자 가례를 보급하기 시작했다. 당시에 음사라고 하면 오신娛神 행위와 야제野祭를 통한 재화災禍 예방이 주였다. 장례 전일에 무격巫覡을 초청하여 밤낮으로 음주작락飮酒作樂케 하는 것이 오신 행위다. 그것은 조상신을 위로하는 것으로서 당시 세속에서는 그 같은 행사를 하지 않으면 부모를 박대하는, 불효라고 생각했다. 1431년(세종 13) 사헌부의 장계에 따르면 다음과 같다.

무식한 무리가 요사스러운 말에 혹하여 질병이나 초상이 나면 즉시 야제를 행하며, 이것이 아니면 이 빌미를 풀어낼 수 없다고 하여 남녀가 무리를 지어 무당을 불러 모으고 술과 고기를 성대하게 차린다. 또는 중의 무리를 끌어오고 불상을 맞아들여 향화香花와 다식茶食을 차려놓으니 노래와 춤과 범패가 서로 섞이어 울려서 음란하고 요사스러우며 난잡하다. 예절을 무너뜨리고 풍속을 상하는 일이 이보다 심함이 없으니 수령으로 하여금 엄하게 다스리되…….

상·장례 전문가 정종수는 조선 전기에는 무·불식巫佛式 상·장례 풍습이 보편적이었다고 말한다. 실상 주자 가례를 따르는 일은 유교의 교화는 물론이고 경제력이 뒤따라야 하는 것이었기에 민중은 대개 전통적인 관행을 지켰다. 그리하여 음사를 유교적 의례로 변화시키는 데 근 100여 년이 걸렸으며, 그나마 완전하지도 못했다. 민중교화책은 성리학적 이념에 입각한 《삼강행실도》, 《소학》 등의 윤리서와 향사례, 향음주례의 보급 운동으로 계속 이어졌다. 따라서 유교적인 조상 숭배 의례가 보편화되면서도 민중 생활 곳곳에는 여전히 토착적인 조상 숭배가 존속하는 양상을 보여주었다.

조상신은 대대손손 이어져온 집안의 조상이다. 집안의 흥망성쇠도 조상 탓으로 보며, 조상의 음덕이 후손의 모든 일을 돌봐주고 집안의 풍요를 지켜준다고 믿는다. 국학자 이능화는 고려시대에 신주神主를 무가巫家에 맡겼던 유풍이라고 지적했다. 흔히 안방의 윗목에 모셔두고 어떤 굿에서나 조상을 모신다. 전라도에서는 조상단지·신주단지·제석오가리·시조할미단지 등으로 부르며, 경상도에서는 조상단지·세존단지·시조단지·조상할배 등으로 부른다. 부루독이나 부르단지라고도 했다.

제주도에서는 군웅·일월 등 다른 지방에서 볼 수 없는 조상신이 나타나기도 하는데, 씨족 수호신을 모시는 신앙이 강하다. 조상신은 조상·삼신·곡령신이 서로 중복되어 명확하게 구분되지 않는 경우가 많다. 조상신에 제석이나 세존이라는 말이 결부되는 것은 불교적 요소가 반영된 결과로 보인다. 조상 지킴이에는 풍년을 기원하는 농신農神으로서의 속성과 장손의 집에 모시는 조상 숭배성, 술과 고기를 바치지 않는 불교적 속성

이 잘 결합돼 있다. 신체神体는 단지로
된 경우와 별다른 신체 없이 모시는
경우가 있다.

차례 때 조상상을 차려 제사를 지
내고, 햇곡식이 나면 성주신에게 바
친다. 집안의 대를 잇는 장손 집에서
집중적으로 행하고, 굿을 할 때 조상상
을 따로 차려 제사 지내며, 별식이 나면 먼

성주단지

저 조상에게 바치고 먹어야 한다. 주자 가
례가 강화되면서 차츰 양반층을 중심으로
한 조상 숭배가 관철되어 나간 것에 비해, 조상신은 고래의 전통적인 조
상 숭배 유습을 반영한 것이다. 따라서 우리가 조상 숭배를 무조건 유교
방식이라고 생각하는 건 잘못이다.

여성의 소외, 남성의 독점

우리의 상·장례 풍습에서 여성의 제사 참여도 문제다. 지금은 세상이 많
이 변하여 집에 따라서는 여성도 제사에 참여한다. 그러나 대부분은 제삿
날 여성이 하는 일이란 부엌에서 음식을 마련하는 것이 고작이다. 남성의
제사 독점이다. 하지만 부모가 돌아가셨을 때 슬퍼하는 이가 어찌 남성뿐
이겠는가.

애초에는 주자 가례에서도 부부공제夫婦共祭가 보편적이었다. 남편이 첫 술잔을 올리는 초헌을 행하면, 아내는 아헌을 행했다. 그러나 아헌의 몫을 남성 형제가 빼앗아가면서 여성은 제의에서 밀려났다. 전통적인 무속식 조상 숭배에서는 오히려 여성이 조상신을 모셨다. 토속신앙에서는 오히려 조상 숭배에서 남성이 소외될 정도로 여성이 주도권을 지녔다.

조선 전기의 상속제도를 다시 생각해보자. 자녀는 누구나 균등하게 재산을 상속받았다. 심지어 시집온 여성이 가지고 온 친정 재산이 있으면 당연히 장부 등재를 다르게 하여 여성의 소유로 했다. 아들이 없다고 양자 들이는 법도 없었고, 여성도 당연히 제사를 지낼 수 있었다. 재산권의 균등은 제사에서도 균등한 지위를 부여했다. 그러나 조선 후기에 이르러 여성의 재산권은 사라지고 장자상속에 따른 가부장 체제가 더 강화된다. 조선 전기의 제사 풍습만 놓고 본다면, 생각 이상으로 남녀평등이 지켜졌다.

조선 후기에 접어들면서 주자학은 지나칠 정도로 번잡스럽게 격식을 따지기 시작했으며 남녀의 관계를 너무 엄격하게 가르고 공리공담에 숱한 노력을 소비했다. 이런 풍조는 비판받아 마땅하다. 여성이 제의에서 소외된 것은 주자학의 잘못 중 하나일 것이다. 인간사회를 위해 만든 예법이라 하더라도 지나치게 번거로우면 형식으로 흐르는 법이다. 조선시대의 예법은 아무리 좋게 봐주더라도 인간을 위한 예법을 넘어서서 예법에 인간을 종속시키는 결과를 빚고 말았다.

전통이란 '변하는 것과 변하지 않는 것'

지금까지 너무나 당연하게만 생각해왔던 상·장례 풍습 중에서 사실은 그렇지 않을 수도 있는 것을 몇 가지만 추려보았다. 인간이면 누구나 당면하는 죽음이라는 문제, 그 죽음의 문제에서조차 역사적 진실을 방기하면서 지나치게 편향된 생활방식에만 매달리는 이유는 무엇일까?

문화인류학자 에드워드 실스는 '변하는 것과 변하지 않는 것'이라는 부제가 붙은《전통》이라는 책에서 과거의 포착, 과거 사물의 잔존, 과거 관례의 지구력으로서의 전통과 그 전통의 안정성에 주목했다. 그렇지만 전통이 변화할 수밖에 없는 이유 또한 놓치지 않는다. 전통은 변화할 수밖에 없는 운명임을 합리적으로 접근했다.

우리는 '전통'이라고 할 때 민족생활사의 장강대하 같은 유구한 흐름을 망각하고 조선 후기의 풍습에만 매몰되는 편이다. 일제강점기를 거치면서 민족 고유의 것을 많이 상실했고, 그 반대급부가 '조선시대의 것'을 되찾게 하려는 것으로 작용했다는 점도 어느 정도 있었음을 인정해야 한다. 지금의 시점에서 우리는 조금 더 진지하게 조선 후기 생활에 대해 냉철하게 비판할 필요가 있다.

진보적인 삶의 방식이 있다면 받아들여야 할 것이고, 그릇되게 고착된 삶의 방식은 마땅히 버려야 한다. 냉정하고도 단호한 취사선택이 요구된다. 전통을 지나치게 오늘의 사회과학과 과학주의로 재단하는 우매함은 반대한다. 하지만 우리는 이상하게도 좋은 것은 버리고 나쁜 것은 이어가는 잘못된 전통관에 빠져 있다. 서로 돕고 사는 미풍양속은 흘려보내고 불필요할 정도로 엄격한 격식만을 이어가는 것이 올바른 전통의 계승인 양 치부하는 것 따위가 그렇다. 미래 비전을 제시하지 못하는 전통은 삶의 무기는커녕 한낱 자신을 옭아매는 밧줄이 될 뿐임을 상·장례 풍습에서 톡톡히 배울 수 있다.

장승,

마을을 지키는

수호신

장승은 어디서 왔는가

22

천하의 색골 옹녀가 천하의 오입쟁이 변강쇠에게 투정을 부렸다.

"건장한 저 신체에 밤낮 하는 것이 잠자기와 그 노릇뿐, 굶어죽기 고사하고 우선 얼어 죽을 테니 오늘부터 지게 지고 나무나 하여옵소."

옹녀의 투정을 받고서 강쇠가 나무를 하러 갔다. 그런데 하라는 나무는 안 하고 장승을 빼내어 지게에 지고 왔다. 이를 보고 깜짝 놀란 옹녀가 말했다.

"에그, 이게 웬일인가. 나무하러 간다더니 장승 빼어 왔네그려. 나무 암만 귀타 하되 장승 빼어 땐단 말은 듣도 보도 못했소. 만일 패어 때었으면 목신동증木神動症 조왕동증竈王動症 목숨 보전 못할 테니 어서 급히 지고 가서 전 자리에 도로 세우고 왼발 굴러 진언眞言 치고 달음질로 돌아옵소."

나무장승, 광주시 남한산성면 검복리

그러나 강쇠는 도끼 들고 달려들어 장승을 패어 군불을 지핀다. 이에 함양장승 대방이 발론하여 통문을 보내 조선 팔도 장승을 모두 소집하여 장승동증을 발 동해 강쇠를 공격한다.

〈변강쇠전〉의 한 대목이다. 장승 동티 난 변강쇠 이야기가 소설과 판소 리로 두루 전해지는 것으로 미루어 당대 사람들은 장승은 건드려서는 안 되는 영물로 인식했다. 장승은 무엇일까? 근대 민속학의 개조 손진태는 장승을 이렇게 정의했다.

장생長栍은 Devil Post 또는 천하대장군의 이름으로 외국인 사이에 가장 선전 되어 있는 조선 민속의 하나다. 지금은 점점 없어져가지만 왕년 이 목우木偶는 도처에 건립됐다. 보통 장승이라고 하나 몇 개의 다른 이름도 있다. 대강 분류 하면 ① 목장승·돌장승(물질상으로), ② 이정표로서의 장승·수호신으로서의 장 승(성질상으로), ③ 사원의 장승·읍촌 동구 장승·경계의 장승·노변의 장승(장소상 으로) 등으로 구별할 수 있을 것이다.

모든 연구자가 끊임없이 장승의 기원을 추적해왔다. '예부터 있어온 문 화'라고 애매하게 말해서는 답이 풀리지 않는다. 장승의 출발은 어쩌면 대단히 복잡한 경로를 지니고 있는지도 모른다. 그리고 초기의 장승과 현 존하는 장승이 똑같은 모습이었다고 말할 수도 없을 것이다.

우선 명칭부터 다양하다. 경기·서울 지역의 장승, 관서·관북 지방의 당 승, 전라도나 경상도의 장승·벅수·법수·벅시, 충청도의 수살막이·수살목·장승·장신 등이 그것이다. 마을 신격을 나타내는 뜻으로 할아버지·할 머니 당산으로 부르기도 하며 미륵신앙과 결부돼 미륵으로도 부른다. 가 장 보편적인 이름은 역시 장승이며, 그다음이 벅수다. 일괄하여 장승이라 부를 뿐, 남도에는 벅수도 만만찮게 많이 쓰인다. "왜 벅수같이 서 있냐" 라는 속담처럼 벅수도 흔한 말이다.

장승의 기원을 추정하는 것은 애매하다. 신라와 고려 시대에 장생長生· 장생표주長生標柱·국장생석표國長生石標 같은 이름으로 미루어 장승의 역 사를 '장생'에서 구하려는 사람도 많다. 거대한 사찰 소유지를 보유하고 있을 때 그 경계를 표시하는 의미에서 장승을 세웠다는 장생고표지설長生 庫標識說이 그것이다. 일찍이 《신증동국여지승람》에도 도갑사 장생이 등 장하며, 후대의 허목은 《미수기언眉叟記言》에 다음과 같은 시도 남겼다.

장생의 돌 푯말 보이지 않으니
천고에 어찌하여 함부로 속여왔나
괴이한 일 아득하니 뉘라서 알아내랴
홀로 선 내 마음 슬프게 하네

그러나 단순한 경계 표지석이 사람의 얼굴을 한 장승으로 바뀐 이유가 설명되지 않는 한 설득력이 약하다. 그 밖에 솟대·선돌·서낭당같이 한민 족 고유의 토착신앙에서 기원했다는 설, 고대 사회의 남근 숭배에서 기원 했다는 설, 더 나아가 퉁구스문화설같이 인근 지역과의 비교문화적 관점 에서 제기되는 설도 만만찮다.

나무장승, 1903

북미 인디언 퀴키우틀 족의 집지킴이

하와이 신상

하와이의 목조각, 비숍박물관, 19세기   시베리아 바이칼의 부랴트족 신상

나는 장승의 기원을 멀리 선사시대에서 찾는다. 한편으로는 북아시아 전역에 널리 퍼져 있는 다양한 신상에서 힌트를 얻는다. 특히 축치·코랴크·유카기르·길랴크·골디·오로치 등 시베리아 일대의 고아시아족 목각 신상은 우리의 장승과 너무도 비슷한 영감을 던져준다.

원시 사회의 신상이 오늘날 장승으로 그대로 이어지지는 않았을 것이다. 현존 장승은 특히나 조선 후기의 산물이기 때문이다. 비록 중세 사회에서 질적으로 변했다고 하더라도 상고시대에 이미 어떤 원형이 있었음은 부정하기 어렵다. 여전히 풀리지 않는 의문점이며 미완의 장이다.

장승의 기원은 어느 하나만의 설로 해결될 것이 아니다. 모든 민속 현상이 그렇듯이 고유의 전래설과 더불어 비교문화설을 함께 검토해야 한다. 기원 문제야 어찌 됐건 간에 우리 민족의 생활과 풍습 속에서 유전하는 독자적인 문화틀로서 그 나름의 변화, 발전을 거듭해온 것만은 사실일 것이다.

장승에 담긴 전형적인 표정은 그 자체가 주위에서 흔히 만날 수 있는 할아버지, 할머니의 모습이다. 또 해학과 분노, 기괴함과 웃음을 함께하는 이 땅의 주인공의 것이다. 장승의 기원 문제와는 별도로 '조선 토종'임을 웅변해준다. 그들 조선 토종을 서양인은 어떻게 보았을까?

우상과 맞닥뜨린 서양인

150여 년 전의 일이다. 1868년 흥선대원군의 아버지 남연군의 묘를 도굴한 독일 상인 에른스트 J. 오페르트는 장승을 접한 서양인 중 하나다. 그는 1886년 펴낸《조선기행》에서 '우상'을 이렇게 표현했다.

사람이 수백 명이나 살고 있는 꽤 큰 마을에서 나는 벌써 여러 번이나 키가 서로 다르지만 나무로 만든 막대기가 여러 개 길가에 서 있는 것을 본 일이 있는데, 과연 이것은 특별한 관심을 끌지 않을 수 없는 것이었다. 내가 이것을 자세히 보았을 때 나의 놀라움은 얼마나 컸던가! 자세히 알고 보니 이것은 바로 동리의 우상신이었으며, 사원 혹은 기도소를 대신하는 것이었다. 더구나 이것을 보호할 생각이라고는 하나도 없이 행길가의 땅바닥에 그냥 박아놓았을 뿐이지 그 이상은 아무 의식도 갖추지 않고 있었다. 키가 대강 두 자에서 네 자가량 되는 통나무 토막에 하느라고 했다는 장식이라는 것은 다음과 같았다. 사람들이 그 나무껍질을 벗기고 그 위쪽 끝에다가 가장 원시적인 기술로 기분 나쁘게 찡그린 얼굴을 새긴 것이 곧 모든 장식이다.

오페르트가 장승에게서 '우상' 이상의 의미를 발견하지 못했음은 당연하다. 서양인이 제3세계 문화를 처음 대할 때 문화적 상징물을 대개 '우상'으로 보는 탓이다. 그로부터 얼마 뒤에 들어온 선교사 게일의 말을 들어보자.

당시 조선의 큰길이나 샛길에서 마주치는 장승들. 그들의 얼굴에 드러난 이빨과 이글거리는 눈을 보면 무의식중에 이스라엘인이 숭배하는 다곤Dagon, 몰록 Moloch, 그모스Chemosh, 발Ball과 같은 신이나 우상을 생각하게 될 것이다. 미국인은 우상에 관해 들었고 박물관이나 성경책을 통해 그런 것을 보았다. 그러나 우상을 실제로 자기 눈으로 볼 수 있으리라고는 거의 생각하지 않았다.

이렇듯 장승은 외국인에게 가장 널리 알려진 우리 문화의 상징물이었다. 그들은 조선에서 '우상'을 직접 본 셈이다. 성경책과 박물관에서나 보던 '우상'이 한국의 길가에 널려 있다는 사실을 감격스럽게 기술했다. 외국인은 예외 없이 '이교도의 생활 풍습'에서 묘한 느낌을 받았다.

장승 앞을 지나는 일본군 전달병,
영국 신문 The Sphere, 1904

저마다의 임무를 부여받은 장승

장승은 세운 장소에 따라 그 기능이 다양하다. 가장 크게는 마을과 사찰 그리고 읍성을 수호한다. 때로는 이정표 기능만을 담당하기도 한다. 장승

을 단독으로 세우는 경우는 드물다. 남녀를 상징하는 두 기가 마주 보고 있거나 나란히 서 있다. 동·서·남·북·중앙의 오방에 다섯 장승이 서 있는 경우도 있어 음양오행 사상의 일면을 보여주기도 한다.

장승에는 대개 기문記文이 쓰여 있어 저마다 임무를 부여해준다. 천하대장군·지하여장군·축귀대장군·토지대장군·방어대장군·상원주장군·하원당장군……. 주종은 역시 '천하대장군'과 '지하여장군'이다. 장군 명칭을 뒤에 붙인 것은 용맹한 '무장적 수호신'이 마을을 지켜 주리라는 기대 심리 때문이다.

가장 보편적인 장승은 역시 마을장승이다. 수구신水口神·노신路神·거리신·오방지신五方之神 등이 마을장승 신격에 가장 근접한 명칭이다. 오가는 거리에 자리 잡은 거리신으로 신의 서열에서는 아랫자리다.

장승은 비단 마을 지킴이로만 있는 것이 아니다. 짐대(당간)처럼 불이문으로 들어가기 전에 수문장같이 우뚝 서서 불법을 수호한다. 예천 용문사 호법대장군·삼원대장군, 함양 벽송사의 호법대신·금호장군 등이 바로 그것이다. 또 고을의 읍성이나 진성鎭城·병영·해창海倉에 장승을 세워 공공의 시설을 보비하는 기능도 지닌다. 부안읍성이나 장흥 관산읍성, 순창 남계리 등의 장승이 바로 그것이다.

강진 병영의 하고마을에는 병영성을 수호하기 위한 한 쌍의 벅수가 전해지며(아깝게도 1984년에 도난당했다), 해미읍성에는 동서남북에 미륵장승이 전해진다. 부안읍성에는 현재 동문과 서문에 각각 당산이 전해진다. 읍성 중앙에는 성황산이 자리 잡고 동문에는 돌짐대가 1기 서 있다. 보조 하위신으로 할아버지당산과 할머니당산이 있는데, 이들 할아버지와 할머니

골맥이장승, 김천시 농소면 봉곡리, 국립민속박물관, 1962

가 바로 장승이다. 서문 안에는 주신인 돌짐대 1기와 그의 부인이 서 있고, 수문장 역할을 담당하는 할아버지와 할머니 장승이 서 있다. 명문으로 미루어보아 1689년(숙종 15)에 세웠다.

실학자 이덕무의 《청장관전서》를 보면 "후자堠子는 이정을 표시하기 위해 흙, 돌을 쌓은 것으로 옛날의 장정長亭, 단정短亭이던 것이 오늘날 와전되어 장승, 장생, 장성이 됐다"라고 되어있다. 이같이 이정표 역할을 담당하던 장승을 이름 하여 노표路標장승이라고도 부른다. 현재 노표장승은 전해지지 않으며 간혹 목장승 하반신에 '한양 50리, 과천 30리' 하는 식의 리 수를 기록한 장승이 전해질 뿐이다.

이들 각각의 장승을 자리매김하다 보면 어떤 것이 먼저 생겼는지 의문이 든다. 가령 사찰장승이 먼저인가, 아니면 마을장승이 먼저인가 하는 문제다. 대개의 민속 문화가 그렇듯이 이 경우에도 어떤 물적 증거는 없다. 다만 나는 마을장승이 먼저였을 것으로 생각한다. 민간에서 널리 존속되어온 장승이 무불 융합을 거치면서 사찰에 수용된 것이 아닐까. 물론 아직은 풀리지 않은 수수께끼다.

장승 창작의 치열함

'험악한' 얼굴, 차라리 친근하고 우스꽝스러운 얼굴, 위엄과 권위를 지키려는 안간힘, 왠지 웃음기가 배어나오는 표정, 시집·장가 가는 총각 처녀의 옷차림새, 위압감을 줄 정도로 험상궂은 표정, 우락부락한 거인, 비쩍

마른 놈, 오동통하다 못해 비만에 걸
린 놈, 왕방울처럼 불거져 나온 눈망
울, 어울리지 않는 관모, 기괴하게 찢
어지거나 배꼽을 잡도록 웃기는 모습으
로 벌린 입……. 이들 천태만상의 차림새
는 우리 민중의 얼굴 그대로다.

한평생 노동에 찌들면서도 웃음과 낙
관적 세계관을 잃지 않던 민중의 따스한
체온이 전해진다. 그런가 하면 〈변강쇠타
령〉에서처럼 기어이 엄벌을 내리는 데서
민중적 수호신의 권위도 읽을 수도 있다.

그렇다면 왜 장승의 얼굴에 그러한 민
중의 표정이 담기게 됐을까? 그 배경은
결코 단순하지 않다. 16세기 임진·병자
양난을 겪으면서 민중은 전례 없던 전쟁
의 참화를 겪어야 했다. 그리하여 조선 후
기의 사회적 모순은 무수한 민란을 야기했으
며, 각성된 민중은 더 구체적으로 자신들의 사회
정치 의식을 조형물로 담아내기 시작했다. 민중
의 수호신상으로서의 성격이 두드러진 장승이
대거 출현했고, 동시에 민중 스스로의 자화상
이라 할 수 있는 순박한 장승을 같이 세웠다.

함양 벽송사의 호법대신

　　물론 이들 장승이 전래의 장승 모체에서 변화, 발전한 것임은 의심의
여지가 없다. 조선 후기에 발생한 장승 창작의 치열성은 가히 '장승문화
의 르네상스'라고 지칭할 만하다. 운흥사 입구에는 1719년에 세웠다는
명문이 새겨진 돌장승이 전해져 사찰장승의 연도를 분명히 해준다. 무안
의 총지사, 법천사, 월출산 도갑사, 상주 남장사, 합천 북방사의 장승도 모
두 조형미가 뛰어난 조선 후기의 사찰장승이다. 이들 사찰장승은 돌장승
이 다수이며, 조형감각이 뛰어나다.

나무와 돌은 느낌부터 다르다

변산반도 도깨비 장승

　　민중적 조형물로서 장승을 바라볼 때 재질은 대단히 중요
하다. 목장승은 중부 지역에 많고 돌장승은 영호남과 제
주도에 많지만, 그렇다고 일률적이지는 않다. 목장승
은 10년을 넘기지 못하므로 해마다 혹은 몇 년에 한 번
씩 새 장승을 세워야 한다. 이전에 세웠던 장승은 비바
람에 썩어 무너져 내리고 새롭게 단장한 장승이 그 자
리를 물려받는다. 목장승은 매번 새롭게 창조되기에
전대의 장승과는 조금씩 다르게 변해왔다.
　　수명이 오래 가기로는 역시 돌장승이다. 특히 전라
도나 경상도에 산재하는 벅수라고 불리는 돌장승은
뛰어난 조형성과 유구한 역사성으로 그 가치를 높게

나주 운흥사 돌장승

통영 미륵섬 돌벅수

나주 불회사 돌장승

남원 운봉면 돌장승

상주 남장사 돌장승

남원 운봉면 북천리
축귀장군 벅수

나무장승, 1920년대

평가받는다. 바로 이들 돌장승에서 조선 후기의 장승이라고 정확히 지칭할 수 있는 증거물을 확인할 수 있다. 돌이 지닌 특유의 질감과 내구성, 세월이 지나면서 풍상에 씻긴 형체, 연륜이 쌓인 이끼에서 완숙해질 대로 완숙해진 장인의 모습을 떠올릴 수 있다. 그 솜씨 좋은 장인은 바로 당대 민중의 모습 그대로였다.

장승은 그것을 빚는 당대 사람의 의식과 취향, 조형 솜씨의 차이에 따라서 대단히 불규칙하게 변해왔다. 오늘날 전해지는 경기도 광주의 엄미리 장승은 목장승의 뛰어난 조형성을 보여주지만, 지역에 따라서는 아주 형편없는 조형성을 보여주기도 한다.

광주 성촌마을의 돌벅수 중에 할아버지벅수는 머리에 탕관을 쓰고 있는데, 타원형 눈, 세모난 코, 한일자로 다문 입, 굽은 팔자수염 등이 근엄한 표정을 만들어낸다. 곡성 가곡리 여자 장승은 어여머리 형태에 삼산관三山冠을 쓴 것처럼 세 부분을 돋을새김으로 표현해 이채롭기만 하다. 반면에 남자 장승은 당당한 장부의 기상이 엿보인다. 곡성 탑동의 대장군장승은 휘어진 자연석을 이용해 만들었는데, 아주 해학적인 표정이 재미있다. 무안 법천사 돌장승은 목 부분만 뚜렷하게 파내어 상하를 구분하는 조각 수법을 썼다. 얼굴의 눈, 코, 입 등은 주위만을 파내어 사실적인 입체감이 부족한 편이나 해학과 기괴스러움을 아울러 갖춘 벽사의 상징성이 잘 표현된 장생이다.

장승의 생김새를 좀 더 구체적으로 살펴보자면 체구, 머리와 이마, 눈매, 귀, 코, 입, 이, 표정, 턱, 수염, 어깨, 옷 등을 일일이 눈여겨보아야 한다. 웃는 얼굴이면서도 근엄하고, 성이 나 있으면서도 노기를 숨기고, 때로는 볼이 터질 것 같은 웃음을 참는 지혜로움을 담고 있다. 도깨비를 닮았거나 부처, 문무관, 시골 노인의 모습을 연상시키는 등 천태만상이다. 남장승과 여장승을 구분하여 신랑과 각시의 차별성을 부각시키기도 한다. 어쨌거나 이들 장승의 조형성은 바로 민중적 미의식의 압권으로 그 자체가 '토종 조선 사람'의 얼굴이자 시대의식을 반영한다.

장승을 지명수배하며

유구한 역사 속에서 민중의 생활과 더불어 호흡해온 장승은 어디로 갔는가. 많은 장승이 일찍이 우리 곁을 떠나버렸다. 고향을 떠나온 장승은 우선 음식점이나 민속촌 입구에 서서 손님을 맞는 관광장승으로 새 살림을 차렸다. 아니면 지방자치단체에서 이정표를 겸하여 고갯마루 같은 길목에 세우기 시작했다. 이들 장승은 대개 신랑 각시를 나타낸 형상으로, 사모관대에 연지를 찍은 모습이다.

　이상스러울 정도로 한결같은 것은 모두 '못난이 장승'이라는 점이다. 어떤 것은 달려가서 뽑아버리고 싶을 정도로 그 모습이 조악하기 이를 데 없다. 국가기관에서 막대한 예산을 들여 아예 돌로 깎아 세운 장승도 곳곳에 들어섰는데 '장승 제작 금지령'이라도 내려야 할 판이다. 단순하면서도 미적 감각이 뛰어났던 민중적 창조력은 다 어디로 갔는가.

　더 큰 수난은 장승이 대거 도둑맞고 있다는 사실이다. 공유보다는 개인소유가 앞서고 정신보다는 물질이 승한 시대에 진정한 문화유산을 이어

새만금 장승, 부안군 변산면 해창 갯벌, 최병수 제작

나가기란 어려운 일인가 보다. 모든 것은 제자리에 있을 때 가장 아름답다는 불멸의 진리를 우리는 잊었다.

　반가운 소식도 있다. 일부에서나마 장승이 되돌아오기도 한다. 마을장승이 이제는 학교 같은 사회 집단을 지켜주는 장승으로 새롭게 태어난 것이다. 1980, 90년대에 유행하던 '민족통일대장군', '민족해방여장군' 따위의 시국장승에서 장승문화의 당대성을 읽는다. 세련미는 넘치지만 왠지 민중적 조형성과는 다른 것 같아 한편으로는 안타까운 마음이 든다.

풍물굿

1799~

본질은 대동놀이다 23

아주 오래 전 신명축제예술단의 통일 염원 대동굿 '뚫으세 뚫으세 물구녕을 뚫으세'를 보면서《한겨레21》에 다음과 같이 다소 '흥분'된 글을 쓴 일이 있다.

오랜만의 벅찬 감동!

공연 하나를 보고서 왜 그런 '포괄적'인 감동을 느껴야만 했을까. 여기에는 필연적인 하나의 사연이 있으니 1970년대로 거슬러 올라간다. 몇몇 대학에 이른바 '농악패'가 조직됐다. 그리고 1980년대 중반을 넘어서면 풍물굿 논의가 무성해지면서, 아울러 '축제에서 대동제로' 같은 화두가 던져졌다. 농악이란 말에 대한 반성이 풍물굿으로 개념을 정립하는 계기가 됐고, 대동굿이 대학가를 점령했다.

그러나 사태가 짐짓 해체주의로 흐르자 이내 대동굿은 사라졌고, 풍물굿의 음악성만 강조하는 분위기로 치닫게 됐다. 풍물굿을 음악으로만 파악하려는 의도가 공연의 기동성 확보라는 점에서는 타당할지 몰라도, 어디까지나 전술에 불과한 것임을 부정할 수는 없다. 이제 우리에게 정작 필요한 것은 전략이 아닌가.

풍물굿은 1995년 뉴욕에서 열린 '해방과 유엔 창립 50주년 기념음악회'에도 '주연 배우'로 출연했다. 불과 네 명으로 구성된 사물놀이패는 1980년대 이래로 전 세계를 돌면서 우리 음악의 대명사가 됐으니, 대영백과사전에는 아예 '사물놀이를 즐기는 사람들'이란 뜻의 '사물노리안'이란 명사가 올랐다.

우리 문화가 사라지고 우리 문화에 애정이 없다는 식의 한탄이 습관처럼 오르내리는 시대에도 풍물굿은 가히 압승을 거두고 있다. 대학교에 풍물패가 꾸려졌고, 노동조합에도 풍물패가 있다. 풍물굿이 전통적이되 아주 현대적이란 증거다. 그렇다면 풍물굿에 어떤 '근대성'이 깊숙이 내재된 것일까.

사물놀이가 하나의 전술이라면, 풍물굿은 전략이라는 것이 내가 주장하는 바다. 전술은 기동성과 공격성이 뛰어나야 한다. 사물놀이패 네 사람이 전 세계를 누비며 풍물굿의 음악성을 세계에 드러냈을 때 세계가 놀랐고, 우리의 음악이 세계성을 인정받았다는 데서 우리 스스로가 놀랐다.

걸궁(당산밟림), 송석하 자료, 국립민속박물관, 1938

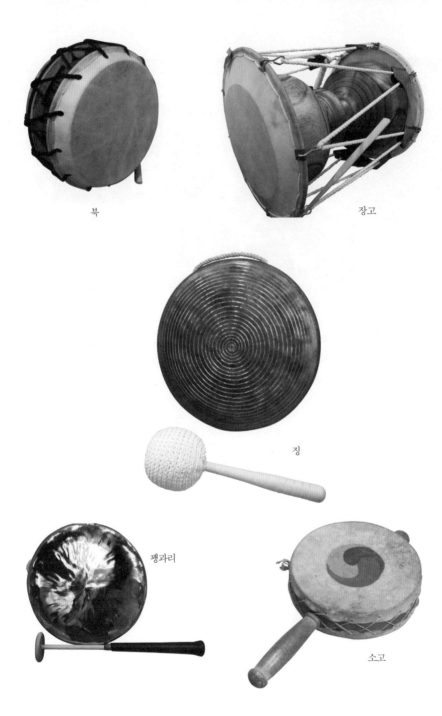

북

장고

징

꽹과리

소고

그러나 사물놀이는 우리 시대가 거둔 중요한 전리품이기는 하되, 하나의 전술일 따름이다.

그러면 풍물굿이라는 전략의 본질은 무엇인가? 말할 것도 없이 대동성이다. 노래, 춤, 신앙, 노동, 전투 따위가 모두 망라된 대동놀이야말로 풍물굿의 알파요 오메가다. 놀이는 음악보다 넓은 개념이다. 문화사가 요한 하위징아는 '놀이하는 인간'을 다룬《호모루덴스》에서 이렇게 말한다.

우리는 아주 당연하게 음악은 놀이의 영역 안에 포함된 것이라고 여길 수밖에 없다. 음악을 만든다는 것의 발단부터가 놀이 고유의 형식적 특징을 모두 갖고 있기 때문이다.

이렇게 풍물굿은 그 대동성으로 말미암아 '토털 아트'에 이르게 된다. 그러면 풍물굿은 어떤 연유로 그렇게 된 것일까? 우리는 그 이유를 역사에서 찾아야 한다. 풍물굿이 흘러온 역사 속에서 오늘을 다시금 자리매김할 수 있기 때문이다.

농악이냐, 풍물굿이냐

풍물굿의 역사를 논하기 전에 우선 '풍물굿이냐, 농악이냐?'라는 오랜 논쟁부터 정리하고 들어갈 필요가 있다. 결론부터 말하면, 나는 '풍물굿' 쪽이다. 심포지엄에서 만난 선학 한 분이 이렇게 물었다.

"농악이나 풍물굿이나 다 똑같은 말 아니오?"

물론 맞는 말이다. 학자가 쓴 보고서를 보면 한결같이 농악으로 명시돼 있다. 그런데 1970년대 이래로 풍물굿에 관심을 기울인 수많은 '굿쟁이'는 모두 풍물굿이란 말을 고집한다. 어째서 이런 구분법이 생겼을까? 나는 이렇게 생각한다.

"농악이라고 표현하는 사람과 풍물굿이라고 표현하는 사람의 생각은 결코 같을 수가 없다."

조선시대 양반의 문자에는 '쟁고錚鼓·금고金鼓' 따위가 등장한다. 그러나 민중이 실제로 그렇게 불렀을 것 같지는 않다. 오히려 민중은 '풍물굿, 지신밟기, 뜰밟이, 매귀, 매구, 풍장, 두레, 걸궁, 걸군, 글입' 따위의 다양한 명칭을 필요에 따라 수시로 바꾸어 불렀을 것이다. 집집마다 돌아다니면서 돈이나 쌀을 거두는 걸립, 마당을 밟아주는 뜰밟이(지신밟기), 두레의 들풍장, 마을 당산에서 치는 당산굿……. 각기 자기 쓰임새에 따라 다른 이름을 지녔다. 대학생 수천 명이 전수를 받았을 정도로 소문난 풍물굿 마을인 전라북도 임실군 필봉마을에서도 '굿친다'고 하지 농악이라 하지 않는다. 굿, 바로 그것이 정답이다.

농악이란 말이 처음으로 공식화된 시기는 일제강점기다. 따지고 보면 조선시대까지는 '농민·농촌'이란 말도 없었다. '향곡鄕曲에 살고 있는 민民' 같은 표현으로 농촌과 농민을 나타냈다. 조선시대의 농악 운운하는 표현은 문헌상으로나 민중의 현장 용어로나 확인되지 않는다.

그런데 일본인 학자가 쓰기 시작한 이후 학계에서는 일사분란하게 농악이란 말을 써왔고, 아직까지도 그렇다. 무용학자 정병호는 정작《농악》

에서 다음과 같이 정리한다.

두레패 노래 농가월령가,
일제강점기

농악 명칭은 우리나라 예능을 한자로
정리할 때 나온 어휘라고 추측된다.
국악은 정악正樂과 속악俗樂으로 나누
는데, 속악 중에서도 '농촌의 음악'이
라는 뜻으로 쓰인 것 같다. 농악이라
는 말이 문헌상 처음으로 기록된 것은
1936년 조선총독부에서 발행한《부락
제》라는 책에서였다. 따라서 농악이라
는 말은 일제강점기에 생긴 말임이 틀
림없을 것이다.

농악은 문자 그대로 '농촌의 음악'이란 뜻이다. 하지만 풍물굿이 어디
음악이기만 하던가. 1985년에 화가 김봉준 등과 함께 민족굿회를 창설한
후 내가 편집해서 1987년에 발간한《민족과 굿》에서 풍물꾼 김원호는 이
렇게까지 말한다.

풍물굿에 대한 시각 중에서 가장 저해한 시각이 풍물굿을 가락 중심으로 바라
보는 점이다. 음악성이 아주 높다는 둥, 리듬 음악으로서 전 세계적으로 탁월
하다는 둥, 음악이라는 장르만으로 풍물굿 정신을 찢어발기고 있다. 이 여파는
상당해서 풍물굿의 현재 모습이 음악으로 분류되고 있으며, 일제강점기에 제

국주의자와 민속학자가 의도적으로 만들어냈던 농악이라는 말이 보편화되는 실정이다.

만약에 '농촌의 악'이라서 농악이라면, 현재 도시민이 치는 악은 '시악市樂', 공장에서 치는 악은 '공악工樂', 학생이 치면 '학악學樂'이어야 한다. 이쯤 설명하면 풍물굿이 농악 보다는 한결 포괄적이고 적확한 표현일뿐더러 역사적 연속성을 확보한 것임을 알 수 있을 것이다. 하지만 문제는 남는다. '풍물굿'에서 '굿'을 떼어내고 '풍물'이란 말을 자주 쓰는데, '풍물'이 실상 악기를 뜻함을 감안한다면 잘못된 표현이라는 지적이다. 백번 옳은 지적이니 앞으로는 집단적인 굿을 뜻하는 풍물굿과 악기를 뜻하는 풍물을 가려서 쓸 일이다.

농기, 청양군 송학리

이옥이 저녁밥을 지으며

풍물의 기원은 어디서 찾을까? 선사시대의 사슴가죽북, 삼국시대 사찰의 징, 고려시대 청자에 그려진 장구……. 이들 악기의 유물로만 보면 선사·

농기, 남원 삼동굿놀이

고대로 올라간다. 그러나 오늘날의 풍물굿 원형에 접근한 문헌 기록은 아무래도 후대로 내려온다는 게 학계의 일치된 견해다.

조선 전기인 1525년 성현의 《용재총화》에 실린 내용을 몇 줄로 요약해보자.

섣달그믐날 밤에 관상감에서는 어린아이 수십 명을 모아 궁중에 들여보내 북과 피리를 갖추고 새벽이 되면 방상시方相氏를 쫓아내던 풍습이 있었고, 이를 민간에서 모방하여 북과 방울을 울렸으니 방매귀方埋鬼라 불렀다.

방매귀는 악귀 쫓기로 보이니 집집마다 돌아다니며 지신밟기나 뜰밟이를 행하는 매귀굿의 원초형이다. 섣달그믐에 행하던 나례 의식에서 매埋굿 등이 시작됐고 이것이 풍물굿의 모태가 됐을 가능성이 있다.

그로부터 1세기 뒤인 1648년 김육이 쓴 《송도지松都誌》를 보면 사태가 분명해진다. 《송도지》에는 12월 하순에 북을 치면서 염리를 돌아다니며 쌀을 얻고 복을 빌어주는 대목이 나온다. 오늘날의 걸립굿과 기능은 비슷한데, 정월 대보름이 아니라 12월 하순에 행했고, 꽹과리·장구·징 등이 없이 북을 치면서 돌아다녔다는 차이가 있다. 사실 걸립의 역사는 이미 고려시대에도 확인된다. 광대·재인·수척 따위의 예인도 걸립을 놀았음이 분명하고, 《조선왕조실록》 곳곳에서 걸립·걸양乞糧 등이 확인된다. 그러나 오늘날 우리가 보는 것과 같이 완성된 형태의 걸립 풍습은 풍물굿이 좀 더 세련되고 화려해진 후대에 이르러서다.

성현의 시대로부터 150여 년 뒤인 1799년, 이옥의 《봉성문여鳳城文餘》

를 보면 사태가 분명해진다. 12월 29일에 매귀희埋鬼戱를 하고, 정월 12
일에 화반花盤을 했다고 한다. 조선 전기에도 행해지던 섣달그믐의 악귀
쫓는 전통이 이어지는 가운데, 정초에 걸립이 출현했음을 보여준다. 이
름 또한 매귀희, 화반으로 나타난다. 꽹과리 세 명, 징 두 명, 소고 일곱 명
이 종이꽃을 꽂고 집집마다 돌아다니는데 쌀을 문 밖에 내놓아서 화반이
라고 했다. 쌀과 돈을 얻으러 다니는 것은 걸공乞供이라고 불렀다. 매귀
희는 매귀굿, 종이꽃은 고깔, 화반은 꽃반, 걸공은 오늘날의 대보름 걸립
이다.

이옥이 누구인가. 이옥 연구가 김균태는 그의 업적을 '탈모화적 민족문
학', '조선적 문학', '고유문화 옹호'로 압축한다. 실제로 이옥은 시정잡배
의 생활, 사당이나 영등굿·걸립굿 따위의 서민 문화에 깊은 애정을 표했
으니, 나는 그를 '한국 민속학사'의 머리를 장식한 주체적 인물군에 넣기
를 주저하지 않는다.

그는 18세기 후반의 연암 그룹이나 다산 그룹과는 그 문학 세계가 판이
하던 김려 그룹의 대표적 인물이었다. 김려는 1801년(순조 1) 천주교를 신
봉하여 진해에 유배됐던 인물로, 글재주가 뛰어났다. 〈가수재전賈秀才傳〉,
〈삭낭자전索囊子傳〉, 〈장생전莊生傳〉 등의 소설이 전해진다.

김려의 영향을 받아서인지 이옥 역시 소설에 능했다. 사문난적斯文亂賊
으로 몰렸던 연암 박지원처럼 '불순한' 소설 따위를 쓰면 불우한 처지가
되는 게 당시의 실정이었다. 거기다 성균관 유생인 그가 33세에 소설 문
체로 과거에 응시해 논란을 일으킨다. 《봉성문여》의 〈추기남정시말追記南
征始末〉에 따르면, 그의 나이 36세 때 정조는 문체가 괴이하다고 하여 삼

가현(지금의 구례)의 군적軍籍으로 편입시켜 쫓아낸다. 다시 고향으로 돌아왔으나 40세 되던 해, 삼가현에서 재차 소환을 받아 그해 10월에 다시 내려간다.

삼가현 서문 밖에서 남의 방을 빌려 기거하며 밥조차 사먹으면서 지냈는데, 그때 보고들은 인정과 풍물을 기록한 것이《봉성문여》다. 18세기의 마지막 황혼이 저물어갈 때 저녁밥 짓는 냄새를 맡으면서 기록을 남겼으리라. 그의 나이 41세 되는 해 2월 18일에 귀경했으니 삼가현에 머물렀던 기간은 1799년 10월 18일부터 만 118일이었다.

이 기간 동안 이옥은 풍물굿에 대한 소상한 기록을 남긴다. 물론 이옥의 시대인 18세기 말 이전에도 풍물굿은 있었다. 그 태동의 역사는《송도지》의 매귀희魅鬼戱(나쁜 귀신을 땅에 묻는다) 기록이 17세기 중엽인 것으로 보아 1600년대 중반기까지 소급되는 것으로 보인다. 그러나 더 완벽한 형태의 풍물굿이 완성되기까지는 일정한 시간이 필요했을 것이다. 다음의 기록을 보면 이옥이 살던 당시에 걸립굿이 막 시작됐다는 정황이 드러난다.

매귀희가 유행하는 촌락에서는 쌀과 돈을 구하러 다니는 사람이 있으니, 이름하여 걸공이라고 한다.

이 내용으로 미루어 아직 '유행하지 않은' 촌락도 많다는 추론이 가능하다. 그간 막연하게 매귀희로 표현하거나, 소박한 개념의 금쟁金錚·고고鼓 따위로 표현하던 차원에서 벗어나,《봉성문여》에 이르면 아주 구체적으로 매귀희, 화반, 걸공 등이 등장한다. 오늘날 우리가 접하는 풍물굿의 매귀·꽃반·걸립 따위가 18세기 말에는 완전히 정착 단계에 있었음이 확인된다.

김육이 《송도지》를 쓴 1648년은 병자호란이 끝나고 사회가 새롭게 재편되던 조선 후기의 첫머리다. 이옥이 《봉성문여》를 남긴 시기는 18세기를 마감하고 19세기로 넘어가는 시점이다. 임진왜란 이후 19세기에 이르기까지는 농업 생산력이 높아지고, 민중이 성장하던 때다. 따라서 평안도 농민전쟁, 임술농민항쟁, 동학농민전쟁 등 변혁의 시대였던 19세기가 시작되는 바로 그즈음에 민중은 자신의 분출되는 힘에 가장 알맞은 풍물굿이라는 표현 양식을 찾고 발전시켰다.

저물어가는 18세기의 저녁 무렵 한사寒士 이옥이 서문 밖에서 밥을 사 먹으면서 풍물굿이 시작되던 당대의 정황을 정확히 그렸던 때로부터 3세기가 지나고 있다.

"땅도 땅도 내 땅이요, 조선 땅도 내 땅이다"

19세기에 이르면 민란이 터지는 곳마다 맨 앞에 풍물굿이 나섰다. 일제강점기에 농민이 주재소 앞으로 몰려가 소작쟁의를 벌일 때도 삼채 가락이 이렇게 쏟아져 나왔다. "땅도 땅도 내 땅이요, 조선 땅도 내 땅이다!" 그 전통에 따라 1970~1980년대의 어려운 고비마다 굿패들은 똑같은 소리를 질러댔다. 도대체 풍물굿에는 어떤 변혁적 역동성이 흐르고 있는 것일까?

아무래도 노동의 현장에서 얻어진 힘에서 해답을 구해야 할 듯하다. 애

뜰밟이, 시흥월곳, 1950년대

초에 풍물굿은 악귀를 쫓고 복을 구하던 신앙 풍습에서 비롯됐을 가능성이 높다. 적어도 문헌상으로는 그렇다. 그러나 모내기 노래를 부르면서 논북을 치던 모방고, 김매기의 두레풍장굿은 가닥이 다르다. 1738년(영조 14) 11월의 《승정원일기》 881책에는 이렇게 적혀 있다.

상上이 말하시다.

"원경하 어사 때 속공屬公한 것은 모두 사중寺中 기치旗幟였는데 지금 이 서계書啓에 민간의 쟁고錚鼓 기치를 민간에 돌려주자는 요청이 있는데 민간에 이런 물건이 이전부터 있었던가?"

인명寅明이 말하다.

"민배民輩 경획耕獲 때 모두 이 소리로 소리를 내어 일을 하게 하는 것입니다. 원경하가 당초 이를 금단한 것은 비록 나라를 위해 후환이 될 것을 우려해서 취한 것이지만 이것은 지나친 염려입니다. 인심이 이반하면 호미와 고무래, 가시나무 자루가 모두 도둑이 될 수 있는데 어찌 병기兵器 없는 것이 걱정이 되겠습니까. 이것들은 본래 민물民物이 되어서 갑자기 속공하면 의당 민원이 돌 것입니다."

태량泰良이 말하다.

"민물은 결코 속공할 수 없으니 어떻게 할까요?"

상이 말하시다.

"복험復驗의 직임이 어찌 조각쇠를 집으로 가져가는 것을 상대할 것인가? 이상스러워 놀라지 않겠는가? 그 깃발은 군문軍門에서 보통 쓰는 것과 같은가?"

태량이 말하다.

"모두 쓸모없는 물건이고, 또 이미 백 년이 된 민속이어서 금지하기도 어렵습니다."

풍물의 '위험성'을 논하는 대목이다. 무엇보다 '백 년 민속'이란 표현에 주목하자. 앞에서 설명한 1648년 《송도지》의 매귀희로부터 100년을 더하면 1748년이 되니, 《승정원일기》의 1738년은 '100년 민속'에 근접한 연대다. 옛사람이 오래됐음을 뜻할 때 쓰는 '백 년'이라는 시간관념을 곧이곧대로 받아들일 수야 없지만, 17세기 정도에 풍물굿이 확산되기 시작했음은 어느 정도 유추할 수 있다.

바로 이 시기는 이앙법이 본격적으로 확산된 때이며, 두레의 역사가 시작된 때이기도 하여 그 앞뒤의 맥락이 맞아떨어진다. 이는 풍물굿의 역사가 농민의 두레에서 나왔음을 보여준다. 결국 풍물굿은 매귀굿에서 기원했으되, 노동의 힘겨움을 놀이로 풀어내던 농민의 일터에서 완성된 셈이다.

앞에 인용한 《승정원일기》의 내용을 보노라면 풍물굿의 변혁성을 떠올리게 된다. 이미 이때부터 지배층은 풍물굿에서 어떤 '불온한 기운'을 감지했을 것이다. 이후로도 풍물굿의 '불온성'은 계속 이어졌다. 1738년으로부터 150여 년이 지난 1894년, 동학농민군이 이동할 때 영기 뒤에는 호적·북 같은 악기가 뒤따라 다녔다. 농민군은 악기의 차이만으로도 자기 진영을 알아볼 수 있었을 것이다. 이들 악기와 연희적인 요소, 가령 길군악 같은 요소는 바로 일상적인 생활에서 단련된 것이었지만 유사시에는 군악대의 역할도 했다.

걸립굿, 부안군 보안면 우동리

　고부 봉기 당시 주모자는 1월 10일(양력 2월 15일) 밤 배들평을 중심으로 10여 마을의 풍물굿패를 동원해 예동禮洞에 수천 명을 모았다. 이 자리에서 전봉준은 조병갑의 학정을 일일이 들어 봉기를 선언하고 나서 대오를 둘로 나누어 고부 관아로 향했다.

　음력으로 이날은 정초에서 대보름 사이이므로 한창 걸립굿이 벌어지는 시기다. 10여 개 마을의 걸립꾼이 모였으니 한 마을당 30명쯤으로 어림잡아도 대략 300여 명은 모였을 것이다. 그 외의 동리 사람까지 합한다면 수천 명은 모였을 것이니, 풍물굿패가 범지역적 합굿을 이뤘다고 볼 수 있다.

그로부터 몇 년 뒤인 1898년 조선 말기에 일어난 농민운동의 하나인 영학당英學黨 사건의 공초에도 농민군을 동원할 때 풍물을 쳤다는 기록이 나온다. 장에 가는 백성을 모으기 위해 날라리, 꽹과리, 징, 장구가 동원됐다. 이 같은 전통은 일제강점기에도 그대로 이어져서 풍물굿은 늘 불온시됐다.

19세기 후반부터 20세기 초반의 종교지도자였던 강증산은 어릴 때 풍물 가락을 듣고 크게 깨달음을 얻었다고 말했다. 그래서 증산은 자신이 행한 천지공사天地公事를 천하굿이라 불렀고, 풍물 장단으로 춤추면서 의례를 집행했다고 한다. 풍물의 대중성을 잘 알려주는 사례다.

돌이켜보면 1970~1980년대에도 풍물굿은 시위대를 모으는 역할을 톡톡히 했다. '자라 보고 놀란 가슴 솥뚜껑 보고 놀란다'고, 풍물굿 소리만 나면 경찰이 몰려들었다. 방독면을 허리에 찬 '로마 병정'이 굿판을 늘 지켜주었다. 일과 놀이의 한바탕 어우러짐이 변혁이란 토양과 만남으로써 풍물굿은 민중적 진취성을 얻은 셈이다. 그러나 과연 이쯤에서 풍물굿이 완성됐을까? 사태는 조금 더 복잡하다.

연예의 길로 나선 풍물굿

아주 오래전 내가 대보름 때마다 자주 들리던 부안의 반계 마을에는 벙어리 노인이 한 분 살고 계셨다. 당시 70대 초반의 노인치고는 힘이 장사지만 말만 못하는 게 아니라 듣지도 못한다. 행동거지마저 어눌하여 동네

대학 대동제의 길놀이, 1991

풍물굿의 또 다른 갈래인 배치기, 서산시 부석면 창리, 2004

아이들에게조차 놀림거리였다. 그런데 동네에서 대보름 줄다리기가 벌어지고, 대동 걸립을 다니기만 하면 어김없이 그 벙어리 노인이 나타난다. 어디 있다 왔는지 모르게 훌쩍 뛰어들어 신명 나게 한바탕 춤을 추는데, 지게목발을 가지고 추는 '막대춤'이 일품이었다. 평생을 지게만 지고 살아온 인생의 한풀이인 양 그 막대춤에는 달인의 경지가 엿보인다.

그의 '보릿대춤'은 또 어떤가. 엉덩이를 불쑥 내빼물고 꼽추처럼 등을 구부려 춤을 춘다. 그 춤을 보면 왠지 배우 앤서니 퀸이 꼽추로 나오는 영화 〈노트르담의 꼽추〉가 절로 생각이 난다. 가슴속에 응어리진 삶의 한과 고통이 발산되는 순간이다. 나는 그 모습을 볼 때마다 그 벙어리 노인이 야말로 굿판의 진정한 주역이고, 진짜 인간문화재라고 생각했다.

우리는 흔히 풍물굿을 잘못 알고 있다. 앞에서 이끄는 상쇠나 장구재비를 중심으로 본다. 그러나 가락을 이끄는 앞치배 못지않게 뒤에서 흥을 돋우는 뒤치배도 중요하다. 우리의 풍물굿은 아예 뒤치배를 조직적으로 발전시켰다. 뒤치배가 없으면 볼품이 없고 신명이 나지 않아 굿은 이내 깨지고 만다. 뒤치배의 으뜸은 역시 잡색이다. '농촌 탈춤'이랄 수 있는 〈잡색놀이〉에서 각시·양반·포수 등이 어우러져 거리굿을 연출한다. 공연자와 관객이 함께 어우러지도록 잡색이 무수하게 따라다니는 판굿은 풍물굿이 최고도로 발전한 대동굿판이 된다.

동네 판굿에서 뛰어난 기량을 자랑하다가 이웃 마을로 나서는 본격적인 걸립도 생겼다. 바야흐로 풍물굿이 본격적인 '연예의 길'로 나선 것이다. 더구나 풍물굿에는 또 다른 요소도 흘러들어왔다. 장터를 누비면서 연예를 팔며 살아가던 유랑 예인 집단의 세련된 기예가 풍물굿의 수준을 한껏 끌어올렸다. 먹고살기 위해 기예를 팔아야 했던 예인의 전문 기량은 일반 농민의 두레풍물굿에 비할 바가 아니었다. 남사당패가 마을로 들어와 한껏 기량을 과시할 때, 마을 상쇠도 전문 기량을 열심히 연마했다. 마을의 가난한 아이는 굶어죽지 않으려고 아예 남사당을 따라나서기도 했다.

풍물굿에는 군사적인 요소도 흘러들어왔다. 풍물패는 늘 행진곡풍의 질굿(혹은 길굿)을 치는데, 이를 길군악이라 한다. 길을 가는 군악이란 뜻이니, 보무도 당당하게 행진하던 군사적 풍습이 결합된 것이다. 풍물패의 상징인 농기, 명령 전달기인 영기도 바로 조선시대의 군기軍旗와 결합된 것이다. 덕수궁에 소장된 유물을 보면 알 수 있듯이, 용기龍旗·영기 등의 군기와 풍물패의 농기는 그 모양과 형태가 모두 똑같다. 농민이 국가적인 위엄을 갖춘 군사 깃발을 가져다가 자신들의 상징물로 만들어버렸다.

당대 농민은 그야말로 '향토예비군'으로서 유사시에는 늘 전투원으로 바뀌었다. 따라서 풍물패를 일사분란하게 이끌기 위해 자연스레 군사훈련 방식을 도입했다. 또한 풍물굿에는 다양한 진법陣法도 들어 있다. 진법이 무엇인가. 글자 그대로 전투 진용이다. '군문 열기' 같은 놀이에서는 완벽할 정도로 진법이 변용된다. 또한 풍물굿으로 유입됐을 것이 분명한 쇄납은 그 자체가 군악의 중심이다. 일명 태평소, 호적, 날라리라고도 하는 쇄납은 몽골에서는 '수루나이suru-nai', 터키·페르시아·인도에서는 '수르나sur-na'라고 하여 아시아에 널리 퍼진 악기다. 일찍이 《악학궤범》에 이르길 "태평소는 본디 군대에서 사용했다"라고 했다.

이렇듯 신앙·노동·군사·연예 같은 여러 요소가 지류처럼 합쳐져서 대하 같은 강물을 형성하여 풍물굿을 완성했다. 상쇠덕담의 신앙성, 진풀이의 전투성, 춤과 노래와 노래 가사의 총체적 예술성, 이 모든 것이 어우러져서 벼농사 현장에서 완성됐으니, 풍물굿의 폭과 깊이는 '장강대하' 바로 그것이다.

이렇듯 조선 후기 민중의 역사 속에서 성장, 발전한 풍물굿도 일제강점기 말에 '끝장'이 나버린다. 마을의 구장을 앞세운 순사가 집집마다 돌아다니며 놋젓가락과 징, 놋사발과 꽹과리를 공출해갔다. 총알공장 혹은 대포공장에서 녹인 징과 꽹과리는 총알이 되고, 대포알이 되어 각각 운명을

황룡기, 덕수궁
김제 신풍농기, 농협박물관

달리하게 된다. 어떤 놈은 남양군도로 향했고, 어떤 놈은 북만주로 향했다. 또 어떤 놈은 일본인의 총구멍으로 들어갔고, 어떤 놈은 징병 간 조선인의 대포 구멍으로 들어갔다.

풍물굿이 약화된 것을 어찌 일제의 탓만으로 돌릴 수 있겠는가. 브라스밴드가 들어와 길군악을 대체하게 됐으며, 장구 소리는 유치하고 바이올린 소리는 고급스럽다고 여기는 식의 그릇된 근대주의·개화주의가 풍물굿을 경시하는 풍조를 만들었다. 심지어 새마을운동도 풍물굿 보존을 막는 역할을 했다.

"별 따세 별 따세 하늘 잡고 별 따세"

풍물굿을 이야기하다 보면 흔히 명인의 계보를 꼽는다. 판소리 계보가 있듯이, 풍물굿도 계보가 있는 것으로 보는 시각이다. 그런데 나는 그런 견해에 썩 동의하지 않는 편이다. 이런저런 장단을 배울 수야 있었겠지만, 풍물굿은 '모태신앙'처럼 아기 때부터 온몸으로 체화되어야 제 가락이 나오는 법이다. 요즘이야 어느 선생님에게 가서 배웠다는 식으로 '주소 성명'이 분명할지 몰라도, 예전에야 자라면서 보고 들은 입장단으로 시작됐지 않은가.

악기를 치고는 싶은데 악기에 손대는 것을 막으니 살짝 건드려보았다가 혼이 나서 도망치던 아이, 무작정 따라나서서 동네 아저씨 어깨 위에 무등을 타고 넘실넘실 춤을 추다가 그대로 장단이 온몸에 밴 아이, 엄마

품에 안겨서 새근새근 자다가 풍물 치는 소리에 화들짝 놀라면서 소리에 익숙해져버린 아이…… 그렇게 배운 아이들에게 무슨 계보가 있고, 별도의 스승이 따로 정해져 있었겠는가. 아이들은 아주 자연스럽게 이런 입장단을 익힌다.

별 따세 별 따세 하늘 잡고 별 따세
줄기줄기 물줄기 골짝골짝 산줄기
꽁 꺾자 콩 꺾자 두렁 너머 꽁 꺾자

사실 풍물굿은 온몸으로 배워 나가는 것이지, 단순히 가락으로만 배우는 것은 아니다. 산굽이를 돌아서 고향을 찾아갈 때 먼 들판에서 아득하게 풍물굿 소리가 들려온다고 생각해보라. 어찌 보면 징과 꽹과리, 북과 장구와 소고, 날라리는 각기 다른 음색으로 어우러져 신명을 만들어낸다. 각각은 때때로 호흡을 맞추다가 때로는 격렬하게 싸우기도 한다. 그 오묘한 음색과 부조화의 조화, 조화 속의 부조화를 이해하지 못한다면 어찌 풍물굿 소리를 이해했다고 할 수 있을까.《악서樂書》에서도 다음과 같이 말하고 있으니, 쇠와 가죽과 대 소리의 조화야말로 풍물굿이 음악적으로 완벽함에 이르는 핵심인 셈이다.

쇳소리는 갱鏗하니, 그 갱한 소리는 호령을 일으키고, 호령은 기운이 가득하게 하고, 기운이 가득하면 무武를 일으킨다. 가죽 소리는 훤鼖하니, 훤한 소리는 동하게 하고, 동하면 군중을 진발進發시키니 군자가 북과 도의 소리를 들으면 장수의 신하를 생각한다. 대소리는 남濫하니, 남한 것은 합회合會를 일으키고, 합회는 군중을 모은다.

황해도에서 제주까지
북상하고, 남하하고

풍물굿에 대한 오해가 하나 더 있다. 풍물굿이 늘 전국적이라고 생각하는 점이다. 풍물굿은 중부 지방을 상한선으로 하여 남쪽에 집중돼 있다. 풍물굿의 역사를 훑어보면, 삼남 지방에서 생겨나 벼농사 보급과 함께 계속 북쪽으로 올라간다. 20세기 초반까지 나날이 발전한 남도의 풍물굿이 황해도, 강원도를 거쳐 남쪽에서 북쪽으로 올라갔다.

모내기도 남부 지방에서 출발하여 북쪽으로 계속 북상했다. 모내기의 보급과 더불어 모내기의 모방고 소리도 북상했고, 모방고의 북소리도 올라갔다. 전라도식의 모방고 소리는 일명 '상사디여'라 부르는데, 충청남도 부여까지 올라가다가 그만 칠갑산을 못 넘고 중간에서 멈추어버렸다. 북한의 민속학자 전장석은 1957년에 잡지 《문화유산》에서 다음과 같이 말했다.

개풍군 광수리 최승록(70)의 증언에 따르면, 60년 전만 해도 신해방지구에서조차 건파농사를 했으며, 두레는 그다지 보급되지 않았다. 홍기문 동지의 증언에 따르면 북강원도의 농악은 일제강점기 초에 남조선에서 들어왔으며, 리상춘 동지에 따르면 개성 이북 황해남도에 두레가 파급된 것이 그다지 오래지 않다.

제주도 걸궁, 송당마을 마블림제의 도청돌기

20세기 초반에는 풍물굿이 제주도로 남하하고 있었다. 제주도는 논농사 지대가 아니라서 풍물굿이 자생적으로 생겨날 토양이 없었다. 풍물굿은 제주도로 내려가 독특한 걸궁이 됐다. 걸궁은 제주도에서도 성읍을 중심으로 퍼져 있을 뿐 다른 지역에는 없다. 걸궁은 걸립에서 나온 말로 보이며, 걸궁의 구대진사九代進士 같은 잡색이나 가락으로 미루어볼 때 호남 걸립굿에서 기원했음이 분명하다. 남도로부터 바다 건너 제주도로의 이 문화적 유입은 20세기 초반에야 이루어진 셈이다.

만물이 운동하듯이 풍물굿도 끊임없이 운동하고 있었다. 풍물굿운동은 18~19세기에 남으로 북으로 이리저리 요동치다가, 20세기에 들어와서도 그 운동을 멈추지 않았다. 그러다가 제 것을 무시하고 내다버리는 풍조 속에서 풍물굿운동도 잠시 숨을 멈추었다. 불행 중 다행으로 1970~1980년대 이래로 풍물굿은 다시 자기 운동을 시작했다.

풍물굿은 출생부터가 조선 후기 민의 성장이 만들어낸 '근대성' 그 자체였으니, 오늘날까지 힘차게 이어질 수밖에 없는 '운명'을 타고났다. 되살아난 풍물굿은 바로 우리 문화의 주체성 복원과도 같다. 축제가 죽어버린 억압의 시절을 이기고 대동굿의 한마당을 열어젖힌 것이니 그 생명의 끈질김에 새삼 놀랄 일이다.

1990년 베이징 아시안 게임 때의 일이다. 남북이 함께 풍물굿을 가지고 합굿을 쳤다. 휴전선을 허물어 내리는 합굿, 남과 북이 함께하는 합굿, 그 합굿이야말로 우리 시대의 열망을 담아낸 통일의 대동굿이었다. 이옥이 《봉성문여》를 쓴 1779년으로부터 240여 년이 흐른 지금 풍물굿은 앞으로 어떤 모습일까?

황두와 두레,

노동의 비밀

줄모농기, 논산시 상월면 주곡리 두레

삼천리 건갈이 벌판의 황두 24

"황두가 무엇일까?"

가끔 학생들에게 묻는다. 그러나 아는 학생이 없다.

"두레는 무엇이지?"

이 질문에는 그래도 몇몇이 어눌하게나마 답변한다.

황두와 두레, 모두 일찍이 사라진 풍습이다. '금줄 없이 태어난 세대'는 물론이고 어른조차 기억하는 이가 거의 없다. 더욱이 황두는 학자조차 아는 이가 드물다.

1950년대 후반, 북한에서 사회주의협동농장을 만들던 시절이다. 과학원 고고학 및 민속학 연구소의 몇몇 민속학자가 사라져가는 전래 풍습을 조사하고 있었다. 당시 민속학연구실장인 황철산은 청천강 건갈이(乾畓) 지역을 답사했다.

그는 문득 재미있는 현상에 주목하게 됐다. 왜 남쪽은 모내기를 하는데, 북쪽의 그곳은 너른 벌판인데도 건답직파乾畓直播로 농사를 지을까. 민속학자로서 의심이 든 것은 당연한 일이다. 게다가 남쪽에서는 상부상조하는 두레로 농사를 짓는데, 그곳은 '황두'라는 이름의 별난 조직으로 농사를 지었다.

1950년대까지만 해도 북쪽의 청천강 인근에서는 여전히 모를 내는 이앙법 대신 마른땅에 직접 볍씨를 뿌리는 일명 건답직파 방식으로 농사를 지었다. 안주·문덕·숙천·평원을 포괄하는 너르디너른 '열두삼천리벌'이 바로 그곳이다. 조사를 거듭한 끝에 황두의 실체가 비로소 모습을 드러냈다.

황두는 마을당 20~30명의 농민이 군대같이 엄격한 작업 단위를 이루어 김매기를 수행한 조직이었다. 농사 경험이 많은 황두꾼 중에서 작업반장 격인 계수, 부계수도 뽑았다. 새벽에 신호용 나팔인 박주라 소리를 듣고 한자리에 모여 계수의 점검을 받고 그날 작업에 들어갔다. 워낙 바빠 일을 했기 때문에 빨리 달리는 사람을 두고 "황두꾼 같다"라는 속담이 전해질 정도였다. 황두꾼의 소지품은 호미·늬역(짚으로 엮은 비옷)·조삿갓 (갈대로 엮은 삿갓)·겨블(담뱃불) 따위였다.

황두의 제초 작업은

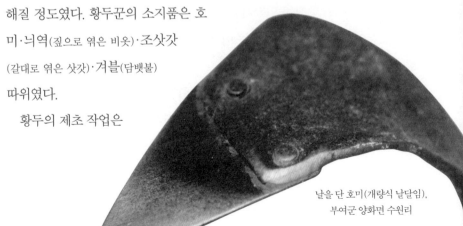

날을 단 호미(개량식 날달임),
부여군 양화면 수원리

두레와 달랐다. 그 작업은 맨땅에서 하기 때문에 작업 강도가 꽤 높았다. 그리하여 소를 이용한 제초 도구인 '칼거'가 등장했고, 다행히 중복 무렵에 비가 와서 물을 대게 되면 '물후치질'을 했다. 황두꾼이 일을 하며 부르던 〈호미매기 노래〉(평안북도 박천군 형팔리)를 들어보자.

> 빙혈냉수 길어다가 시원하게 먹자꾸나
> 에-헤이야 에-헤이야 호-호메가 논다
> 어떤 사람 팔자 좋아 금의호식 잘 먹고 잘 쓰는데
> 이 녀석의 팔자는 왜 이다지도 곤궁한고
> 에-헤이야 에-헤이야 호-호메가 논다

황두는 건갈이 농법에 아주 적합한 조직이었다. 마른 땅에 그대로 볍씨를 뿌려 농사짓는 건갈이는 일찍이 조선 전기 농서 《농사직설》에 나오듯이미 향명鄕名으로 건삶이乾沙彌로 불린 농법이다. 그러나 모를 옮기는 이앙법이 지속적으로 확산돼 조선 후기에는 남부 지역의 경우 대부분 물삶이로 농사를 짓게 됐다. 다만 서북 지방은 물이 잘 빠지는 토양이라 이앙법이 부적합하여 여전히 건갈이를 하고 있었다.

이앙법이 확산된 남부 지방에서 두레가 새롭게 발달하는 동안, 전통적인 건갈이 지역에서는 여전히 황두가 자리 잡고 있었다. 북한 학자가 부지런히 현장을 뒤진 덕분에 황두가 향도에서 비롯했다는 것을 확인할 수 있었다. 신라의 향도는 변화를 거듭하면서 황두에 흔적을 남긴 셈이다. 향도→향두→황두. 이 같은 음운학적 발전의 도식이었다.

모든 것은 향도에서 비롯됐다

그렇다면 향도는 또 무엇인가? 향도는 이미 삼국시대에도 널리 존재했다. 신라 지배층은 자신들의 특권을 유지하기 위해 귀족적이며 준국가적인 화랑제도를 만들었다. 향도는 바로 화랑 집단의 조직으로 나타났으니, 용화향도龍華香徒 따위가 그것이다.

고려에 들어와서 향촌 사회는 불교를 모시는 제의 공동체인 향도로 유지됐다. 그러나 고려 후기에 이르러서 자연촌이 성장하여 독립함으로써 군을 여러 개씩 묶은 거군적擧郡的 규모의 공동체 모습을 보이던 향도는 변질됐다. 또한 향도공동체를 낳은 불교의 쇠퇴도 향도의 변화를 이끈 요인이었다.

조선시대에도 향도는 여전히 마을공동체의 성격 속에서 민중의 삶과 더불어 있었다. 성현이 《용재총화》에 쓴 그 모습 그대로였다. 조선 초기 지배 권력은 민중의 생활 조직을 더욱 확고하게 통제할 수 있는 방략으로 '향약'을 강구한다. 그에 따라 향도는 다시 한 번 변질된다. 그러나 마을마다 '향도결계香徒結契' 하여 늘 상부상조하는 생활 기풍은 그대로 이어졌다. 물론 지역에 따라 향도가 변질되거나 없어지는 정도는 달랐다. 〈명종실록〉 권29에는 이렇게 기록돼 있다.

이항인이 향약을 맺는 것을 시속으로 향도라 일컫는다.

새롭게 실시하는 향약마저 향도라고 부를 정도로 향도는 당대까지 보

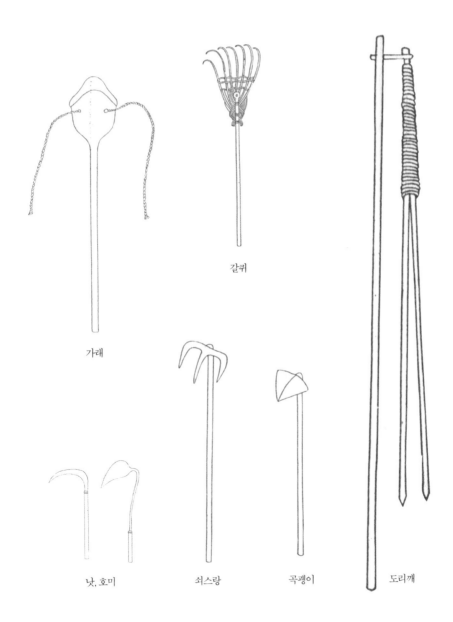

갈퀴

가래

낫, 호미   쇠스랑   곡괭이   도리깨

해동농서, 조선 후기

편적인 흐름이었다. 그러나 차츰 향도는 변화할 수밖에 없는 운명이었다. 향도의 운명은 어떻게 바뀌었을까? 그중 하나가 앞에서 살펴본 '상두꾼으로의 길'이었고, 또 다르게는 '노동 조직으로의 길'로 이어졌다.

그동안 역사책에서는 향도를 불교 조직으로만 단순하게 다뤄왔다. 그러나 신라나 고려 시대의 향도는 함께 노동한 노동 조직적인 성격도 지녔다. 조선 전기의 노동 조직에 대한 명확한 명칭이 전해지는 문헌은 없지만 향도의 성격이 단순한 상부상조 조직으로서만이 아니라 공동 노동 조직으로도 병존했을 가능성은 매우 높다. 이것은 향도가 황두로 변형해간 것에서 찾을 수 있다. 이렇듯 황두는 단순한 노동 조직이 아니라 향도에 뿌리를 둔 유구한 역사를 지녔다.

두레, 공동체문화의 결정

장목을 해 꽂은 깃대에는 기폭이 펄펄 날리었다. 그들은 정자나무 밑에다 농기를 내꽂고 우선 한바탕 뛰고 놀아보았다. (……) 저녁때 마을 사람은 집집이 저녁을 치르고 나왔다. 여자들도 싸리문 밖으로 바람을 쐬러 하나둘씩 나온다. 한낮에 쩔쩔 끓던 불볕은 저녁이 되어도 땅이 식지 않았다. 북소리가 둥둥 울리자 그들은 신이 나서 모두들 정자나무 밑으로 몰키웠다. 풍물이 제각기 소리를 내니 마을에는 별안간 명절 기분이 떠돌았다. 어린아이들은 함성을 올리며 돌아다닌다. (……)

"깽무갱깽, 깽무갱갱, 갱무갱, 깽무갱, 깽무갱깽……."

밀양두레패의 백중놀이
홍성군 결성두레의 새참 먹기

용두레, 일본지리풍속대계 16권, 1930
부여군 송학리마을의 길쌈두레

홍성군 결성두레패의 용대기

아침 해가 뿌주름이 솟을 무렵에 이슬은 함함하게 풀끝에 맺히고 시원한 바람이 산들산들 내 건너 저편으로 불어온다. 깃발이 펄펄 날린다. 장잎을 내뽑은 벼 포기 위로는 일면으로 퍼렇게 푸른 물결이 굼실거린다.

그들은 머리에 수건을 질끈 동이고 꽁무니에는 일제히 호미를 찼다. 쇠코잠방이 위에 등걸이만 걸치고 허벅다리까지 드러난 장딴지가 개구리를 잡아먹은 뱀의 배처럼 뿔쑥 나온 다리로 이슬 엉긴 논두렁 사이를 일렬로 늘어서 걸어간다. 그중에는 희준이의 하얀 다리도 섞여서 따라갔다.

두레가 난 뒤로 마을 사람들의 기분이 통일됐다.

한여름 농촌의 두레패 김매기. 일제강점기의 식민지 농촌 문제를 매우 정확하게 파악한 수작으로 평가되는 이기영의 소설 〈고향〉의 한 대목이다. 소설에서 두레는 식민지 농민을 단결시키는 '전통적인 무기'다. "두레가 난 뒤로 마을 사람들의 기분이 통일됐다"라는 대목에서 그것을 확인할 수 있다.

두레는 농사일의 어려움을 상부상조로 극복한 가장 전형적인 공동체 조직이다. 두레박·용두레·두레길쌈 따위에서 보이듯 두레 자체가 고유의 우리말이며, 고대 사회에서도 이미 공동 노동은 존재했다. 그리하여 후대에 생동감 넘치는 노동공동체로 새롭게 태어난 것이다.

두레는 농사農社·농계農契·농상계農桑契·농청農廳·계청契廳·목청牧廳 등 다양한 이름으로 불렸다. 일감에 따라서 초벌두레·두벌두레·만물두레 등의 농사두레뿐 아니라 꼴을 베는 풀베기두레, 여성만으로 조직되는 길쌈두레도 있었다.

논산시 대명리두레의 호미씻이
두레꾼의 새참

두레는 초여름에 조직을 정비한다. 모내기가 끝나면 시원한 정자나무 그늘에 모여서 두레를 이끌어 나갈 일꾼을 뽑았다. 좌상, 영좌, 총각대방 등의 지도자가 뽑혀 김매기를 이끌게 된다. 사실상 집중적으로 김을 매는 여름은 매우 더운 철이다. 게다가 뙤약볕에서 일시에 많은 논을 맨다는 것은 고통스러운 일이다. 그래서 두레꾼은 풍물패를 꾸려서 악기를 치고 신명을 잡으며 논두렁으로 들어갔다.

두레를 모르고는 농민문화를 결코 이해할 수 없다. 음력 2월 1일 머슴날 농군의 볏가리 쓰러뜨리기 축제, 호미를 모두어 일꾼의 의식을 거행하는 호미모듬, 머리에 지고 온 참을 먹는 공동 식사의 한마당, 칠월칠석날 두레잔치를 벌이면서 결산하는 호미씻이(호미걸이), 두레의 풍물패가 벌이는 합굿, 두레패끼리 선후를 정해 인사하는 기세배, 있는 힘을 다하여 치고받고 싸우는 두레싸움……. 조선 말기에 외국인 선교사가 "한국의 농민은 일은 하지 않고 놀이와 술로 시간을 보낸다"라고 비웃었는데, 우리 농민의 세계를 전혀 모르고 한 소리다.

모내기가 가져다준 늦자식

두레를 낳은 주인공은 모내기였다. 모내기는 17세기 후반에 와서야 본격적으로 확산됐다. 《농사직설》에 '삽앙揷秧'이란 말이 등장하는 것으로 보아 조선 전기에도 모내기는 있었을 것이다. 그러나 모내기철만 되면 가뭄이 드는 특유의 몬순기후 탓에 모를 내지 못해 농사를 작폐하는 일이 많왔다. 그 뒤로 모내기를 국가적으로 금지시켰다.

이렇게 금지했는데도 모내기가 소출이 많았기 때문에 농민은 완강히 모내기하기를 원했다. 그리하여 조선 후기인 17세기 후반쯤에 이르면 남도 전역에서는 거의 모내기를 했다. 모내기는 이모작을 가능하게 했다. 이때쯤이면 보리도 패서 배고픔을 달래주게 된다. 모내기철과 보리 수확이 맞물려서 1년 중 가장 분주한 농번기가 찾아든다. 그래서 두레 같은 강력한 노동 조직이 반드시 요구되었다.

일제강점기에 들어올 때까지도 두레는 북쪽으로 계속 퍼져 나갔다. 북쪽에서는 여전히 황두로 농사를 지었으나 두레의 북상으로 말미암아 차츰 세력을 잃게 됐다. 그 결과 황두는 일부 지역에만 남았다. 황두와 두레의 교체 과정은

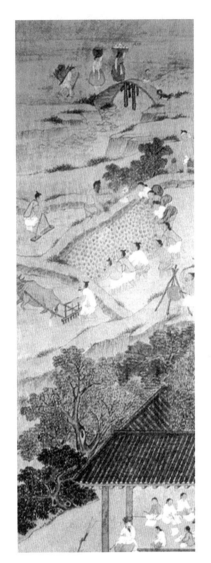

경직도병,
독일 게르트루드 클라센 소장

아산두레

모내기, 국립중앙박물관, 1914

다음과 같이 설명할 수 있겠다. "'신진 세력'인 두레가 세력을 팽창하면서 '구세력'인 황두를 밀어냈다. 두레는 중남부 지방을 장악했고, 황두는 건 갈이 지역에서나 목숨을 부지했다. 황두는 분명 '향도의 숨겨둔 자식'이었 다. 나중에야 황두의 정체가 드러남으로써 전혀 무관할 것 같았던 향도· 두레·황두의 친족관계가 만천하에 공개됐다."

두레는 황두보다 늦게 태어났다. 따라서 두레는 '향도의 늦게 본 자식' 이라고도 할 수 있다. 두레가 먼저 태어난 형님뻘인 황두를 밀어내고 남 도 땅을 접수한 것이다. 서서히 북상한 두레는 점차 북쪽의 논농사 지역 에서 주인공이 됐다. 그러나 광복 전후 시기까지만 해도 전해지던 두레는 제초제가 들어오면서 완전히 자취를 감췄다. 다만 풍물패의 풍물굿에만 일부 '유전자'가 이어질 뿐이다.

노동의 비밀, 일과 놀이의 화두

돌이켜보면 두레는 1970~1980년대 민중연희운동의 화두이기도 했다. 한결같이 '일과 놀이'를 추구했던 놀이패는 당시대의 이상향으로 '대동세 상'을 꿈꾸었으며, 두레에 천착했다. '공동체 사회, 공동체 문화, 공동체 정 신' 따위의 말이 자주 거론되는 시대였다. 또 두레패·두레꾼·두레조직·뜬 두레·두레방·두레정신·한두레·두레농장 등의 '두레 가족'이 태어나기도 했다. 1980년대의 민중판화운동을 살펴보면 유난히도 악기를 다루는 그 림이 많다. 오윤이 남긴 그림에도 대동 세상을 이룰 것만 같은 무리가 등장해 대동의 춤을 연출한다.

시몬 베유의 수상집《사랑과 죽음의 팡세》에는 '노동의 신비'라는 내용
이 나온다.

플라톤은 한 선구자에 지나지 않는다. 그리스인은 예술이나 스포츠에는 익숙
했지만 노동에는 익숙하지 못했다. 주인이 노예의 노예라는 것은, 노예가 주인
을 만들어낸다는 의미에서 하는 말이다.

그렇다. 역사를 끌어간 주인은 바로 농민 자신이었다. 1909년 파리에
서 태어나 아주 어린 나이에 고등사범학교에 들어가 철학교수 자격 시험
에 우수한 성적으로 합격했으나 일생을 사회와의 '레지스탕스'를 벌여야

새참에 내가던
대형 술동이

했던 시몬 베유. '아는 것'과 '온 정신을 기울여
서 아는 것' 사이에는 절망적 거리가 있음을 잘
알고 있었기에 스스로 그 거리를 체험할 수밖
에 없었던 그녀. 그녀는 진정한 주인과 노예가
누구인지 가르쳐주었다.

아무도 시대의 주인공인 농민이 조직한 황두
나 두레를 주목하지 않았다. 그러나 두레와 향
도, 황두, 심지어 상엿소리를 내면서 장례를 치
르는 상두꾼까지도 하나의 연결고리를 지니고
있었다. 두레와 황두·향도의 관계에서 연결고
리의 끈을 찾다 보니 그것들이 결코 독립된 개

새참, 단원풍속화첩, 김홍도, 국립중앙박물관

별 현상이 아님을 알게 됐다. 노동과 신앙, 놀이 따위를 모두 '축제화'하여 종합적으로 묶는 힘을 지녔던 농민의 숨은 힘을 다시 한 번 확인했다. 이제 그 속에 숨은 '노동의 비밀'도 서서히 밝혀지기 시작했다.

두레와 황두는 향도라는 하나의 몸통에서 가지가 갈라진 '혈연가족'이다. 이 '혈연가족'은 장구한 세월을 겪으면서도 민중의 생활 속에 살아남아 그 힘을 보여주었다. 남북 학자의 공통된 노력 덕분에 그 '혈연관계'나마 밝힐 수 있었으니 다행이다.

우리 문화를 탐구할 때 사람들은 곧잘 불상의 계보나 탑의 계통 같은 귀족적인 유형문화에 많은 관심을 기울인다. 그러나 민중 생활에 가장 결정적 영향을 미친 생활양식, 더군다나 농사에서 가장 중요한 의미를 지닌 황두나 두레 같은 민중 조직에 대해서는 무지한 정도가 아니라 아예 무심하다. 나는 우리 문화를 탐구하면 할수록 이들 민중 생활사에 대한 우리의 관심이 깊어질 것으로 믿는다. '15세기의 농민과 황두', '16세기의 농민과 두레' 따위의 주제는 '2000년대의 도시민과 직장 생활'만큼이나 연구사적으로 중요하다.

흰옷을

입은

민족

치마와 방갓을 쓰고 나들이가는
여인들, 국립중앙박물관, 1913

비숍이 목격한 흰옷 빨래

영국왕립지리학회 최초의 여성 회원인 이사벨라 버드 비숍은 1894년 겨울과 1897년 봄 사이에 네 차례 한국 여행을 끝낸 후 1898년《한국과 그이웃 나라들》을 출간했다. 이 책에서 그녀는 한국식 빨래를 묘사하면서흰옷을 이렇게 서술했다.

한국 빨래의 흰색은 항상 나로 하여금 현성축일顯聖祝日, the transfiguration에 나타난 예수님의 옷에 대해 성 마가가 언급한 '세상의 어떤 빨랫집도 그것을 그토록 희게 할 수 없다'는 말을 기억하게 했다.

잿물에 담가두었다가 펄펄 끓여서 순전한 흰색을 내는 흰옷 빨래법이 그녀에게 인상적이었나 보다. 비숍 말고도 많은 외국인이 우리나라의 흰옷 풍습에 주목했다.

일제강점기 일본인은 흰옷 문제에도 여지없이 칼날을 들이댔다. 도리야마 기이치는 고려가 몽골족에 망하면서 조의를 표하기 위해 흰옷을 입기 시작했다고 멋대로 주장했다. 우리 예술에 많은 관심을 표명했던 야나기 무네요시는 조선 민족이 겪은 고통이 한으로 맺힌 옷이라고 했다. 도리야마의 주장은 일고의 가치도 없으므로 논외로 치고 문제는 야나기 식의 주장이 지금껏 반복되는 데 있다. 그는 〈조선의 미술〉(《新潮》 1922년 1월 호)에서 이렇게 이야기했다.

늙은이나 젊은이나 남자나 여자나 다 같은 색의 옷을 입는다는 것은 어찌 된 연유일까? 이 세상에는 나라도 많고 민족도 많다. 그렇지만 이처럼 기이한 현상은 어느 곳에서도 찾아볼 수 없다. 나는 역사가가 아니므로 이러한 의복이 어느 시대에 생겼는지 단정할 근거는 없다. 그러나 흰옷은 언제나 상복이었다. 쓸쓸하고 조심성 많은 마음의 상징이었다. 아마 이 민족이 맛본 고통스럽고 의지할 곳 없는 역사적 경험이 이러한 의복을 입는 것을 자연스럽게 만들어버리지 않았나 생각한다. 어쨌거나 색이 빈약하다는 것은 생활에서 즐거움을 잃었다는 분명한 증거가 아니겠는가.

흰옷이 상복이라니! 나는 야나기의 주장이 식민지적 한을 강조하려는 의도에서 나왔다고 본다. 민족사적 위기와 고단한 역사를 강조, 민족의

'한국의 수도 서울의 커다란 문'이란 제목이 붙어있는 한양 풍경, 르 프리 파리지앙, 1894. 8. 12

장날 풍경, 함남 홍원, 1911
대구 동문시장 풍경. 일제강점기

한을 읊조려줌으로써 식민통치를 받아들이게 하려는 목적성이 있었다는 혐의에서 결코 자유로울 수 없다. 그렇다면 우리나라 사람이 흰옷을 즐겨 입어온 이유는 무엇일까?

오래된 흰옷 선호

중국 사람은 흰옷을 죽은 옷이라 여겨 검은 옷을 즐겨 입었다.《주례》〈춘관春官〉 '사복司服'에 이르길, 역질이나 기근이 크게 돌거나 홍수·가뭄이 들면 임금이 흰옷을 입는다고 했다. 흰옷을 성스럽기는커녕 불길한 옷으로 여기던 중국인의 색채관이 드러난다. 일본인은 남색 옷을 즐겨 입었다. 반면에 서양에서는 검은 옷이 죽은 옷이다. 그러나 우리나라는 상복은 물론이고 일상복으로도 흰옷을 널리 입었다. 그리하여 우리 민족을 '백의민족'이라 부른다.

　그렇지만 정말로 과연 우리가 백의민족인가? 우리가 백의민족이라면, 왜 오늘날의 우리는 흰옷보다 원색을 더 즐겨 입는가? 과연 우리는 무의식 속에서 흰옷을 원초적으로 더 선호하는가? 문제가 불분명할 때는 아무래도 역사 속으로 거슬러 올라가보는 게 좋다.《삼국지》〈위서魏書〉'동이전東夷傳: 부여'에는 이렇게 쓰여 있다.

　의복은 흰색을 숭상하여, 흰 베로 만든 큰 소매 달린 도포와 바지를 입고 가죽
　신을 신는다.

연광정연회도, 평양감사 향연도, 국립중앙박물관

《북사北史》〈열전〉'고구려'를 보면 주몽이 도망치다가 세 사람을 만나는 장면이 나온다. 이때 한 사람은 삼베옷을, 다른 사람은 무명옷을, 또 다른 사람은 부들로 짠 옷을 입었다. 이들의 옷은 모두 흰색에 가까운 소색素色이다.《북사》와《수서隋書》'신라'에서는 한민족이 복색에서 흰빛을 숭상한다고 했다.

《구당서舊唐書》'고구려'에서는 의상과 복식은 오직 왕만이 오채五彩(적·황·청·백·흑)로 된 옷을 입을 수 있고 흰 비단으로 만든 관과 흰 가죽으로 만든 소대를 쓴다고 했다. 반면에 백성은 갈褐을 입고 고깔을 쓴다고 했다. 같은 책 '신라'에서는 풍속·형법·의복 등이 고구려·백제와 대략 같으나, 조복은 흰빛을 숭상한다고 했다.

이 시대에 대한 우리 기록은 없지만, 중국의 기록을 통해서나마 고대 사회에서 우리 민족이 흰빛을 숭상했음을 알 수 있다. 다만 귀족과 민중의 차이가 있었을 것이다. 고구려에서 왕은 오채로 민중과 차별을 두었다. 민중의 옷은 흰색에 가까운 소색의 삼베옷이나 무명옷인 반면, 중국 복색을 받아들인 지배층은 채색 옷을 입었다.

고려와 조선에서도 흰색 선호는 바뀌지 않았다. 명나라 사람 동월은 《조선부朝鮮賦》에서 이렇게 말했다. "옷은 흰데 굵은 베옷이 많고, 치마는 펄렁거리는데 주름이 성글다."

조선시대의 흰옷 선호는 그대로 조선 말기까지 이어졌다. 남연군묘를 도굴하러 왔던 독일 상인 오페르트는 그가 남긴 《조선기행》에서 남자나 여자 모두 옷 빛깔이 희다고 했다. 일제강점기에도 흰옷을 즐겨 입었음은 당대에 찍은 빛바랜 사진첩에서도 두루 확인된다.

태양과 백마, 백두와 백설기

문제는 여전히 남는다. 흰옷을 즐겨 입었음은 쉽게 확인되지만, 왜 그러했는지는 불분명하다. 여러 견해가 있지만, 이 문제를 놓고 가장 적극적으로 주장한 사람은 육당 최남선이다. 그는 《조선상식문답》에서 이렇게 주장한다.

대개 조선 민족은 옛날에 태양을 하느님으로 알고 자기네들은 이 하느님의 자손이라고 믿었는데 태양의 광명을 표시하는 의미로 흰빛을 신성하게 알아서 흰옷을 자랑삼아 입다가 나중에는 온 민족의 풍속을 이루고 만 것입니다.

그는 덧붙여서, 조선뿐 아니라 세계 어디서고 태양을 숭배하는 민족은 모두 흰빛을 신성하게 알고 또 흰옷 입기를 좋아하니, 이를테면 이집트와 바빌론의 풍속이 그것이라고 했다. 그의 '붉사상'을 흰옷 숭배에 적용한 것이다. 태양과 흰색 숭배, 고대 사회의 제례 의식이라는 점을 고려하면 나름대로 근거가 있는 주장이다. 복식 이외에 흰색을 숭상하는 생활 기풍은 없었을까?

흰 동물을 숭배하는 민족 정서는 백마, 백록, 백호 따위에서도 두드러진다. 백마는 늘 행운의 상징이었고, 한라산 꼭대기가 백록담이 된 것도 길조와 관련 있다. 좌청룡·우백호에서 백호의 중요성을 새삼 강조한 것 또한 흰색을 대하는 민족 정서를 잘 대변한다.

백마 숭배는 동북아시아 유목민 문화의 보편적인 풍습이었다. 전통적으로 시베리아를 위시해 몽골, 만주, 우리나라 같은 몽골리안 계통에서는 백마를 숭상한다. 천신에게 백마를 제물로 드리는 풍습은 매우 오랜 전통으로 보이는데, 백마가 희귀해 영물로 여겨졌기 때문이다.

우리 민족의 흰색 숭배가 가장 잘 드러나는 예는 백설기다. 민족 정서가 가장 잘 드러나는 예가 민족 신앙이고, 이 의례에서 가장 중요한 절차는 제물을 올리는 것일 터. 우리 생활에서 떡은 매우 중요한 제례 음식이다. 제례에 쓰는 떡은 떡문화가 다양한 만큼이나 복잡하지만, 막상 가장 신성한 제사를 올릴 때는 순수 무색의 백설기를 올린다.

백설기는 쌀가루를 그대로 쪄낸 '원초적인 떡'이다. 칠석날 소찬으로 깨끗한 제를 올릴 때나 산에 가서 산신에게 간소하면서도 엄정한 제를 올릴 때 백설기는 필수품이었다. 돌떡에 백설기를 쓰는 것도 마찬가지 이치다. 농경 정착이 이루어진 이래로 쌀은 그 자체가 신성함의 상징이었다. 흰쌀의 순수한 결정으로 빚은 백설기는 그래서 농경민족의 상징적인 제물이 된다.

혹자는 우리 민족이 흰색을 선호하는 것에는 숭배 의식 외에 다른 이유도 있다고 본다. 염료 기술이 발달하지 않아 자연 그대로 짠 옷감으로 옷을 해 입었으리라는 견해다. 삼베나 마 같은 옷감을 그대로 입을 수밖에 없어 흰옷을 선호했다는 주장에는 어느 정도 사회적·역사적 진실이 담겨 있다. 고대와 중세 사회에서는 염료 기술이 제

제주굿에 놓인 흰떡

한적으로 보급된 탓에 색감에 따라 비싼 값을 치러야 하는 경우가 대부분이었을 것이다. 그러나 물감이 비싸서 쓰기 어려웠다면 하다못해 먹물이라도 들여 입었을 것이 아닌가. 중국에서 검은색 옷을 즐겨 입은 것과 비

　교해 우리 민족이 흰옷을 선호한 것은 민족성으로 보아야 한다.

원초적 본능

나는 우리 민족의 흰옷 선호가 민족이 형성되는 과정에서 시작된 원초적인 것으로 간주하고 싶다. 흰옷을 선호하게 된 배경을 설명하기 위해 두 가지를 들어보자.

먼저 몽골과의 비교문화사적 접근을 통해 흰옷 숭배의 '원초성'을 규명할 수 있다. 몽골의 속담에는 '흰색에서 시작해 흰색으로 끝난다'는 말이 있다. 《몽골비사蒙古秘史》에는 원나라에서 하늘에 지내는 제사를 홍제紅祭와 백제白祭로 나눈다고 했다. 백제는 몽골족이 좋아하는 젖으로 만든 흰 술을 올리는 의례다. 왕족뿐 아니라 민간의 서민도 모두 흰색을 즐겨서 흰색 음식, 흰색 옷, 흰색 집이 즐비하다. 칭기즈칸을 모신 탑도 흰색이다. 민속학회의 1990년 공동 조사 보고서인 〈몽골민속〉에는 이런 설명이 나온다.

대신할머니

몽골족은 흰색 속에 충만한 희망이 깃든다고 믿었고, 급기야 백색신앙으로까지 번져 순결과 결백의

소복 입은 호남 무당 단골의 살풀이

상징, 복록福祿의 상징, 지고무상至高無上의 신앙적 색깔로 굳어지게 됐다.

아무래도 몽골 사람이 흰색을 숭배하는 풍습은 같은 몽골리안 계통인 우리와도 무관할 것 같지 않다.

다음으로, 우리 민족의 흰옷 숭배는 흰색 자체의 순수성을 즐기던 민족성에서도 비롯됐다고 본다. 세계적인 색채 연구 권위자 파버 비렌은 《색채 심리》에서 "흰색은 완전한 균형을 이룬 색이며, 그 색채가 주는 느낌도 깨끗하고 자연스럽다"라고 했다. 흰색을 정서적으로 중립적인 색이라고도 했다. 또다른 이의 말을 인용해 '흰색은 빛의 가장 순수한 본체'라고 적고 있다. 이들의 견해에 따르면 우리 민족이 흰색을 선호했음은 '빛의 가장 순수한 본체'를 사랑했다는 말이 된다. 흰색은 완전한 균형을 이룬 색이라는 지적에서 우리의 흰옷이 지니는 색채학적 위상이 만만찮음을 알 수 있다.

민중 투쟁의 산물이어라

흰옷은 역사적으로 보면 민중 투쟁의 산물이었다. 고대 사회의 지배층은 자신들과 민중을 구분하기 위해 색깔을 통제했다. 지배층은 흰옷 이외의 다양한 색을 택함으로써 민중과의 차별성을 강조했다. 한 예로 《신당서新唐書》를 보면, 백제에서는 지배층이 붉은색 계통 옷을 입으면서 민중에게는 금지했다.

그렇다면 당대의 지배층은 흰옷을 거의 입지 않았다는 말일까? 그렇지 않다. 지배층도 흰옷을 즐겨 입었는데 다만 관복으로 채색 옷을 택했고, 자신들의 특권을 차별화하기 위해 민중에겐 채색 옷을 입지 못하게 했다고 보는 게 옳을 것이다. 《고려도경》을 남긴 송나라 사신 서긍은 고려의 평복은 백저포(흰모시)로 만들었는데 농·상민에서 도사에 이르기까지 두루 흰옷을 입을뿐더러 왕도 백저포로 지은 흰옷을 입는다고 했다. 민중과 지배층 모두 흰옷을 즐기는 가운데, 채색 옷만은 민중이 마구잡이로 입지 못하게 하여 신분 질서 유지에 활용한 셈이다.

그러나 단순히 지배층의 색깔 통제 때문에 우리 민족이 흰옷을 즐겨 입었다고 단정하는 것은 너무 편협한 시각이다. 고려 때 모화적慕華的인 복식 정책이 실시되면서 흰옷을 입는 행위가 흡사 '민중운동'을 방불케 하는 일련의 사건이 일어난다. 사건의 발단은 오행사상을 비주체적으로 받아들인 데서 비롯됐다. 고려 말 충렬왕 때(1275) 오행사상에 따라 고려는 동東이므로 목木이 되고, 목은 청靑이니 흰옷을 금지하고 푸른 옷을 입어야 한다는 영이 내려졌다. 하지만 민중의 반발이 거세게 일어났고, 결국 고려 말에는 흰색이 주종을 이루는 가운데 국가적으로 권하는 푸른 옷도 널리 입게 됐다.

기왕의 신분적 색깔 통제에다가 사대주의적

쪽빛치마를 입은 아이,
일제강점기

회갑잔치에 모인 제주 궨당

태도가 결합된 복식 정책은 그대로 조선으로 이어졌다. 태조·세종·연산군·인조·현종 대에 이르기까지 수차례에 걸쳐서 푸른 옷이 권장됐으며, 심지어 숙종은 아예 푸른 옷 착용을 국명으로 내렸다. 민중을 모두 푸른색으로 통일시키려는 신분사회다운 발상이었다.

그렇다면 민중은 국가의 푸른 옷 권장을 순순히 따랐을까? 지배층의 의도는 빗나갔다. 때가 쉽게 타서 빨래품이 많이 드는 '비경제적 색깔'인데도 흰옷 선호는 사라지지 않았다.《속대전續大全》에 푸른 옷 착용이 규정될 정도로 법령도 강화되었으나 효과는 신통찮았다. 민중은 흰옷을 버리고 푸른 옷을 택하지 않았다. 양반조차 흰색의 사촌쯤 되는 옥색 따위로 면피하는 상황이었다.

국가적으로 자주 흰옷금지령이 내려졌으나 흰옷 사랑에는 양반과 상놈이 따로 없었다. 국가 시책을 어기면서까지 지속된 흰옷 사랑은 조선 사람의 장기지속적 색깔각이었기 때문이다. 1895년 갑오개혁 때는 검은 옷을 착용하라는 칙령이 내려졌고, 1909년 광무개혁 때는 아예 정식으로 흰옷 착용을 금했다. 장터에서 먹물을 뿌려 흰옷 입는 것을 방해하기도 했다. 그러나 단발령과 더불어 요원의 불길처럼 일어난 의병 대열은 모두 흰옷 일색이었다. 3·1운동이 일어난 날은 고종의 인산일이기도 하여 전국이 흰옷 무리로 뒤덮였다.

결국 흰옷은 우리 민족의 고유한 옷이었고, 지배층의 색깔 차별 정책에 맞선 흰옷 지키기 투쟁을 거치면서 우리 민족을 상징하는 옷으로 자리 잡았던 것이다.

흰옷에 숨어 있는 몇 가지 문제

백의민족을 생각하면 또 하나의 의문이 떠오른다. 남성과 여성은 어떤 차이가 있었을까? 조선시대의 여성은 일단 가정을 꾸리면 미미한 색깔이나마 물들여 입는 것이 예의였다. '소복 입은 여인'이란 말처럼 과부와 특수한 경우에만 흰옷을 입었다. 남편이 버젓이 살아 있는데 소복을 입는 경우는 없었다. 따라서 백의문화라는 관념 속에는 어느 정도 남성 중심적인 사고도 개입돼 있었다. 그렇다고 하여 여성이 흰옷을 싫어했다는 해석으로 받아들여서는 안 된다. 평복과 상복을 적당히 구분하던 상례 풍습이 강화되면서 생긴 변화일 뿐이다.

또 하나 생각해봐야 할 것은 흰옷의 개념 문제다. 오늘날의 시각에서 본다면 흰옷이라는 색깔 개념도 엄정한 점검을 요한다. 잿물로 하얗게 표백해서 흰색을 내기야 했지만, 지금의 색 개념으로 보면 자연 섬유색인 소색을 넓게 흰색으로 보았다. 같은 흰옷이라고 해도 차이가 많이 났음을 알 수 있다.

나는 흰옷 문제만 나오면 늘 북으로 간 김용준이 떠오른다. 해방 공간에서 활동하던 김용준은 북으로 가서 1950년대에 미술사가로도 활동한 것으로 확인된다. 그는 1958년 조중문화교류협정에 의해 중국을 방문했을 때 난징 박물원에서 뜻밖에 백제 복식에 관한 귀중한 자료를 하나 발견한다. 백제국사百濟國使와 왜국사倭國使 등이 그려져 있는 두루마리였다. 1959년 북한에서 발간한 격월간지《문화유산》의 〈백제 복식에 관한 자료〉라는 글에서 그는 이렇게 말한다.

그러나 고구려 복식에서 전혀 볼 수 없으며 특히 주목을 끄는 것은 이 그림에 선명하게 흰 동정을 달고 있다는 것이다. 우리나라 의복에서 산뜻한 동정이 어느 때부터 시작됐는지 우리는 아직 알지 못하고 있다. 그런데 이 백제 복식에서 흰 동정을 발견했다는 것은 매우 흥미 있고 주목을 끄는 사실이다.

백제시대에 흰 동정이라니! 고대 사회의 문서만이 아니라 그림으로도 확실하게 흰색 선호의 역사성이 드러나는 대목이다.

변화하는 상갓집,
밀려나는 백의문화

그토록 흰옷을 사랑한 우리 민족이 지금은 왜 흰옷을 입지 않을까? 일제 강점기에 흰옷을 입지 말자는 운동이 한 쪽에서 전개됐다. 국학자 이윤재는 〈백의금제의 사적 고찰〉(《신생》, 1930년 12월)에서 '현대적 생활사상상 절실한 경제적 충동으로 민중의 반성 자각에서 순민간적 전 사회적으로 생겨난 운동'이라고 주장했다. 그러나 이 운동은 실패로 돌아갔다.

그러나 백의문화가 결정적으로 무너진 것은 광복 이후 미군 진주와 더불어 원색문화가 대대적으로 몰려오면서부터다. 원색문화의 홍수는 우리 복식 생활에 일대 충격을 주었다. 전쟁을 겪으면서 카키색 군복문화가 휩쓸었고, 양복과 양장이 퍼져 나가면서 흰옷은 사라질 위기에 처했다. 특히 남성의 양복 착용은 곧바로 흰 바지저고리의 벗어던짐을 뜻했다.

요즘 상갓집에서 느끼는 묘한 감정이 하나 있다. 가장 완고하게 전통적인 풍습이 살아 있는 분야가 상례인데, 그곳에서도 일대 변화가 있다. 상주의 복색이 흰색이 아니라 검은색으로 바뀌었다. 얼마 전까지만 해도 남성은 검은 양복에 검은 넥타이를 매고 여성은 소복을 입는 절충형이었다. 그런데 어느새 남성은 물론이고 여성도 검은 옷을 입는 경우가 늘기 시작했다.

흰색, 엄밀히 따지면 삼베 따위의 천연섬유를 중심으로 한 장례문화가 서구식 양복문화에게 그 색깔마저 점령당한 셈이다. 검은 상복에 검은 조화, 검은 리본에 검은 글씨, 종내는 검은 리무진을 타고 떠나는 장례 풍습도 도입됐으니 어느 결에 장례 풍습마저 서구풍으로 바뀌었다.

1980년대 이후 불기 시작한 원색문화는 더욱 과감하게 퍼지고 있다. 원색의 홍수 속에서 오히려 흰색이 눈에 띄는 '선정적'인 옷차림이 되고 말았다. 어떻게 그렇게 단시간 내에 흰옷을 벗어던지고 서구화로 치닫게 됐을까. 불과 50년 만에 백의문화가 퇴장한 것을 보면, 한편으로는 우리가 정말 백의민족이었던가 하는 의심마저 품게 된다. 서구의 것을 받아들이되, 좀 더 주체적으로 해결할 수는 없었을까. 역사학자 이이화는 〈백의와 백의민족〉이란 글에서 이렇게 말한다.

현대에 와서 색상에 대한 미의 감각을 찾고 시각의 단조로움을 벗어나는 것은 나무랄 일이 못 될 것이다. 그러나 너무 현란한 것도 눈을 어지럽히고, 조화되지 않는 다색이 천박함을 보여주기도 한다. 이리하여 백의의 단순함이 지난날의 일이었다면 원색의 천박함이 오늘의 일이라 하겠다. 너무 양극으로 치닫는 일은 조화를 결하게 될 것이다.

흰옷은 단순함도 있지만, 그 단순함 속에 오히려 드넓은 세계를 포용하고 있으니, 오늘날의 원색문화와 조화시켜 새롭게 흰색문화를 복원할 필요를 느낀다. 새삼스레 '온고지신'이 떠오른다.

자료편